Vincere le Paure

Guida Pratica per Ritrovare l'Autostima
ed Affrontare la Vita con Coraggio

Indice

Alla fine di questo libro troverai un regalo esclusivo!

Vincere le Paure

Guida Pratica per Ritrovare l'Autostima ed Affrontare la Vita con Coraggio

I. Introduzione: Capire le Tue Paure

1. Cos'è la Paura?

La paura è una risposta emotiva naturale e universale a situazioni percepite come minacciose o pericolose. Questa emozione fondamentale è profondamente radicata nel nostro cervello e ha una funzione evolutiva essenziale: la protezione e la sopravvivenza. La paura può essere scatenata da una vasta gamma di stimoli, sia reali che immaginari, e si manifesta in molteplici forme, da una lieve ansia a un terrore paralizzante.

Dal punto di vista biologico, la paura inizia nell'amigdala, una piccola struttura a forma di mandorla situata nel cervello. Quando percepiamo una minaccia, l'amigdala invia segnali al sistema nervoso simpatico, innescando una serie di reazioni fisiologiche conosciute come risposta "lotta o fuga". Questo include un aumento del battito cardiaco, una maggiore produzione di adrenalina e un incremento della vigilanza, preparando il corpo a reagire rapidamente al pericolo.

Ci sono diverse tipologie di paura che possono influenzare la nostra vita quotidiana. Ad esempio, la paura del fallimento può impedire di intraprendere nuove sfide professionali, mentre la paura del rifiuto può ostacolare le relazioni personali. È importante riconoscere che non tutte le paure sono basate su minacce reali; molte volte, sono frutto di percezioni distorte o di esperienze passate negative.

Per affrontare efficacemente la paura, è fondamentale prima di tutto identificarla chiaramente. Un esercizio pratico consiste nel tenere un diario delle paure, annotando ogni volta che si avverte questa emozione, descrivendo la situazione, i pensieri associati e le reazioni fisiche. Questo aiuta a riconoscere schemi ricorrenti e a comprendere meglio le cause profonde delle proprie paure.

Un'altra tecnica utile è la desensibilizzazione sistematica, che implica l'esposizione graduale e controllata alla fonte della paura. Ad esempio, se si ha paura di parlare in pubblico, si può iniziare parlando davanti a un piccolo gruppo di amici, aumentando progressivamente la dimensione del pubblico man mano che ci si sente più sicuri. Questo metodo aiuta a costruire la fiducia e ridurre l'intensità della paura nel tempo.

La meditazione e le tecniche di respirazione possono anche essere strumenti potenti per gestire la paura. La respirazione profonda e controllata può calmare il sistema nervoso e ridurre i sintomi fisici associati alla paura, come il battito cardiaco accelerato e la tensione muscolare. Provate a dedicare alcuni minuti ogni giorno a esercizi di respirazione consapevole, concentrandovi sull'inspirazione e sull'espirazione lenta e profonda.

Infine, sviluppare un atteggiamento mentale positivo è cruciale per superare la paura. Questo include praticare l'autocompassione, sfidare i pensieri negativi e visualizzare scenari positivi. Ricordate che la paura è solo un'emozione e non deve controllare la vostra vita. Con impegno e pratica, è possibile trasformare la paura in una forza motivante che vi spinga a crescere e a migliorare.

2. La Biologia della Paura

La paura ha una base biologica che coinvolge diverse strutture e processi nel cervello e nel corpo. Comprendere questi meccanismi è fondamentale per affrontare efficacemente le proprie paure. Il fulcro della risposta alla paura è l'amigdala, una parte del sistema limbico situata in profondità nel cervello. L'amigdala è responsabile della valutazione delle minacce e dell'attivazione della risposta "lotta o fuga". Quando percepiamo un pericolo, l'amigdala invia segnali al sistema nervoso autonomo, scatenando una serie di cambiamenti fisiologici.

Il sistema nervoso autonomo è diviso in due rami principali: il sistema nervoso simpatico e il sistema nervoso parasimpatico. Durante una situazione di paura, il sistema nervoso simpatico prende il sopravvento, preparando il corpo ad affrontare il pericolo. Questo provoca un aumento del battito cardiaco, una maggiore produzione di adrenalina e una dilatazione delle pupille. La respirazione diventa più rapida e superficiale, e il flusso di sangue viene ridistribuito dai processi digestivi ai muscoli, pronti per l'azione.

Un esempio pratico per osservare la risposta fisica alla paura è quello di ricordare una situazione in cui ci si è sentiti minacciati, come parlare in pubblico per la prima volta. Prima di salire sul palco, si possono notare sintomi come mani sudate, battito cardiaco accelerato e una sensazione di "nodo alla gola". Questi sintomi sono il risultato diretto dell'attivazione dell'amigdala e del sistema nervoso simpatico.

Oltre all'amigdala, un'altra parte del cervello coinvolta nella risposta alla paura è l'ippocampo. L'ippocampo è responsabile della formazione e del recupero dei ricordi. In situazioni di paura, l'ippocampo lavora insieme all'amigdala per confrontare l'attuale situazione con esperienze passate, determinando se una minaccia è reale o meno. Ad esempio, se una persona è stata morsa da un cane in passato, l'ippocampo ricorderà questa esperienza e potrà attivare la paura alla vista di un cane, anche se l'animale è innocuo.

Per gestire e ridurre la risposta biologica alla paura, esistono diverse tecniche pratiche. Una di queste è la respirazione diaframmatica, che aiuta a stimolare il sistema nervoso parasimpatico, responsabile del rilassamento. Per praticare la respirazione diaframmatica, trovate un posto tranquillo e sedetevi comodamente. Ponete una mano sul petto e l'altra sull'addome. Inspirate lentamente attraverso il naso, permettendo all'addome di espandersi. Espirate lentamente attraverso la bocca, sentendo l'addome che si contrae. Ripetete questo esercizio per alcuni minuti, concentrandovi sul respiro e cercando di rallentare il battito cardiaco.

Un'altra tecnica utile è la pratica della mindfulness, che consiste nel focalizzare l'attenzione sul momento presente senza giudizio. Quando si sente la paura emergere, cercate di osservare le sensazioni fisiche e i pensieri associati senza cercare di cambiarli o combatterli. Questa consapevolezza può aiutare a ridurre l'intensità della risposta alla paura, permettendo di affrontare la situazione con maggiore calma e chiarezza.

In conclusione, comprendere la biologia della paura e i meccanismi che la regolano è un passo cruciale per imparare a gestire e superare questa emozione. Attraverso tecniche pratiche come la respirazione diaframmatica e la mindfulness, è possibile intervenire direttamente sui processi biologici, riducendo i sintomi fisici della paura e migliorando il proprio senso di sicurezza e controllo.

3. Le Diverse Tipologie di Paura

La paura può manifestarsi in molte forme diverse, ciascuna con le proprie caratteristiche e cause sottostanti. Conoscere le diverse tipologie di paura è essenziale per sviluppare strategie mirate per affrontarle e superarle. Tra le principali tipologie di paura troviamo la paura del fallimento, la paura del rifiuto, la paura dell'ignoto, la paura del cambiamento e la paura del giudizio.

La **paura del fallimento** è una delle più comuni e può avere un impatto significativo sulla nostra vita personale e professionale. Questa paura può impedirci di perseguire obiettivi ambiziosi o di intraprendere nuove sfide. Ad esempio, potremmo rinunciare a candidarci per un lavoro che desideriamo perché temiamo di non essere all'altezza. Per affrontare la paura del fallimento, è utile ridefinire il concetto di fallimento stesso. Invece di vederlo come una fine, possiamo considerarlo un'opportunità di apprendimento e crescita. Un esercizio pratico consiste nel fare una lista di fallimenti passati e annotare le lezioni apprese da ciascuno di essi. Questo può aiutare a ridurre la paura e a vedere il fallimento sotto una luce più positiva.

La **paura del rifiuto** è un'altra tipologia comune che può ostacolare le relazioni personali e professionali. Questa paura può derivare da esperienze passate di rifiuto o da una bassa autostima. Ad esempio, possiamo evitare di chiedere a qualcuno di uscire o di presentare una nuova idea al lavoro perché temiamo di essere rifiutati. Per superare questa paura, è importante lavorare sull'autostima e sulla fiducia in se stessi. Un esercizio pratico consiste nel fare una lista delle proprie qualità e successi, rivedendola ogni giorno per rafforzare la fiducia in se stessi. Inoltre, affrontare gradualmente situazioni che comportano il rischio di rifiuto, iniziando con piccole sfide e aumentando progressivamente la difficoltà, può aiutare a desensibilizzarsi e a ridurre la paura.

La **paura dell'ignoto** è legata all'incertezza e alla mancanza di controllo. Questa paura può manifestarsi in molte situazioni, come cambiare lavoro, trasferirsi in una nuova città o iniziare una nuova relazione. L'ignoto può sembrare spaventoso perché non sappiamo cosa aspettarci e temiamo di non essere preparati. Per affrontare la paura dell'ignoto, è utile raccogliere quante più informazioni possibili sulla nuova situazione e prepararsi adeguatamente. Ad esempio, se stiamo per trasferirci in una nuova città, possiamo fare ricerche sul quartiere, visitare la zona in anticipo e pianificare il trasloco nei dettagli. La preparazione può ridurre l'incertezza e aumentare la nostra sicurezza.

La **paura del cambiamento** è strettamente correlata alla paura dell'ignoto e può impedirci di crescere e migliorare. Questa paura può manifestarsi quando ci troviamo di fronte a grandi cambiamenti nella nostra vita, come cambiare lavoro, terminare una relazione o intraprendere un nuovo percorso di studi. Per affrontare la paura del cambiamento, è utile focalizzarsi sugli aspetti positivi del cambiamento stesso e sulla possibilità di crescita personale. Un esercizio pratico consiste nel fare una lista dei potenziali benefici del cambiamento e delle nuove opportunità che potrebbe portare. Visualizzare i risultati positivi può aiutare a ridurre la paura e a motivarci a prendere l'iniziativa.

Infine, la **paura del giudizio** è una delle paure più pervasive e può influenzare profondamente il nostro comportamento e le nostre scelte. Questa paura si manifesta quando temiamo di essere criticati o giudicati negativamente dagli altri. Ad esempio, potremmo evitare di esprimerci apertamente o di partecipare a eventi sociali per paura del giudizio altrui. Per superare la paura del giudizio, è importante sviluppare un atteggiamento di autocompassione e accettazione di sé. Un esercizio pratico consiste nel ripetere affermazioni positive e di autoaccettazione ogni giorno, come "Sono abbastanza" o "Merito di essere felice". Inoltre, esporsi gradualmente a situazioni sociali e affrontare il rischio del giudizio può aiutare a desensibilizzarsi e a costruire la fiducia in se stessi.

Comprendere le diverse tipologie di paura e riconoscerle nella propria vita è il primo passo per affrontarle. Attraverso tecniche pratiche e un approccio consapevole, è possibile ridurre l'impatto di queste paure, aumentare l'autostima e sviluppare il coraggio necessario per vivere una vita piena e soddisfacente.

4. Paura Reale vs. Paura Immaginaria

Distinguere tra paura reale e paura immaginaria è fondamentale per comprendere e gestire efficacemente le nostre reazioni emotive. La paura reale si basa su una minaccia concreta e immediata alla nostra sicurezza o al nostro benessere. Al contrario, la paura immaginaria nasce da preoccupazioni, ansie e scenari ipotetici che potrebbero non materializzarsi mai. Identificare la natura della paura ci permette di adottare le strategie più appropriate per affrontarla.

La **paura reale** si manifesta in situazioni di pericolo oggettivo e immediato. Ad esempio, trovarsi di fronte a un animale selvatico aggressivo o essere coinvolti in un incidente automobilistico rappresentano minacce reali. In questi casi, la risposta di "lotta o fuga" attivata dall'amigdala è giustificata e necessaria per la nostra sopravvivenza. Un esempio di gestione pratica della paura reale è l'addestramento alla sicurezza personale. Imparare tecniche di autodifesa o partecipare a corsi di primo soccorso può aumentare la nostra preparazione e capacità di affrontare situazioni pericolose con maggiore calma e sicurezza.

La **paura immaginaria**, d'altra parte, è spesso il risultato di pensieri irrazionali e preoccupazioni ipotetiche. Queste paure possono essere altrettanto debilitanti delle paure reali, anche se non si basano su minacce concrete. Un esempio comune è la paura di volare. Molte persone temono di salire su un aereo nonostante le statistiche dimostrino che il volo è uno dei mezzi di trasporto più sicuri. La paura immaginaria può derivare da una serie di fattori, tra cui esperienze passate, storie raccontate da altri o la nostra immaginazione.

Per affrontare la paura immaginaria, è utile utilizzare tecniche cognitive e comportamentali. Una strategia efficace è la **ristrutturazione cognitiva**, che implica identificare e sfidare i pensieri irrazionali che alimentano la paura. Ad esempio, se temiamo di fallire in una presentazione, possiamo analizzare la probabilità reale di un esito negativo e considerare le nostre competenze e preparazione. Spesso, scopriremo che i nostri timori sono esagerati e infondati.

Un'altra tecnica pratica è **l'esposizione graduale**, che comporta affrontare lentamente e progressivamente la fonte della paura immaginaria. Se abbiamo paura dei luoghi affollati, possiamo iniziare visitando un parco meno frequentato, poi passare a una biblioteca pubblica, e infine partecipare a un evento con un grande pubblico. Questo processo di desensibilizzazione aiuta a ridurre l'ansia associata alla paura immaginaria e aumenta la nostra fiducia.

Inoltre, praticare la **mindfulness** e la meditazione può essere molto utile per gestire la paura immaginaria. La mindfulness ci aiuta a rimanere nel presente, osservando i nostri pensieri e sentimenti senza giudicarli. Quando ci rendiamo conto che i nostri timori sono basati su scenari ipotetici piuttosto che su realtà concrete, possiamo imparare a lasciar andare questi pensieri e concentrarci su ciò che è reale e controllabile. Un esercizio pratico di mindfulness è il **body scan**, che consiste nel focalizzarsi su diverse parti del corpo, notando le sensazioni senza cercare di cambiarle. Questo può ridurre l'ansia e riportarci al presente.

Per distinguere tra paura reale e paura immaginaria, è utile fare una **valutazione oggettiva** della situazione. Chiediamoci: "Qual è la probabilità che ciò che temo accada realmente? Quali evidenze concrete supportano questa paura?" Spesso, scopriremo che molte delle nostre paure immaginarie non hanno una base solida nella realtà. Un altro esercizio consiste nel tenere un diario delle paure, annotando le situazioni che scatenano la paura e classificandole come reali o immaginarie. Questo può aiutarci a riconoscere i modelli ricorrenti e a prendere coscienza delle nostre paure irrazionali.

In conclusione, comprendere la differenza tra paura reale e paura immaginaria è essenziale per sviluppare strategie efficaci per gestirle. Mentre la paura reale richiede azioni concrete per garantire la nostra sicurezza, la paura immaginaria può essere affrontata attraverso tecniche cognitive, comportamentali e di mindfulness. Attraverso la pratica costante e l'autoconsapevolezza, possiamo imparare a distinguere tra queste due tipologie di paura e a ridurre il loro impatto sulla nostra vita, aumentando così la nostra autostima, il coraggio e la sicurezza personale.

5. Le Cause Profonde della Paura

La paura ha radici profonde che possono risalire a vari aspetti della nostra vita e del nostro sviluppo. Identificare le cause profonde della paura è essenziale per affrontarla in modo efficace e duraturo. Le cause della paura possono essere suddivise in tre categorie principali: genetiche, ambientali e psicologiche.

Dal punto di vista **genetico**, alcuni studi suggeriscono che la predisposizione alla paura può essere ereditaria. Questo significa che alcune persone potrebbero essere più inclini a sperimentare la paura a causa della loro costituzione biologica. Ad esempio, i bambini di genitori ansiosi o paurosi possono avere una maggiore probabilità di sviluppare paure simili. Tuttavia, anche se esiste una predisposizione genetica, l'ambiente gioca un ruolo cruciale nell'attivazione di queste paure.

Le cause **ambientali** della paura derivano dalle esperienze vissute durante la crescita e lo sviluppo. Eventi traumatici, abusi, o esperienze negative significative possono lasciare un'impronta duratura e contribuire allo sviluppo di paure persistenti. Ad esempio, una persona che ha vissuto un incidente stradale potrebbe sviluppare una paura di guidare. Per affrontare queste paure, una tecnica utile è la terapia dell'esposizione, che comporta l'affrontare gradualmente e in modo controllato le situazioni che evocano paura, riducendo così la risposta di paura nel tempo.

Un altro aspetto ambientale è **l'educazione** ricevuta. I genitori e gli educatori hanno un'influenza significativa sullo sviluppo delle paure nei bambini. Un ambiente familiare iperprotettivo può portare a una maggiore sensibilità alla paura, mentre un ambiente che incoraggia l'autonomia e il coraggio può aiutare i bambini a sviluppare una maggiore resilienza. Per i genitori, un esempio pratico per aiutare i bambini a superare le loro paure è quello di modellare comportamenti coraggiosi e di fornire supporto emotivo costante, incoraggiandoli ad affrontare gradualmente le loro paure.

Le cause **psicologiche** della paura sono spesso legate ai nostri pensieri, credenze e percezioni. La paura può derivare da convinzioni negative su se stessi o sul mondo circostante. Ad esempio, una persona che crede di non essere all'altezza delle situazioni potrebbe sviluppare una paura del fallimento. La ristrutturazione cognitiva è una tecnica efficace per affrontare queste cause psicologiche. Questo processo implica l'identificazione e la sfida dei pensieri negativi automatici, sostituendoli con pensieri più realistici e positivi. Un esercizio pratico è quello di tenere un diario dei pensieri, annotando i pensieri negativi quando emergono e scrivendo delle risposte razionali e positive a ciascuno di essi.

La paura può anche essere il risultato di **esperienze di condizionamento**. Il condizionamento classico, scoperto da Ivan Pavlov, dimostra come una risposta di paura può essere associata a un particolare stimolo neutro se questo viene ripetutamente associato a un evento spaventoso. Ad esempio, una persona che ha avuto una brutta esperienza in un ascensore può sviluppare una paura degli ascensori in generale. Per superare queste paure condizionate, si può utilizzare la desensibilizzazione sistematica, un processo che comporta l'esposizione graduale e ripetuta allo stimolo temuto in un contesto sicuro, fino a quando la risposta di paura diminuisce.

Inoltre, è importante considerare il ruolo dello **stress** e dell'**ansia** nel contribuire alla paura. Lo stress cronico può abbassare la nostra soglia di tolleranza alla paura, rendendoci più vulnerabili alle risposte di paura. Per gestire lo stress, tecniche come la meditazione, l'esercizio fisico regolare e il mantenimento di una dieta equilibrata possono essere molto utili. La meditazione mindfulness, in particolare, può aiutare a ridurre l'ansia e a migliorare la nostra capacità di gestire le emozioni negative.

Infine, la paura può essere influenzata dalle nostre **esperienze culturali** e sociali. Le norme culturali e le aspettative sociali possono modellare ciò che consideriamo spaventoso. Ad esempio, in alcune culture, esprimere vulnerabilità può essere visto come una debolezza, aumentando così la paura di mostrarsi vulnerabili. Per affrontare queste influenze culturali, è utile sviluppare una forte identità personale e valori interni, che ci permettano di navigare nelle pressioni sociali con maggiore fiducia e autenticità.

In conclusione, comprendere le cause profonde della paura è un passo cruciale per affrontarla in modo efficace. Attraverso l'uso di tecniche pratiche come la ristrutturazione cognitiva, la desensibilizzazione sistematica e la gestione dello stress, possiamo ridurre l'impatto delle nostre paure e sviluppare una maggiore autostima e coraggio. Con il tempo e la pratica, è possibile trasformare la paura da un ostacolo a una forza motivante che ci spinga verso la crescita personale e il successo.

6. Come la Paura Influenza il Comportamento

La paura può avere un impatto profondo e pervasivo sul nostro comportamento, influenzando le nostre decisioni, azioni e persino le relazioni interpersonali. Comprendere come la paura modella il nostro comportamento è essenziale per sviluppare strategie efficaci per affrontarla e superarla. La paura può manifestarsi in vari modi, tra cui evitamento, procrastinazione, aggressività e comportamenti di controllo.

Uno dei modi più comuni in cui la paura influenza il comportamento è attraverso l'**evitamento**. Quando temiamo una situazione o un'esperienza, tendiamo a evitarla per ridurre il disagio associato. Ad esempio, una persona che ha paura di parlare in pubblico potrebbe evitare situazioni sociali o professionali che richiedono di farlo. Questo comportamento, sebbene possa offrire un sollievo temporaneo, rafforza la paura a lungo termine e limita le opportunità di crescita personale e professionale. Per superare l'evitamento, è utile adottare un approccio di esposizione graduale. Iniziare con piccoli passi, come parlare davanti a un amico fidato o partecipare a riunioni più piccole, può aiutare a costruire la fiducia necessaria per affrontare situazioni più impegnative.

La paura può anche portare alla **procrastinazione**. Temendo il fallimento o il giudizio, possiamo rimandare compiti importanti, sperando che il tempo allevi l'ansia. Tuttavia, la procrastinazione può creare un ciclo di stress e pressione crescente, peggiorando ulteriormente la paura. Una tecnica pratica per affrontare la procrastinazione è il metodo del "pomodoro", che consiste nel lavorare su un compito per 25 minuti ininterrottamente, seguito da una breve pausa. Questo approccio suddivide il lavoro in blocchi gestibili, riducendo l'ansia e rendendo più facile iniziare e completare i compiti.

L'**aggressività** è un'altra risposta comportamentale alla paura. In alcune situazioni, la paura può scatenare una reazione di difesa o attacco, portando a comportamenti aggressivi. Ad esempio, una persona che si sente minacciata in una discussione può rispondere con rabbia o ostilità. Questo tipo di comportamento può danneggiare le relazioni e creare un ambiente di conflitto. Per gestire l'aggressività legata alla paura, è utile praticare tecniche di comunicazione assertiva. L'assertività permette di esprimere i propri sentimenti e bisogni in modo chiaro e rispettoso, senza ricorrere all'aggressività.

I **comportamenti di controllo** sono un altro modo in cui la paura può influenzare il nostro comportamento. Quando temiamo l'incertezza o la perdita di controllo, possiamo cercare di controllare eccessivamente le situazioni e le persone intorno a noi. Questo può manifestarsi in vari modi, come voler avere il controllo assoluto su un progetto o cercare di influenzare le decisioni degli altri. Questi comportamenti possono creare tensioni nelle relazioni e ostacolare la collaborazione. Per ridurre la necessità di controllo, è utile praticare la fiducia e l'accettazione. Ad esempio, delegare compiti e accettare che gli altri possano avere approcci diversi può ridurre l'ansia legata al controllo e promuovere un ambiente più collaborativo.

La paura può anche portare a **comportamenti di fuga**. In situazioni di stress estremo, alcune persone possono ricorrere a comportamenti di fuga, come l'uso di sostanze, l'eccesso di cibo o altre attività compulsive, per evitare di affrontare le loro paure. Questi comportamenti, sebbene offrano un sollievo temporaneo, possono avere conseguenze negative a lungo termine sulla salute fisica e mentale. Per affrontare i comportamenti di fuga, è utile sviluppare strategie di coping più salutari. La pratica della mindfulness, ad esempio, può aiutare a gestire lo stress e l'ansia in modo più sano, permettendo di affrontare le paure in modo più diretto e consapevole.

Inoltre, la paura può influenzare il nostro comportamento attraverso **la limitazione delle nostre azioni**. Quando temiamo il fallimento o il giudizio, possiamo limitarci a fare solo ciò che è sicuro e familiare, evitando di correre rischi o di esplorare nuove opportunità. Questo può ostacolare la crescita personale e professionale. Per superare questa limitazione, è utile adottare una mentalità di crescita, che enfatizza l'apprendimento e lo sviluppo continuo. Un esercizio pratico è quello di fissare obiettivi sfidanti ma raggiungibili, e celebrare i piccoli successi lungo il percorso. Questo può aiutare a costruire la fiducia e incoraggiare un atteggiamento più aperto e coraggioso verso le nuove esperienze.

In conclusione, la paura può influenzare profondamente il nostro comportamento, portandoci all'evitamento, alla procrastinazione, all'aggressività, ai comportamenti di controllo, ai comportamenti di fuga e alla limitazione delle nostre azioni. Comprendere questi effetti e adottare strategie pratiche per affrontarli è essenziale per aumentare l'autostima, il coraggio e la sicurezza personale. Attraverso l'esposizione graduale, la ristrutturazione cognitiva, la comunicazione assertiva e altre tecniche di gestione dello stress, possiamo imparare a trasformare la paura in una forza positiva che ci spinga verso la crescita e il successo.

7. I Sintomi Fisici della Paura

La paura non è solo un'emozione mentale; si manifesta chiaramente nel corpo attraverso una serie di sintomi fisici. Questi sintomi sono il risultato della risposta di "lotta o fuga" attivata dal sistema nervoso autonomo, in particolare dall'attivazione del sistema nervoso simpatico. Riconoscere e comprendere questi sintomi fisici è fondamentale per sviluppare strategie efficaci per gestire la paura e ridurre il suo impatto sul nostro benessere quotidiano.

Uno dei sintomi fisici più comuni della paura è l'**aumento della frequenza cardiaca**. Quando percepiamo una minaccia, il cuore inizia a battere più velocemente per pompare più sangue ai muscoli, preparando il corpo alla lotta o alla fuga. Questo può farci sentire il cuore in gola o provare palpitazioni. Per gestire questo sintomo, una tecnica utile è la respirazione diaframmatica. Inspirare lentamente e profondamente attraverso il naso, contando fino a quattro, trattenere il respiro per altri quattro secondi, e poi espirare lentamente attraverso la bocca per quattro secondi può aiutare a rallentare la frequenza cardiaca e indurre una sensazione di calma.

La **sudorazione** è un altro sintomo fisico comune della paura. Il corpo sudare per mantenere la temperatura corporea e prepararsi alla fuga. La sudorazione eccessiva, specialmente nelle mani, nei piedi e sotto le ascelle, può essere imbarazzante e fastidiosa. Un modo per gestire questo sintomo è l'uso di antitraspiranti efficaci e la pratica regolare di attività rilassanti come lo yoga o la meditazione, che possono aiutare a ridurre l'ansia complessiva e, di conseguenza, la sudorazione.

La **tensione muscolare** è un altro segno fisico della paura. Quando siamo spaventati, i muscoli si contraggono per prepararsi all'azione. Questa tensione può portare a dolori muscolari e rigidità, specialmente nelle spalle, nel collo e nella schiena. Per alleviare la tensione muscolare, è utile fare stretching regolarmente e praticare tecniche di rilassamento progressivo. Questa tecnica consiste nel tendere e poi rilassare gradualmente diversi gruppi muscolari del corpo, partendo dai piedi e risalendo fino alla testa, aiutando così a rilasciare la tensione accumulata.

Un altro sintomo fisico della paura è il **respiro corto** o la difficoltà a respirare profondamente. Questo avviene perché il corpo cerca di ottenere più ossigeno per prepararsi all'azione immediata. Questa respirazione superficiale può causare sensazioni di vertigini o stordimento. Per contrastare questo sintomo, oltre alla respirazione diaframmatica, si può praticare la tecnica della "respirazione a narici alternate", che aiuta a bilanciare il sistema nervoso e a promuovere un senso di calma.

Il **tremore** è un'altra reazione comune alla paura. Il tremore può verificarsi nelle mani, nelle gambe o in tutto il corpo e deriva dalla scarica di adrenalina. Questo può essere particolarmente evidente in situazioni di stress intenso, come parlare in pubblico o affrontare una situazione pericolosa. Per ridurre il tremore, è utile praticare tecniche di radicamento, come piantare saldamente i piedi per terra e concentrarsi sulla sensazione del terreno sotto di essi, che può aiutare a stabilizzare il corpo e a ridurre il tremore.

L'**aumento della pressione sanguigna** è un altro sintomo fisico della paura. Il corpo rilascia ormoni dello stress come l'adrenalina e il cortisolo, che fanno aumentare la pressione sanguigna per migliorare il flusso di sangue ai muscoli. Questo può essere pericoloso se si verifica frequentemente, poiché può contribuire a problemi cardiaci a lungo termine. Per gestire questo sintomo, oltre alla respirazione profonda e alle tecniche di rilassamento, è importante mantenere uno stile di vita sano con una dieta equilibrata e attività fisica regolare.

Un altro sintomo comune è la **secchezza delle fauci**. Quando il corpo è in modalità di lotta o fuga, la produzione di saliva può diminuire, causando una sensazione di bocca asciutta. Bere piccoli sorsi d'acqua e masticare gomme senza zucchero possono aiutare a stimolare la produzione di saliva e alleviare questa sensazione.

La **digestione** può anche essere influenzata dalla paura. La paura può causare sintomi gastrointestinali come nausea, mal di stomaco o diarrea, poiché il corpo rallenta la digestione per concentrare l'energia altrove. Per gestire questi sintomi, è utile seguire una dieta leggera e facilmente digeribile quando ci si sente ansiosi, ed evitare cibi pesanti o irritanti che possono peggiorare i sintomi gastrointestinali.

Infine, la paura può causare **cambiamenti nella visione**, come visione offuscata o visione a tunnel. Questo è il risultato del restringimento dei vasi sanguigni e dell'aumento della tensione muscolare intorno agli occhi. Per alleviare questi sintomi, è utile praticare esercizi di rilassamento visivo, come guardare un punto distante e poi un punto vicino alternativamente, per aiutare a rilassare i muscoli oculari.

In conclusione, riconoscere i sintomi fisici della paura è un passo cruciale per sviluppare strategie efficaci per gestirla. Attraverso tecniche di respirazione, rilassamento muscolare, esercizi di radicamento e uno stile di vita sano, possiamo ridurre l'impatto fisico della paura e migliorare il nostro benessere complessivo. Con la pratica e la consapevolezza, è possibile trasformare la paura da un ostacolo fisico a un'opportunità per crescere in forza e resilienza.

8. Paura e Memoria: L'Impatto degli Eventi Passati

La nostra memoria gioca un ruolo cruciale nel modo in cui sperimentiamo e gestiamo la paura. Gli eventi passati, specialmente quelli traumatici, possono lasciare un'impronta duratura sul nostro cervello, influenzando il nostro comportamento e le nostre reazioni emotive nel presente. Comprendere il legame tra paura e memoria è essenziale per sviluppare strategie efficaci per affrontare e superare le paure radicate.

Uno dei meccanismi chiave attraverso cui la paura influenza la memoria è la **memoria emotiva**. Le esperienze altamente emotive, come eventi traumatici o situazioni di pericolo, vengono spesso immagazzinate in modo più vivido e dettagliato nel nostro cervello rispetto alle esperienze neutre. Questo fenomeno è dovuto all'azione dell'amigdala, una regione del cervello coinvolta nell'elaborazione delle emozioni, che potenzia la memorizzazione degli eventi emotivamente significativi. Ad esempio, una persona che ha vissuto un incidente automobilistico può ricordare con estrema chiarezza i dettagli dell'evento, come il suono dello schianto o la vista delle luci lampeggianti. Questi ricordi possono riemergere in situazioni simili, scatenando una risposta di paura anche anni dopo l'evento.

La memoria emotiva può portare alla **generalizzazione della paura**, dove una singola esperienza negativa viene estesa a situazioni simili. Ad esempio, una persona che ha subito un'aggressione in un parco può sviluppare una paura generalizzata di tutti i parchi o degli spazi aperti. Per affrontare questo fenomeno, una tecnica utile è la **terapia di esposizione graduale**, che implica l'affrontare in modo controllato e progressivo le situazioni temute. In questo caso, la persona potrebbe iniziare visitando parchi meno affollati o accompagnata da amici fidati, aumentando gradualmente l'esposizione fino a superare la paura generalizzata.

La **distorsione della memoria** è un altro modo in cui la paura può influenzare i ricordi. Quando riviviamo un evento traumatico o pauroso, la nostra memoria può diventare selettiva, enfatizzando gli aspetti più minacciosi e trascurando i dettagli rassicuranti o neutri. Questo può portare a una percezione amplificata del pericolo e a una maggiore difficoltà nel superare la paura. Per contrastare questo effetto, è utile tenere un **diario dei ricordi**, annotando gli eventi spaventosi e rivedendoli in momenti di calma, cercando di identificare i dettagli neutri o positivi che potrebbero essere stati trascurati inizialmente. Questo esercizio può aiutare a riequilibrare la percezione dell'evento e a ridurre l'intensità della risposta di paura.

La **memoria implicita** gioca un ruolo significativo nella paura. Questa forma di memoria non conscia si riferisce a ricordi che influenzano il nostro comportamento senza che ne siamo consapevoli. Ad esempio, una persona può provare ansia in un ambiente specifico senza ricordare un evento passato che ha causato questa associazione. La **terapia cognitivo-comportamentale (CBT)** è particolarmente efficace nel lavorare con la memoria implicita. Attraverso la CBT, è possibile identificare e modificare i pensieri e i comportamenti automatici che derivano da ricordi impliciti, riducendo così la risposta di paura associata.

Gli **eventi passati** possono anche influenzare la paura attraverso l'**apprendimento osservazionale**. Se abbiamo assistito a situazioni di paura vissute da altre persone, come vedere un genitore reagire con paura a un ragno, possiamo sviluppare paure simili attraverso l'osservazione. Per affrontare questo tipo di paura, è utile **ridefinire le associazioni** attraverso esperienze positive. Ad esempio, partecipare a un workshop di desensibilizzazione ai ragni può aiutare a sostituire l'associazione negativa con esperienze positive e sicure.

La **trauma-focused therapy** (terapia focalizzata sul trauma) è un'altra strategia efficace per affrontare le paure legate agli eventi passati. Questa terapia mira a elaborare e integrare i ricordi traumatici, riducendo il loro impatto emotivo e migliorando la capacità di affrontare situazioni simili in futuro. Tecniche come l'**EMDR (Eye Movement Desensitization and Reprocessing)** possono essere particolarmente utili. L'EMDR utilizza movimenti oculari guidati per aiutare il cervello a rielaborare i ricordi traumatici, riducendo così la loro capacità di evocare una risposta di paura intensa.

La **mindfulness** e la **meditazione** sono ulteriori strumenti utili per gestire l'impatto degli eventi passati sulla paura. La pratica della mindfulness, che implica il focalizzarsi sul momento presente con un atteggiamento non giudicante, può aiutare a ridurre l'influenza dei ricordi spaventosi e a sviluppare una maggiore resilienza emotiva. Tecniche di meditazione come il **body scan** possono aiutare a prendere consapevolezza delle sensazioni fisiche associate alla paura, permettendo di gestirle in modo più efficace.

In conclusione, l'impatto degli eventi passati sulla paura è profondo e complesso. Attraverso la comprensione della memoria emotiva, della generalizzazione della paura, della distorsione della memoria e della memoria implicita, possiamo sviluppare strategie pratiche per affrontare e superare le paure radicate. Tecniche come la terapia di esposizione graduale, la CBT, la mindfulness e la trauma-focused therapy offrono strumenti potenti per trasformare la paura e promuovere un senso di sicurezza e autostima. Con il tempo e la pratica, è possibile liberarsi dall'influenza negativa degli eventi passati e vivere una vita più coraggiosa e sicura.

9. Il Ruolo delle Esperienze Personali

Le esperienze personali giocano un ruolo fondamentale nella formazione e nell'intensificazione delle nostre paure. Ogni individuo accumula un bagaglio unico di esperienze che modella il proprio modo di percepire e reagire al mondo. Queste esperienze non solo influenzano le nostre paure, ma possono anche offrire chiavi preziose per superarle e crescere. Comprendere come le esperienze personali influenzano la paura è essenziale per sviluppare strategie su misura per affrontarla efficacemente.

Le **esperienze di infanzia** hanno un impatto significativo sullo sviluppo delle paure. Ad esempio, un bambino che cresce in un ambiente instabile o caratterizzato da abusi può sviluppare paure profonde e persistenti che si manifestano in ansia, fobie o comportamenti di evitamento nell'età adulta. Per affrontare queste paure radicate, è utile ricorrere alla **terapia psicologica**, in particolare alla terapia dell'infanzia e adolescenza, che permette di esplorare e rielaborare questi ricordi traumatici in un ambiente sicuro e di supporto. Attraverso il lavoro con un terapeuta, è possibile identificare i legami tra le esperienze infantili e le paure attuali, e sviluppare strategie per dissociarli.

Le **esperienze traumatiche** nell'età adulta possono anch'esse contribuire significativamente alla formazione delle paure. Eventi come incidenti automobilistici, aggressioni o disastri naturali possono lasciare cicatrici emotive profonde. Queste esperienze possono portare a disturbi come il disturbo da stress post-traumatico (PTSD), che intensifica le risposte di paura a stimoli che ricordano l'evento traumatico. La **terapia EMDR (Eye Movement Desensitization and Reprocessing)** è particolarmente efficace nel trattamento del PTSD. Questa tecnica utilizza movimenti oculari guidati per aiutare il cervello a rielaborare i ricordi traumatici, riducendo così l'intensità della paura associata.

Le **esperienze di fallimento** possono anche alimentare le paure. Ad esempio, una persona che ha vissuto un fallimento professionale significativo può sviluppare una paura persistente di affrontare nuove sfide lavorative o di assumere rischi. Per superare questa paura, è utile praticare la **ristrutturazione cognitiva**, una tecnica della terapia cognitivo-comportamentale (CBT) che aiuta a identificare e modificare i pensieri negativi e irrazionali associati al fallimento. Un esercizio pratico consiste nel tenere un diario dei successi e dei fallimenti, analizzando ogni esperienza per identificare lezioni apprese e strategie per migliorare in futuro. Questo approccio aiuta a trasformare il fallimento in una fonte di apprendimento e crescita, riducendo la paura ad esso associata.

Le **esperienze relazionali** influenzano profondamente le nostre paure. Relazioni abusive o conflittuali possono generare paure di intimità, abbandono o rifiuto. Per affrontare queste paure, è utile lavorare sulla **costruzione della fiducia** e sull'**assertività** nelle relazioni. Partecipare a gruppi di supporto o a workshop sulla comunicazione efficace può aiutare a sviluppare competenze relazionali sane e a ridurre le paure legate alle relazioni. Inoltre, praticare tecniche di **auto-compassione**, come il parlare a se stessi in modo gentile e comprensivo, può aiutare a curare le ferite emotive lasciate da esperienze relazionali negative.

Le **esperienze di successo** e **realizzazione personale** possono invece rafforzare l'autostima e ridurre le paure. Ogni volta che affrontiamo con successo una situazione che temevamo, costruiamo una base di fiducia in noi stessi. Per coltivare questa fiducia, è utile fissare obiettivi realistici e raggiungibili, e celebrare ogni piccolo successo. Tecniche come la **visualizzazione** possono essere potenti strumenti per prepararsi mentalmente a superare le paure. Visualizzare se stessi mentre si affrontano e si superano situazioni spaventose può rafforzare la fiducia e ridurre l'ansia anticipatoria.

Le **esperienze culturali** e **sociali** modellano anche le nostre paure. Le norme e le aspettative della società in cui viviamo possono influenzare ciò che temiamo e come lo affrontiamo. Ad esempio, in alcune culture, parlare in pubblico può essere visto come un segno di leadership e coraggio, mentre in altre può essere fonte di grande ansia. Per superare le paure legate a contesti culturali e sociali, è utile sviluppare una maggiore **consapevolezza interculturale** e adottare un approccio flessibile e aperto. Partecipare a eventi multiculturali o imparare una nuova lingua può aiutare a ridurre le paure legate all'ignoto e a sviluppare un senso di appartenenza e sicurezza in contesti diversi.

Infine, le **esperienze di supporto e comunità** sono cruciali per affrontare e superare le paure. Avere un sistema di supporto forte, costituito da amici, familiari o gruppi di supporto, può fare una grande differenza. Condividere le proprie paure e ascoltare le esperienze degli altri può aiutare a normalizzare le proprie preoccupazioni e a trovare nuove prospettive e strategie per affrontarle. Tecniche come il **coaching** e il **mentoring** possono fornire ulteriore supporto e guida, aiutando a costruire la fiducia e a sviluppare le competenze necessarie per affrontare le sfide.

In conclusione, le esperienze personali giocano un ruolo fondamentale nel plasmare le nostre paure. Attraverso la comprensione e la rielaborazione di queste esperienze, possiamo sviluppare strategie efficaci per affrontare e superare le paure radicate. Tecniche terapeutiche come la CBT, l'EMDR, la mindfulness e la terapia dell'infanzia, insieme a pratiche di auto-compassione, ristrutturazione cognitiva e costruzione della fiducia, offrono strumenti potenti per trasformare le esperienze personali in una fonte di forza e resilienza. Con il tempo e la pratica, è possibile liberarsi dall'influenza negativa delle esperienze passate e vivere una vita più coraggiosa e sicura.

10. Perché Affrontare la Paura è Importante

Affrontare le proprie paure è un passo cruciale per migliorare la qualità della vita e sviluppare un senso di autostima e sicurezza interiore. La paura, se lasciata incontrollata, può limitare le nostre esperienze, inibire il nostro potenziale e impedire la nostra crescita personale. Comprendere l'importanza di affrontare le paure non solo ci aiuta a vivere una vita più piena e soddisfacente, ma ci permette anche di sviluppare una maggiore resilienza e capacità di adattamento.

Affrontare la paura libera energia. La paura non solo consuma una quantità significativa di energia mentale ed emotiva, ma può anche causare stress fisico. Quando evitiamo situazioni che ci spaventano, spesso ci troviamo a spendere molta energia nel mantenere quella distanza, energia che potrebbe essere utilizzata in modo più produttivo. Ad esempio, una persona che ha paura di parlare in pubblico potrebbe spendere giorni o settimane preoccupandosi di un evento imminente. Affrontando questa paura, magari attraverso la pratica della **desensibilizzazione sistematica** (una tecnica che comporta l'esposizione graduale alla situazione temuta), può ridurre significativamente questa ansia e liberare energia mentale per altre attività produttive.

Affrontare la paura promuove la crescita personale. Ogni volta che affrontiamo e superiamo una paura, dimostriamo a noi stessi di essere capaci di gestire le sfide. Questo processo costruisce autostima e fiducia in se stessi. Ad esempio, superare la paura di fallire prendendo l'iniziativa di iniziare un nuovo progetto lavorativo o personale può portare a successi inattesi e nuove opportunità. Tecniche come la **visualizzazione positiva**, dove immaginiamo noi stessi avere successo in situazioni che ci spaventano, possono aiutare a preparare la nostra mente a superare queste paure e a riconoscere il nostro potenziale.

Affrontare la paura migliora le relazioni. Le paure non affrontate possono influenzare negativamente le nostre interazioni con gli altri. La paura dell'abbandono, ad esempio, può portare a comportamenti di attaccamento o dipendenza, che possono mettere a dura prova le relazioni. Lavorare su queste paure attraverso la **terapia relazionale** o la **terapia di coppia** può aiutare a costruire relazioni più sane e equilibrate. Imparare a comunicare apertamente e onestamente le proprie paure può anche rafforzare la fiducia e l'intimità nelle relazioni.

Affrontare la paura migliora la salute fisica. Lo stress e l'ansia cronica associati alla paura possono avere effetti negativi sulla salute fisica, inclusi problemi cardiovascolari, disturbi digestivi e un sistema immunitario indebolito. Affrontare e ridurre la paura può portare a una riduzione dello stress e a una migliore salute generale. Tecniche come la **meditazione mindfulness** e il **biofeedback** possono aiutare a gestire le risposte fisiche alla paura, promuovendo una maggiore calma e benessere.

Affrontare la paura espande le opportunità. Le paure non affrontate possono limitarci e impedirci di cogliere nuove opportunità. La paura del cambiamento, ad esempio, può impedirci di accettare una promozione lavorativa, trasferirci in una nuova città o iniziare una nuova relazione. Sviluppare il coraggio di affrontare queste paure può aprire nuove porte e portare a esperienze arricchenti. La **tecnica del piccolo passo**, che consiste nel suddividere grandi sfide in piccoli obiettivi raggiungibili, può rendere meno intimidatorio affrontare situazioni nuove o spaventose.

Affrontare la paura sviluppa la resilienza. La resilienza è la capacità di recuperare rapidamente dalle difficoltà. Affrontare le paure ci aiuta a sviluppare questa qualità essenziale, permettendoci di affrontare le sfide future con maggiore facilità. Partecipare a **attività di team-building** o **sport avventurosi** può fornire contesti sicuri in cui affrontare e superare le paure, rafforzando così la nostra resilienza e il nostro spirito di avventura.

Affrontare la paura migliora la qualità della vita. Infine, vivere una vita dominata dalla paura può portare a una sensazione di insoddisfazione e stasi. Affrontare le paure ci permette di vivere pienamente e autenticamente, godendo di nuove esperienze e realizzando il nostro pieno potenziale. Praticare la **gratitudine** per ogni piccolo progresso fatto nel superare le paure può aiutare a mantenere una prospettiva positiva e motivata.

In conclusione, affrontare le proprie paure è essenziale per vivere una vita appagante e significativa. Attraverso tecniche pratiche come la desensibilizzazione sistematica, la visualizzazione positiva, la meditazione mindfulness, la terapia relazionale e la pratica della gratitudine, possiamo sviluppare il coraggio e la resilienza necessari per superare le nostre paure. Con il tempo e la pratica, possiamo trasformare le nostre paure in opportunità di crescita e vivere una vita più coraggiosa e sicura.

II. Riconoscere e Accettare le Tue Paure

1. Identificare le Tue Paure Nascoste

Molti di noi si confrontano con paure profonde e radicate che non sono immediatamente evidenti. Queste paure nascoste spesso operano al di fuori della nostra consapevolezza cosciente e influenzano il nostro comportamento e le nostre emozioni senza che ce ne rendiamo conto. Identificare queste paure è il primo passo fondamentale verso la loro gestione e superamento. In questo paragrafo, esploreremo come riconoscere e portare alla luce le paure nascoste, utilizzando tecniche pratiche e riflessive.

1. Autovalutazione e Riflessione Personale

Il primo passo per identificare le paure nascoste è avviare un processo di autovalutazione. Dedica del tempo alla riflessione personale per esplorare le aree della tua vita in cui ti senti bloccato o insoddisfatto. Inizia con un **diario delle emozioni**, annotando le situazioni in cui provi ansia, disagio o paura. Ad esempio, se ti senti particolarmente nervoso prima di un incontro di lavoro, annota questo evento e rifletti sulle sensazioni che hai provato. Utilizza domande guida come: "Quando ho avvertito l'ultima volta un forte senso di paura?" e "Quali eventi recenti mi hanno causato stress significativo?" Questo esercizio ti aiuterà a individuare modelli ricorrenti e a scoprire paure nascoste.

2. Analisi dei Comportamenti di Evitamento

Le paure nascoste spesso si manifestano attraverso comportamenti di evitamento. Se noti di evitare determinate situazioni o attività, è probabile che ci sia una paura sottostante che spinge a tale comportamento. Per esempio, se eviti di parlare in pubblico o di prendere decisioni importanti, analizza perché. Chiediti se c'è una paura di fallimento, di giudizio o di criticità che guida questo evitamento. Un modo pratico per esaminare questi comportamenti è utilizzare il metodo della **mappa delle paure**, dove tracci su carta le situazioni che eviti e le paure associate. Questo strumento ti aiuterà a visualizzare e identificare chiaramente le tue paure nascoste.

3. Riconoscere i Sintomi Fisici e Psicologici

Le paure nascoste possono manifestarsi attraverso sintomi fisici e psicologici. Presta attenzione a sintomi come palpitazioni, tensione muscolare, difficoltà a respirare, o stati di irritabilità e insonnia. Questi segnali possono indicare la presenza di paure non immediatamente riconosciute. Per esempio, se noti che hai frequenti mal di testa o tensione muscolare quando devi prendere una decisione importante, potrebbe essere un segno che hai una paura sottostante di fare la scelta sbagliata. Praticare tecniche di **consapevolezza** e **meditazione** può aiutare a riconoscere e accettare questi sintomi, portando così a una maggiore comprensione delle paure nascoste.

4. Confrontare i Tuoi Temi Ricorrenti con le Esperienze Passate

Le paure nascoste spesso hanno radici nelle esperienze passate. Esamina i temi ricorrenti nella tua vita e confrontali con esperienze precedenti. Ad esempio, se hai una costante preoccupazione riguardo al fallimento, chiediti se hai vissuto esperienze di fallimento o critica in passato che potrebbero aver influenzato questa paura. Utilizza la **tecnica del timeline** per tracciare gli eventi significativi della tua vita e annotare come questi potrebbero essere collegati alle tue paure attuali. Riconoscere le connessioni tra esperienze passate e paure presenti può offrirti una chiara comprensione di dove e come queste paure sono emerse.

5. Consultare un Professionista

Se le paure nascoste sono particolarmente complesse o radicate, consultare un professionista della salute mentale può essere estremamente utile. Terapeuti e counselor possono utilizzare tecniche come la **terapia cognitivo-comportamentale** (CBT) per aiutarti a esplorare e comprendere le paure sottostanti. Attraverso il dialogo e l'uso di esercizi specifici, un professionista può guidarti nell'identificazione e nella gestione delle tue paure nascoste in modo strutturato e sicuro.

6. Eseguire Test di Auto-Riflessione e Questionari

Utilizzare test di auto-riflessione e questionari può essere un metodo efficace per scoprire paure nascoste. Test come il **Questionario delle Fobie di Fear Survey Schedule** o il **Test di Ansia Generale** possono fornire indicazioni sui tuoi livelli di paura e ansia, rivelando aree che potresti non aver considerato. Questi strumenti offrono una visione oggettiva e quantificabile delle tue paure, aiutandoti a focalizzarti su aree specifiche per ulteriori esplorazioni e interventi.

7. Praticare l'Introspezione Guidata

La pratica dell'introspezione guidata è un'altra tecnica utile per identificare paure nascoste. Utilizzando tecniche di rilassamento come la **meditazione guidata** o l'**autoipnosi**, puoi accedere a livelli più profondi della tua coscienza e portare alla luce paure che potrebbero non essere immediatamente evidenti nella vita quotidiana. Ascolta le indicazioni di una guida esperta e permetti alla tua mente di esplorare paure e preoccupazioni profonde in un ambiente sicuro e controllato.

8. Rivedere e Riconoscere Modelli di Comportamento

Esaminare i modelli di comportamento ricorrenti può fornire ulteriori indizi sulle paure nascoste. Ad esempio, se ti accorgi di avere una tendenza a procrastinare o a evitare compiti sfidanti, questo può riflettere una paura di insuccesso o di non essere all'altezza. Creare una **griglia di auto-valutazione**, dove annoti e analizzi questi comportamenti, può aiutarti a identificare le paure sottostanti e sviluppare strategie per affrontarle.

9. Utilizzare la Tecnica del Dialogo Interiore

Il dialogo interiore è una tecnica utile per scoprire paure nascoste. Chiediti sinceramente cosa temi e perché, e ascolta le risposte che emergono dalla tua mente. Questa tecnica può rivelare paure che non erano evidenti prima e ti aiuterà a comprendere le tue emozioni più profonde. Scrivi i tuoi pensieri e sentimenti senza censura per ottenere una panoramica chiara delle tue paure e delle loro radici.

10. Creare uno Spazio di Condivisione e Supporto

Condividere le tue preoccupazioni con amici fidati o gruppi di supporto può anche rivelare paure nascoste. A volte, il confronto con altri può fornire prospettive nuove e aiutarti a identificare paure che non avevi notato prima. Partecipa a gruppi di discussione o cerchi di supporto, e utilizza queste opportunità per esplorare e confrontare le tue esperienze e paure con quelle degli altri.

In sintesi, identificare le tue paure nascoste richiede un approccio riflessivo e metodico. Utilizzando strumenti come il diario delle emozioni, la mappa delle paure, l'analisi dei sintomi fisici, la timeline delle esperienze passate e il supporto professionale, puoi portare alla luce le paure che influenzano la tua vita in modo invisibile. Con una maggiore consapevolezza delle tue paure, puoi iniziare a sviluppare strategie per affrontarle e superarle, promuovendo così una crescita personale e un maggiore senso di sicurezza e autostima.

2. L'importanza della Consapevolezza Emotiva

La consapevolezza emotiva è un concetto cruciale nel processo di riconoscimento e gestione delle proprie paure. Essa implica la capacità di identificare, comprendere e accettare le proprie emozioni in modo autentico e non giudicante. Questa consapevolezza è fondamentale non solo per individuare le paure nascoste, ma anche per sviluppare strategie efficaci per affrontarle e superarle. Approfondiamo l'importanza della consapevolezza emotiva e come può facilitare il processo di gestione delle paure.

1. Comprendere le Emozioni di Base

La consapevolezza emotiva inizia con la comprensione delle emozioni di base che proviamo. Le emozioni come paura, ansia, tristezza e rabbia sono risposte naturali a stimoli esterni o interni. Ad esempio, se provi una sensazione di ansia prima di un colloquio di lavoro, la consapevolezza emotiva ti aiuta a riconoscere che questa ansia potrebbe derivare dalla paura di essere giudicati o di non essere all'altezza. Identificare questi sentimenti è il primo passo per affrontarli in modo costruttivo. Utilizzare un **diario emotivo** per registrare e riflettere sulle tue emozioni quotidiane può essere un modo efficace per migliorare la tua consapevolezza emotiva.

2. Riconoscere i Trigger Emotivi

Una parte fondamentale della consapevolezza emotiva è l'identificazione dei **trigger** o dei fattori scatenanti che innescano le tue paure e ansie. Questi trigger possono variare da situazioni specifiche, come presentazioni pubbliche o conflitti interpersonali, a pensieri e ricordi personali. Ad esempio, potresti scoprire che la tua paura del fallimento viene scatenata da pensieri automatici negativi, come "Non sono abbastanza bravo". Utilizzare tecniche di **auto-osservazione**, come monitorare i tuoi pensieri e reazioni in diverse situazioni, ti aiuterà a individuare e comprendere questi trigger.

3. Sviluppare l'Auto-Accettazione

Accettare le proprie emozioni senza giudizio è essenziale per la consapevolezza emotiva. Spesso, le persone tendono a criticare o negare le proprie emozioni, considerando la paura e l'ansia come segni di debolezza. Tuttavia, riconoscere e accettare queste emozioni come parte della tua esperienza umana è fondamentale per la crescita personale. Praticare la **compassione verso se stessi** implica trattare le proprie emozioni con la stessa gentilezza e comprensione che riserveresti a un amico in difficoltà. Esercizi di **auto-compassione**, come il praticare affermazioni positive e riflettere sui tuoi punti di forza, possono aiutarti a sviluppare una maggiore accettazione di te stesso e delle tue paure.

4. Utilizzare Tecniche di Mindfulness

La mindfulness, o consapevolezza, è una pratica potente per migliorare la consapevolezza emotiva. Essa comporta focalizzarsi sul momento presente e osservare le proprie emozioni senza giudizio. Tecniche di **mindfulness** come la meditazione guidata e il **respiro consapevole** possono aiutarti a rimanere ancorato al presente, riducendo la reattività emotiva e permettendoti di affrontare le paure in modo più equilibrato. Ad esempio, dedicare pochi minuti al giorno alla meditazione mindfulness può migliorare la tua capacità di riconoscere e gestire le emozioni legate alla paura.

5. Identificare e Analizzare i Modelli Emotivi

La consapevolezza emotiva implica anche l'analisi dei modelli emotivi ricorrenti nella tua vita. Spesso, le paure e le ansie si manifestano attraverso schemi emotivi abituali. Ad esempio, potresti notare che ti senti ansioso ogni volta che devi affrontare nuove sfide o situazioni sconosciute. Analizzare questi schemi attraverso tecniche come il **mapping emotivo** (creare una mappa delle tue emozioni e dei loro trigger) può aiutarti a comprendere meglio le tue reazioni e a sviluppare strategie per affrontarle. Questa analisi può rivelare come certi eventi o pensieri ricorrenti contribuiscono alle tue paure.

6. Stabilire Connessioni tra Emozioni e Comportamenti

Comprendere la connessione tra le tue emozioni e i tuoi comportamenti è cruciale per una consapevolezza emotiva completa. Le emozioni influenzano il modo in cui rispondiamo agli eventi e alle situazioni della vita. Ad esempio, una paura intensa del rifiuto può portarti ad evitare situazioni sociali o a cercare approvazione eccessiva dagli altri. Riconoscere come le tue emozioni guidano il tuo comportamento ti permette di intervenire in modo più efficace. Utilizzare tecniche di **analisi comportamentale**, come il monitoraggio dei tuoi comportamenti in relazione alle emozioni, può aiutarti a identificare e modificare comportamenti non salutari.

7. Affrontare le Emozioni con il Supporto di Altri

A volte, la consapevolezza emotiva può essere facilitata con il supporto di altre persone. Parlare apertamente delle tue paure e delle tue emozioni con amici, familiari o un terapeuta può offrirti nuove prospettive e una maggiore comprensione delle tue esperienze emotive. La **terapia di supporto** e i gruppi di discussione possono fornire uno spazio sicuro per esplorare e accettare le tue emozioni, aiutandoti a sviluppare una consapevolezza più profonda delle tue paure e ansie.

8. Integrare la Consapevolezza Emotiva nella Vita Quotidiana

Infine, integrare la consapevolezza emotiva nella vita quotidiana è essenziale per mantenerla nel tempo. Praticare regolarmente tecniche di mindfulness, auto-riflessione e analisi emotiva ti aiuterà a rimanere consapevole delle tue emozioni e a gestirle in modo più efficace. Ad esempio, puoi dedicare alcuni minuti al giorno a praticare la meditazione, o fare una riflessione serale su come hai affrontato le tue emozioni durante la giornata. Questa integrazione ti permetterà di affrontare le tue paure con maggiore competenza e serenità.

In conclusione, la consapevolezza emotiva è un elemento chiave nel processo di riconoscimento e gestione delle paure. Attraverso la comprensione delle emozioni di base, l'identificazione dei trigger emotivi, l'auto-accettazione, l'uso di tecniche di mindfulness e l'analisi dei modelli emotivi, puoi migliorare la tua capacità di affrontare e superare le tue paure. Integrare queste pratiche nella tua vita quotidiana ti aiuterà a sviluppare una maggiore sicurezza e autostima, preparandoti a vivere una vita più piena e soddisfacente.

3. Tecniche per Riconoscere i Segnali di Paura

Riconoscere i segnali di paura è essenziale per affrontare e superare le tue ansie. Le paure possono manifestarsi in vari modi, sia fisici che psicologici, e spesso si nascondono sotto altre emozioni o comportamenti. Essere in grado di identificare questi segnali è il primo passo verso una gestione efficace delle paure. In questo paragrafo, esploreremo diverse tecniche per riconoscere i segnali di paura, offrendoti strumenti pratici per aiutarti a diventare più consapevole e a sviluppare strategie per affrontare le tue paure in modo costruttivo.

1. Monitoraggio dei Sintomi Fisici

Le reazioni fisiche sono tra i segnali più evidenti di paura.
Quando affronti una situazione che ti causa ansia, il tuo corpo
può manifestare sintomi come sudorazione eccessiva, tremori,
battito cardiaco accelerato, o difficoltà a respirare. Ecco alcune
tecniche per monitorare questi sintomi e riconoscere quando la
paura sta influenzando il tuo corpo:

- **Diario dei Sintomi:** Tieni un diario in cui annoti i
  sintomi fisici che avverti in situazioni specifiche. Per
  esempio, se noti di avere il battito cardiaco accelerato
  prima di una riunione importante, annota la data, l'ora e
  le circostanze. Con il tempo, potrai identificare schemi e
  trigger specifici per le tue paure.

- **Esercizi di Auto-Valutazione:** Durante situazioni
  stressanti, fermati un momento per fare un'auto-
  valutazione. Chiediti quali sintomi fisici stai
  sperimentando e quanto intensi sono. Utilizzare un'app
  di **monitoraggio dello stress** o dei **tracker di salute**
  può aiutarti a raccogliere dati oggettivi sui tuoi sintomi
  fisici e a comprenderne meglio la frequenza e l'intensità.

2. Riconoscere i Cambiamenti nel Comportamento

Le paure nascoste spesso influenzano il comportamento in
modi sottili. Comportamenti di evitamento, come procrastinare
o evitare situazioni sociali, possono essere segnali che stai
cercando di sfuggire a una paura sottostante. Ecco come
riconoscere questi cambiamenti:

- **Analisi dei Comportamenti Evitanti:** Tieni traccia delle situazioni che eviti e dei motivi dietro queste scelte. Se noti che eviti di prendere decisioni importanti o di partecipare a eventi sociali, chiediti se c'è una paura di base che sta guidando questi comportamenti. Documentare queste osservazioni in un diario può aiutarti a collegare i comportamenti evitanti alle tue paure sottostanti.

- **Osservazione dei Modelli di Procrastinazione:** La procrastinazione può essere un segnale di paura, come la paura del fallimento o della critica. Analizza quando e perché procrastini. Ad esempio, se procrastini su progetti importanti, potrebbe essere utile esplorare se questa procrastinazione è legata a una paura di non essere all'altezza. Utilizzare un'app di **gestione del tempo** può aiutarti a monitorare i tuoi modelli di procrastinazione e a identificare le cause.

3. Identificazione dei Pensieri Automatici Negativi

I pensieri automatici negativi sono spesso un segnale di paura e ansia. Questi pensieri possono essere distruttivi e influenzare la tua percezione della realtà. Ecco alcune tecniche per identificare e affrontare questi pensieri:

- **Registro dei Pensieri:** Utilizza un diario per registrare i pensieri che sorgono quando ti senti ansioso o spaventato. Ad esempio, se pensi "Non sarò mai abbastanza bravo", annota questo pensiero e rifletti sulle sue origini e sulla sua validità. Analizzare e sfidare questi pensieri ti aiuterà a capire meglio le tue paure e a sostituirli con pensieri più realistici e positivi.

- **Tecnica del "Pensiero Critico"**: Quando identifichi un pensiero negativo, applica il pensiero critico per valutare la sua veridicità. Chiediti: "Ci sono prove concrete che supportano questo pensiero?" o "Quali prove contrarie esistono?" Questo esercizio può aiutarti a ridurre l'impatto dei pensieri negativi e a sviluppare una visione più equilibrata delle tue paure.

4. Osservazione delle Reazioni Emotive

Le emozioni intense, come la rabbia, la tristezza e la frustrazione, possono essere segni di paura. Le paure spesso si manifestano come reazioni emotive sproporzionate a determinate situazioni. Per riconoscere questi segnali, considera le seguenti tecniche:

- **Riflessione sulle Reazioni Emotive**: Dopo un episodio di reazione emotiva intensa, riflette su cosa potrebbe aver innescato quella risposta. Ad esempio, se reagisci con irritazione quando qualcuno critica il tuo lavoro, chiediti se la paura del giudizio o del fallimento sta contribuendo alla tua reazione. Registrare queste riflessioni in un diario emotivo ti aiuterà a collegare le tue reazioni emotive alle paure sottostanti.

- **Analisi delle Emozioni in Situazioni Specifiche:** Utilizza tecniche di **diario delle emozioni** per annotare le tue risposte emotive a eventi specifici. Ad esempio, se ti senti ansioso prima di un incontro importante, annota le tue emozioni e il contesto. Questo esercizio ti aiuterà a riconoscere i modelli di risposta emotiva e a identificare le paure sottostanti.

5. Richiedere Feedback agli Altri

A volte, le persone intorno a te possono offrire intuizioni preziose sui tuoi segnali di paura. Chiedere feedback a amici, familiari o colleghi può aiutarti a riconoscere comportamenti o reazioni che potresti non notare da solo. Ecco come utilizzare il feedback in modo costruttivo:

- **Chiedere Osservazioni Specifiche:** Richiedi feedback specifico sulle tue reazioni e comportamenti in situazioni particolari. Ad esempio, chiedi a un amico se nota cambiamenti nel tuo comportamento quando affronti nuove sfide. Le osservazioni degli altri possono offrirti una prospettiva esterna utile per riconoscere segnali di paura che potresti non percepire.

- **Utilizzare Sessioni di Feedback Strutturato:** Partecipa a sessioni di feedback strutturato, come gruppi di discussione o consulenze, dove puoi ricevere feedback in un ambiente controllato e supportivo. Questo ti permetterà di esplorare le tue paure con l'aiuto di altre persone e di ottenere suggerimenti su come affrontarle.

6. Praticare la Consapevolezza e la Meditazione

La **consapevolezza** e la **meditazione** sono tecniche efficaci per migliorare la tua capacità di riconoscere i segnali di paura. Esse ti aiutano a sviluppare una maggiore consapevolezza delle tue emozioni e reazioni nel momento presente. Ecco come integrare queste pratiche:

- **Meditazione Giornaliera:** Dedica del tempo ogni giorno alla meditazione per migliorare la tua consapevolezza emotiva. La meditazione ti aiuta a osservare i tuoi pensieri e sentimenti senza giudizio, facilitando il riconoscimento dei segnali di paura. Puoi utilizzare app di meditazione o seguire guide online per iniziare e mantenere una pratica costante.

- **Esercizi di Consapevolezza:** Integra esercizi di consapevolezza nella tua routine quotidiana, come la respirazione profonda e l'osservazione dei tuoi pensieri e sensazioni corporee. Questo ti aiuterà a identificare segnali di paura e a rispondere in modo più equilibrato alle situazioni stressanti.

In conclusione, riconoscere i segnali di paura richiede una combinazione di auto-osservazione, monitoraggio dei sintomi fisici e psicologici, e l'uso di tecniche di riflessione e consapevolezza. Utilizzando strumenti come il diario dei sintomi, il registro dei pensieri e le pratiche di mindfulness, puoi diventare più consapevole delle tue paure e sviluppare strategie per affrontarle efficacemente. Con una maggiore comprensione dei tuoi segnali di paura, sarai meglio equipaggiato per affrontare le tue ansie e costruire una maggiore autostima e sicurezza personale.

4. Accettare le Tue Paure senza Giudizio

Accettare le proprie paure senza giudizio è un passo cruciale nel processo di crescita personale e gestione delle ansie. Spesso, le paure sono accompagnate da sentimenti di vergogna o colpa, che possono ostacolare la nostra capacità di affrontarle efficacemente. Accettare le tue paure senza giudizio significa riconoscerle come parte naturale della tua esperienza umana e trattarle con comprensione e gentilezza. Questo approccio non solo facilita il processo di superamento delle paure, ma contribuisce anche a costruire una maggiore autostima e resilienza. Esploriamo in dettaglio come puoi accettare le tue paure senza giudizio e quali tecniche pratiche possono aiutarti in questo percorso.

1. Riconoscere le Paure come Parte della Condizione Umana

Il primo passo per accettare le tue paure senza giudizio è comprendere che le paure sono una parte normale e universale dell'esperienza umana. Ogni individuo, indipendentemente dalla sua forza o successi, affronta paure e ansie. Ad esempio, anche i leader più carismatici e sicuri possono provare paura di fronte a nuove sfide o situazioni sconosciute. Accettare che le tue paure non ti rendono inferiore, ma semplicemente umano, è essenziale per trattarle senza giudizio. Puoi riflettere su questo concetto attraverso **letture motivazionali** e **studi di caso** di persone di successo che hanno affrontato e superato le loro paure.

2. Praticare l'Auto-Compassione

L'auto-compassione è una pratica chiave per accettare le tue paure senza giudizio. Essa implica trattare te stesso con la stessa gentilezza e comprensione che riserveresti a un amico in difficoltà. Ecco come puoi applicare l'auto-compassione nella tua vita quotidiana:

- **Tecnica della "Voce Interiore Gentile":** Quando ti trovi a giudicare severamente le tue paure, prova a sostituire il dialogo interiore negativo con una voce più gentile e compassionevole. Ad esempio, invece di pensare "Sono così debole per avere paura di questo", prova a pensare "È normale sentirsi ansiosi in questa situazione, e sto facendo del mio meglio per affrontarlo". L'uso di **affermative positive** e **esercizi di auto-compassione** possono aiutarti a sviluppare una voce interiore più supportiva.

- **Esercizi di Auto-Accettazione:** Dedica del tempo ogni giorno per praticare esercizi di auto-accettazione, come il **rilascio di giudizi** e **visualizzazioni positive.** Ad esempio, potresti dedicare cinque minuti al giorno a chiudere gli occhi e visualizzare te stesso mentre affronti le tue paure con calma e sicurezza. Questo esercizio può aiutarti a rinforzare un atteggiamento di accettazione verso le tue ansie.

3. Esplorare le Paure con Curiosità

Adottare un atteggiamento di curiosità verso le tue paure può aiutarti a evitarne il giudizio e a comprenderle meglio. Quando provi a esplorare le tue paure con uno spirito di indagine, piuttosto che di critica, puoi scoprire nuove informazioni su di te e sulle tue reazioni. Ecco alcune tecniche per coltivare questa curiosità:

- **Tecnica del "Diario della Curiosità":** Mantieni un diario in cui annoti le tue paure e le tue reazioni in modo curioso e non giudicante. Ad esempio, scrivi "Quando mi sono trovato di fronte a questa situazione, mi sono sentito ansioso. Cosa potrebbe essere alla base di questa sensazione?" Questo approccio ti aiuterà a esplorare le tue paure senza criticarle e a trovare risposte costruttive.

- **Riflessione sulle Emozioni:** Prenditi del tempo per riflettere sulle tue paure senza giudizio. Chiediti "Cosa posso scoprire su me stesso attraverso questa paura?" e "Quali sono le radici di questa emozione?". Utilizzare tecniche di **riflessione guidata** e **esplorazione delle emozioni** può facilitare una comprensione più profonda e accettante delle tue paure.

4. Distinguere tra Paura e Auto-Critica

È importante distinguere tra la paura autentica e l'auto-critica. A volte, ciò che percepiamo come paura può essere amplificato dalla nostra auto-critica interiore. Ad esempio, la paura di fallire può essere intensificata da pensieri auto-critici come "Non sono mai abbastanza bravo". Distinguere tra la paura reale e la critica interna è essenziale per accettare le tue paure senza giudizio. Utilizza le seguenti tecniche per fare questa distinzione:

- **Tecnica del "Dialogo Interiore":** Quando avverti una paura, analizza il dialogo interiore che accompagna questa sensazione. Chiediti se la paura è basata su una realtà concreta o se è esacerbata da pensieri critici o autogiudicanti. Questo ti aiuterà a separare la paura autentica da quella amplificata dalla critica interna.

- **Esercizi di Consapevolezza delle Emozioni:** Pratica la consapevolezza delle emozioni per identificare quando le tue paure sono accompagnate da pensieri auto-critici. Tecniche di **meditazione e riflessione** possono aiutarti a osservare le tue paure senza essere sopraffatto dai giudizi interni.

5. Accettare il Proprio Percorso di Crescita

Accettare le tue paure senza giudizio implica anche accettare che il percorso di crescita personale è un viaggio, non una destinazione. Ogni passo verso la gestione delle tue paure è un progresso, anche se può sembrare piccolo. Ecco come puoi accettare il tuo percorso di crescita:

- **Celebrare i Piccoli Successi:** Riconosci e celebra i piccoli passi che fai nel processo di gestione delle tue paure. Ad esempio, se hai affrontato una situazione che ti spaventava, anche se non perfettamente, congratulati con te stesso per il coraggio dimostrato. Utilizzare un **diario dei successi** può aiutarti a tracciare e celebrare i tuoi progressi.

- **Essere Pazienti con Se Stessi:** Accetta che il processo di superamento delle paure richiede tempo e pazienza. Evita di confrontarti con gli altri e concentra l'attenzione sui tuoi progressi personali. Tecniche di **auto-riflessione** e **auto-compassione** possono aiutarti a mantenere una prospettiva positiva e accettante.

In conclusione, accettare le tue paure senza giudizio è un processo che richiede consapevolezza, auto-compassione e un atteggiamento di curiosità e pazienza. Riconoscendo che le paure sono una parte naturale della condizione umana e adottando tecniche di accettazione e riflessione, puoi affrontarle con maggiore serenità e sviluppare una maggiore sicurezza e resilienza personale. Questo approccio ti aiuterà a costruire una solida base per affrontare le tue paure e a vivere una vita più equilibrata e soddisfacente.

5. L'Autocompassione come Strumento di Accettazione

L'autocompassione è un potente strumento per l'accettazione e la gestione delle proprie paure. Essa implica trattare se stessi con la stessa gentilezza e comprensione che riserveresti a un amico in difficoltà. Invece di giudicarti severamente per le tue paure e ansie, l'autocompassione ti incoraggia a riconoscerle con un atteggiamento di comprensione e accettazione. Questo approccio non solo allevia il peso delle tue paure, ma promuove anche un maggiore benessere emotivo e psicologico. Vediamo come puoi applicare l'autocompassione nella tua vita quotidiana per affrontare le tue paure e sviluppare una maggiore resilienza e autostima.

1. Comprendere il Concetto di Autocompassione

L'autocompassione si basa su tre componenti principali: l'auto-gentilezza, il senso di umanità condivisa e la mindfulness. L'auto-gentilezza implica trattare te stesso con comprensione e senza giudizio quando affronti difficoltà. Il senso di umanità condivisa riconosce che tutti noi, in quanto esseri umani, sperimentiamo sfide e imperfezioni. La mindfulness, infine, implica essere consapevoli e accettare le proprie esperienze emotive senza sovraccaricarle di giudizio. Comprendere e integrare questi aspetti è essenziale per applicare efficacemente l'autocompassione nella gestione delle tue paure.

2. Praticare l'Auto-Gentilezza

Essere gentile con te stesso è fondamentale quando affronti le tue paure. Questo implica accettare che le paure e le ansie fanno parte della tua esperienza umana e trattarle con rispetto e comprensione. Ecco alcune tecniche pratiche per sviluppare l'auto-gentilezza:

- **Esercizi di Auto-Gentilezza:** Quando ti trovi a giudicare severamente le tue paure, fermati e riflettendo su come parleresti a un amico in una situazione simile. Ad esempio, se ti senti ansioso per una presentazione, invece di criticarti, riconosci che è normale sentirsi nervosi e che stai facendo del tuo meglio. Utilizzare **frasi di auto-supporto** come "Sto facendo del mio meglio, e va bene così" può aiutarti a mantenere un atteggiamento gentile verso te stesso.

- **Tecnica del "Curare Se Stessi":** Immagina di essere il tuo miglior amico e chiediti come potresti offrirti supporto e comprensione. Questo potrebbe includere concederti tempo per rilassarti, fare una passeggiata o semplicemente riconoscere il tuo impegno e le tue emozioni senza critica. La **pratica dell'auto-cura** aiuta a promuovere una maggiore auto-accettazione e benessere.

3. Riconoscere la Umanità Condivisa

Accettare che le tue paure sono parte della condizione umana comune può ridurre il senso di isolamento e aumentare la tua auto-compassione. Questo concetto ti aiuta a comprendere che tutti gli esseri umani affrontano difficoltà e paure, e che non sei solo nelle tue esperienze. Ecco come puoi applicare questo principio nella tua vita:

- **Riflessione sull'Umanità Condivisa:** Ricorda che ogni persona, in un momento o nell'altro, affronta paure e sfide simili. Ad esempio, molti professionisti di successo hanno condiviso le loro paure e incertezze, mostrando che queste esperienze sono normali. Leggere **biografie** o **testimonianze** di persone che hanno superato le loro paure può aiutarti a vedere che non sei solo.

- **Discussione con Altri:** Condividere le tue paure con amici o familiari può aiutarti a riconoscere che le tue esperienze sono parte di una condizione umana condivisa. Le conversazioni aperte e oneste su ansie e paure possono ridurre il senso di isolamento e promuovere una maggiore comprensione reciproca.

4. Applicare la Mindfulness alle Paure

La mindfulness, o consapevolezza, implica osservare le tue emozioni e paure senza giudizio e accettarle così come sono. Questa pratica ti aiuta a rimanere presente e a non sovraccaricare le tue esperienze emotive con ulteriori pensieri negativi. Ecco alcune tecniche di mindfulness che puoi utilizzare:

- **Meditazione di Consapevolezza:** Dedica del tempo alla meditazione di consapevolezza per osservare le tue paure senza giudizio. Durante la meditazione, focalizzati sul respiro e accogli qualsiasi emozione o pensiero che emerge senza cercare di cambiarlo. Utilizzare **app di meditazione** o seguire **video guida** di mindfulness può aiutarti a iniziare e mantenere questa pratica.

- **Esercizi di Respirazione Consapevole:** Quando senti emergere una paura, pratica esercizi di respirazione consapevole per rimanere centrato e ridurre l'ansia. Ad esempio, esegui respiri profondi e lenti, concentrandoti sulla sensazione del respiro che entra e esce. Questo aiuta a mantenere la calma e ad accogliere le tue emozioni con maggiore equanimità.

5. Utilizzare l'Autocompassione nella Risoluzione dei Problemi

L'autocompassione non solo aiuta ad accettare le tue paure, ma può anche essere un utile strumento nella risoluzione dei problemi. Affrontare le tue paure con compassione può facilitare un approccio più equilibrato e produttivo alla risoluzione delle difficoltà. Ecco alcune tecniche pratiche:

- **Approccio Compassionevole ai Problemi:** Quando affronti una paura, adotta un approccio compassionevole nella risoluzione dei problemi. Chiediti "Come posso affrontare questa sfida in modo gentile e costruttivo?" e sviluppa soluzioni che rispettino le tue emozioni e i tuoi limiti. Questo approccio ti aiuterà a trovare soluzioni più equilibrate e a mantenere un atteggiamento positivo.

- **Esercizi di Problem Solving Compassionevole:** Utilizza tecniche di problem solving che integrino l'autocompassione, come la **visualizzazione positiva** e la **riflessione guidata.** Ad esempio, immagina di affrontare una paura con il supporto e la comprensione di un amico fidato e applica questo approccio nella tua strategia di risoluzione.

In conclusione, l'autocompassione è uno strumento fondamentale per accettare le tue paure senza giudizio. Applicando pratiche di auto-gentilezza, riconoscendo la tua umanità condivisa e utilizzando tecniche di mindfulness, puoi affrontare le tue paure con maggiore comprensione e serenità. Questo approccio ti aiuterà a sviluppare una resilienza emotiva e una maggiore autostima, facilitando il tuo percorso verso la gestione efficace delle paure e l'accettazione di te stesso.

6. Utilizzare il Diario delle Emozioni per Mappare le Tue Paure

Il Diario delle Emozioni è uno strumento potente e pratico per mappare e comprendere le tue paure in modo sistematico e riflessivo. Questo strumento ti consente di tenere traccia delle tue esperienze emotive, identificare schemi ricorrenti e ottenere una visione chiara delle tue ansie. Attraverso la registrazione regolare delle tue emozioni e reazioni, puoi acquisire una maggiore consapevolezza delle tue paure e sviluppare strategie più efficaci per affrontarle. Esploriamo come utilizzare il Diario delle Emozioni in modo dettagliato, con esempi pratici e tecniche che ti aiuteranno a gestire le tue paure con maggiore efficacia.

1. Creare il Tuo Diario delle Emozioni

Il primo passo è creare un Diario delle Emozioni che sia adatto alle tue esigenze e preferenze. Può trattarsi di un quaderno cartaceo, di un'applicazione digitale o di un documento elettronico. Scegli il formato che ti è più comodo e accessibile. Ecco alcuni suggerimenti per strutturare il tuo diario:

- **Struttura del Diario:** Dividi il diario in sezioni che ti permettano di annotare vari aspetti delle tue emozioni. Ad esempio, puoi avere sezioni per data, evento scatenante, descrizione della paura, reazione emotiva e riflessioni. Utilizzare una **griglia predefinita** o **modelli di diario** disponibili online può aiutarti a mantenere una struttura coerente.

- **Design e Personalizzazione:** Personalizza il tuo diario con colori, adesivi o disegni che ti ispirano e motivano. Questo non solo rende l'uso del diario più piacevole, ma può anche aiutarti a esprimere meglio le tue emozioni. Se utilizzi un'app digitale, scegli una che permetta personalizzazioni e annotazioni visive.

2. Registrare le Emozioni Giornalmente

Per ottenere il massimo dal tuo Diario delle Emozioni, è importante registrare le tue esperienze emotive regolarmente. Dedica qualche minuto ogni giorno per annotare le tue paure e reazioni. Ecco come farlo in modo efficace:

- **Annotazioni Dettagliate:** Quando registri un'esperienza, cerca di essere il più dettagliato possibile. Ad esempio, se hai provato ansia durante una riunione, scrivi non solo che ti sei sentito ansioso, ma anche perché, come ti sei comportato e quali pensieri ti sono passati per la mente. Esempio di annotazione: "Oggi, durante la riunione, ho provato ansia. Mi sono sentito preoccupato di non riuscire a esprimere chiaramente le mie idee. Ho notato che il mio cuore batteva veloce e le mani mi tremavano."

- **Analisi dei Trigger:** Identifica gli eventi o le situazioni che scatenano le tue paure. Questo ti aiuterà a capire meglio le cause delle tue ansie. Ad esempio, potresti scoprire che le tue paure si manifestano maggiormente in situazioni di alta pressione o quando parli in pubblico.

3. Riflettere e Analizzare le Tendenze

Una volta che hai accumulato una quantità sufficiente di annotazioni, prenditi del tempo per riflettere e analizzare i tuoi appunti. Questo processo ti aiuterà a identificare schemi ricorrenti e a capire meglio le tue paure. Ecco alcune tecniche di riflessione:

- **Revisione Settimanale:** Ogni settimana, rivedi le tue annotazioni e cerca di individuare tendenze o modelli nelle tue reazioni emotive. Ad esempio, potresti notare che le tue paure si intensificano durante determinati giorni della settimana o in risposta a specifici eventi.

- **Identificazione dei Pattern:** Cerca di identificare schemi nelle tue paure, come situazioni ricorrenti che ti causano ansia o pensieri che amplificano le tue emozioni. Questo ti aiuterà a focalizzare le tue strategie di gestione su aree specifiche.

4. Utilizzare le Informazioni per Sviluppare Strategie di Affronto

Le informazioni raccolte nel tuo Diario delle Emozioni possono essere utilizzate per sviluppare strategie di affronto personalizzate. Una volta che hai identificato i pattern e le cause delle tue paure, puoi adottare tecniche mirate per gestirle. Ecco alcune strategie pratiche:

- **Tecniche di Rilassamento:** Se scopri che la tua ansia è spesso legata a situazioni di alta pressione, pratica tecniche di rilassamento come la respirazione profonda o il rilassamento muscolare progressivo. Annotare l'efficacia di queste tecniche nel tuo diario ti aiuterà a perfezionare la tua routine di gestione.

- **Esercizi di Espansione Graduale:** Se identifichi specifiche situazioni che scatenano le tue paure, utilizza un approccio graduale per affrontarle. Ad esempio, se hai paura di parlare in pubblico, inizia con piccoli gruppi e aumenta gradualmente la dimensione del pubblico. Documenta i tuoi progressi e le tue sensazioni nel diario per monitorare il miglioramento.

5. Valutare e Adattare le Strategie nel Tempo

La gestione delle paure è un processo dinamico che richiede adattamenti e aggiustamenti. Utilizza il tuo Diario delle Emozioni per valutare l'efficacia delle tue strategie e apportare modifiche se necessario. Ecco come farlo:

- **Valutazione Periodica:** Ogni mese, rivedi i tuoi appunti e valuta se le tue strategie di affronto stanno producendo i risultati desiderati. Se noti che alcune tecniche non sono efficaci, prova ad adattarle o a esplorare nuove strategie.

- **Adattamento delle Tecniche:** Basandoti sulle tue osservazioni e riflessioni, apporta modifiche alle tue tecniche di gestione. Ad esempio, se scopri che una tecnica di rilassamento non è più sufficiente, considera di aggiungere nuove pratiche come la meditazione o il counseling.

In conclusione, il Diario delle Emozioni è uno strumento essenziale per mappare e comprendere le tue paure. Registrando regolarmente le tue esperienze, riflettendo su di esse e utilizzando le informazioni per sviluppare strategie di affronto, puoi gestire le tue ansie in modo più efficace e costruire una maggiore resilienza emotiva. Questo approccio ti aiuterà a riconoscere le tue paure senza giudizio e a sviluppare soluzioni pratiche per affrontarle con coraggio e sicurezza.

7. Confrontarsi con le Paure Attraverso il Dialogo Interiore

Il dialogo interiore è uno strumento fondamentale per affrontare e superare le paure. Si riferisce al flusso di pensieri e conversazioni che hai con te stesso riguardo alle tue paure e alle tue emozioni. Confrontarsi con le paure attraverso il dialogo interiore significa esplorare e sfidare i tuoi pensieri e credenze limitanti, ristrutturandoli in modi che promuovono una visione più positiva e realistica delle tue sfide. Ecco come utilizzare efficacemente il dialogo interiore per affrontare e superare le tue paure, con tecniche e strategie dettagliate.

1. Identificare il Dialogo Interiore Negativo

Il primo passo è riconoscere e identificare i modelli di pensiero negativi che alimentano le tue paure. Spesso, il dialogo interiore può essere dominato da pensieri automatici e pessimistici che amplificano le tue ansie. Ecco come fare:

- **Riconoscere i Pensieri Automatici:** Prestare attenzione ai pensieri che emergono quando affronti una paura. Ad esempio, se hai paura di fallire in un progetto, potresti pensare "Non ce la farò mai" o "Tutti mi giudicheranno male". Annotare questi pensieri nel tuo Diario delle Emozioni ti aiuterà a identificarli e a comprenderli meglio.

- **Osservare i Modelli Ricorrenti:** Identifica se ci sono schemi o temi ricorrenti nei tuoi pensieri. Potresti scoprire che tendi a concentrarti su scenari catastrofici o a fare generalizzazioni negative. Riconoscere questi modelli ti aiuterà a sfidarli e a cambiarli.

2. Sfida e Ristrutturazione dei Pensieri Negativi

Una volta identificati i pensieri negativi, il passo successivo è sfidarli e ristrutturarli. Questo processo implica mettere in discussione la validità dei tuoi pensieri e sostituirli con alternative più realistiche e positive. Ecco come farlo:

- **Domande di Sfida:** Utilizza domande di sfida per esaminare la veridicità dei tuoi pensieri. Chiediti: "Quali prove ho che questo pensiero sia vero?" "Ci sono esempi che dimostrano il contrario?" Ad esempio, se pensi "Non sono capace di parlare in pubblico", chiediti se hai mai avuto esperienze positive in cui hai comunicato efficacemente.

- **Ristrutturazione Cognitiva:** Sostituisci i pensieri negativi con alternative più costruttive. Se il tuo pensiero è "Non riuscirò a superare questo ostacolo", ristrutturalo in "Ho affrontato sfide in passato e posso farlo di nuovo". Questa tecnica, nota come **ristrutturazione cognitiva**, aiuta a modificare le tue convinzioni e a ridurre l'ansia.

3. Utilizzare Affermazioni Positive

Le affermazioni positive sono dichiarazioni che rinforzano una visione positiva di te stesso e delle tue capacità. Usarle nel dialogo interiore può aiutarti a costruire una mentalità più resiliente e ottimista. Ecco come utilizzare le affermazioni positive:

- **Creare Affermazioni Personali:** Redigi affermazioni che risuonano con te e che affrontano direttamente le tue paure. Ad esempio, se hai paura di fallire in un progetto, un'affermazione positiva potrebbe essere "Sono capace di affrontare le sfide e posso imparare da ogni esperienza". Scrivi queste affermazioni e ripetile quotidianamente.

- **Visualizzazione e Ripetizione:** Associa le tue affermazioni positive a tecniche di visualizzazione. Immagina di affrontare una paura con successo mentre ripeti le tue affermazioni. Questa pratica rafforza la tua convinzione nelle tue capacità e riduce l'ansia associata alle tue paure.

4. Applicare il Dialogo Interiore nelle Situazioni di Paura

Affrontare direttamente le tue paure con il dialogo interiore può essere particolarmente utile in situazioni di alta ansia. Preparati ad applicare il dialogo interiore durante i momenti di paura con queste tecniche:

- **Preparazione Mentale:** Prima di affrontare una situazione che ti provoca paura, utilizza il dialogo interiore per prepararti mentalmente. Ad esempio, se devi tenere una presentazione, ripeti a te stesso: "Sono preparato e ho il controllo" e visualizza un'esperienza di successo.

- **Auto-Monitoraggio durante l'Evento:** Durante l'evento o la situazione temuta, monitora il tuo dialogo interiore e intervieni se emergono pensieri negativi. Utilizza tecniche di sfida e ristrutturazione in tempo reale per mantenere la calma e il focus. Ad esempio, se senti un pensiero negativo come "Sto facendo una brutta figura", ristrutturalo in "Sto facendo del mio meglio e posso migliorare ogni volta".

5. Esercizi di Dialogo Interiore per il Miglioramento

Incorporare esercizi specifici nel tuo dialogo interiore può accelerare il processo di cambiamento e miglioramento. Ecco alcuni esercizi pratici:

- **Diario del Dialogo Interiore:** Oltre al Diario delle Emozioni, crea una sezione dedicata al dialogo interiore. Annota i tuoi pensieri, le sfide che affronti e le ristrutturazioni che hai fatto. Riflettere su questi appunti ti aiuterà a monitorare il tuo progresso e a rafforzare le tue strategie.

- **Sessioni di Auto-Riflessione:** Dedica del tempo a sessioni di auto-riflessione dove esplori e discuti i tuoi pensieri e paure. Utilizza tecniche di **auto-dialogo** per analizzare come i tuoi pensieri influenzano le tue emozioni e comportamenti, e come puoi migliorare il tuo dialogo interiore.

6. Integrare il Dialogo Interiore nella Vita Quotidiana

Integrare il dialogo interiore positivo nella tua vita quotidiana è cruciale per il suo successo a lungo termine. Utilizza queste tecniche per mantenere il tuo dialogo interiore positivo e costruttivo:

- **Routine Quotidiana:** Riserva del tempo ogni giorno per riflettere sui tuoi pensieri e fare aggiustamenti necessari. Anche brevi momenti di riflessione possono fare una grande differenza. Ad esempio, prima di iniziare la giornata, puoi dedicare 5 minuti a riflettere sulle tue affermazioni e strategie di gestione delle paure.

- **Rafforzamento Continuo:** Mantieni il dialogo interiore positivo praticando regolarmente le tecniche di sfida e ristrutturazione. Continuerai a rinforzare la tua autostima e a migliorare il tuo approccio verso le paure e le sfide.

In conclusione, il dialogo interiore è uno strumento essenziale per confrontarsi con le proprie paure e sviluppare una mentalità positiva. Utilizzando tecniche di identificazione dei pensieri negativi, ristrutturazione cognitiva, affermazioni positive e preparazione mentale, puoi affrontare e superare le tue paure con maggiore efficacia. Integrare questi approcci nella tua vita quotidiana ti aiuterà a costruire resilienza, aumentare l'autoefficacia e affrontare le sfide con coraggio e sicurezza.

8. Esplorare le Radici delle Tue Paure

Esplorare le radici delle tue paure è un passo cruciale per comprendere e superare le ansie che ti influenzano. Le paure spesso non emergono in isolamento; esse possono essere il risultato di esperienze passate, influenze ambientali e credenze radicate. Identificare e analizzare le origini delle tue paure ti permette di affrontarle con maggiore consapevolezza e di adottare strategie di gestione più mirate. Questo paragrafo ti guiderà attraverso il processo di esplorazione delle radici delle tue paure, fornendo tecniche pratiche ed esempi concreti per aiutarti a ottenere una comprensione profonda e a costruire un percorso verso la resilienza.

1. Riflettere sulle Esperienze Passate

Le esperienze passate giocano un ruolo fondamentale nella formazione delle paure. Spesso, le paure attuali possono essere collegate a eventi o traumi vissuti in passato. Esplora le tue esperienze passate per identificare se ci sono eventi significativi che potrebbero aver contribuito alle tue paure. Ecco come farlo:

- **Rivedere Eventi Significativi:** Fai un elenco degli eventi significativi della tua vita che potrebbero essere legati alle tue paure. Ad esempio, se hai una paura intensa dei cani, riflettere su un possibile incontro traumatico con un cane durante l'infanzia può aiutarti a capire l'origine di questa paura.

- **Esercizi di Riflessione:** Dedica del tempo a esercizi di riflessione in cui esplori come specifici eventi del passato abbiano influenzato le tue emozioni e credenze attuali. Utilizza il tuo Diario delle Emozioni per annotare questi eventi e le tue reazioni. Ad esempio, se hai paura di parlare in pubblico, riflettere su eventuali esperienze negative durante le presentazioni scolastiche può fornire indizi utili.

2. Analizzare le Influenze Ambientali e Sociali

Le influenze ambientali e sociali possono anche contribuire alla formazione delle paure. Le credenze e i comportamenti appresi dall'ambiente familiare, scolastico o sociale possono modellare le tue paure. Considera questi aspetti:

- **Esaminare l'Influenza Familiare:** Analizza come la tua famiglia possa aver influenzato le tue paure. Ad esempio, se hai genitori che esprimono costantemente preoccupazioni per la sicurezza, potresti aver sviluppato una paura eccessiva per il rischio. Rifletti su come le attitudini familiari verso determinati argomenti possano aver plasmato le tue paure.

- **Osservare l'Impatto Sociale:** Considera come le esperienze sociali, come le interazioni con amici e colleghi, possano influenzare le tue paure. Se hai vissuto esperienze di esclusione sociale, potresti sviluppare paure legate al rifiuto o alla valutazione degli altri. Riconoscere queste influenze ti aiuterà a contestualizzare le tue ansie.

3. Identificare le Credenze Limitanti

Le credenze limitanti sono convinzioni profonde che possono alimentare le tue paure. Spesso, queste credenze sono radicate in esperienze passate e possono essere difficili da riconoscere. Ecco come identificarle e affrontarle:

- **Esplorare le Credenze Sottostanti:** Fai un elenco delle credenze che hai riguardo alle tue paure. Ad esempio, se hai paura di fallire, potresti credere che il fallimento equivarrebbe a una mancanza di valore personale. Analizza queste credenze e chiediti se sono realmente fondate.

- **Sfida delle Credenze Limitanti:** Utilizza tecniche di **ristrutturazione cognitiva** per sfidare e modificare le credenze limitanti. Ad esempio, se credi che "Non posso riuscire in nulla", contrasta questo pensiero con prove contrarie, come successi passati o feedback positivi ricevuti. Riscrivi le tue credenze limitanti con affermazioni positive e realistiche.

4. Eseguire Esercizi di Auto-Esplorazione

Esercizi di auto-esplorazione possono aiutarti a scavare più a fondo e scoprire le radici delle tue paure. Ecco alcuni esercizi che puoi fare:

- **Esercizio del Ritorno al Passato:** Immagina di tornare indietro nel tempo e di rivivere un evento che pensi possa essere alla base delle tue paure. Osserva come ti sentivi allora e come quelle emozioni potrebbero aver influenzato il tuo stato emotivo attuale. Annotare queste riflessioni nel diario ti permetterà di vedere il legame tra passato e presente.

- **Analisi del "Perché":** Per ogni paura che identifichi, chiediti ripetutamente "Perché?" fino a raggiungere la radice della tua ansia. Ad esempio, se hai paura di parlare in pubblico, chiediti "Perché ho paura?" e continua a esplorare le risposte finché non arrivi alla causa primaria.

5. Lavorare con un Professionista

In alcuni casi, le radici delle paure possono essere complesse e radicate profondamente, rendendo difficile affrontarle da solo. Collaborare con un professionista può fornire un supporto prezioso. Considera le seguenti opzioni:

- **Terapia Cognitivo-Comportamentale (CBT):** La CBT è una terapia efficace per esplorare e affrontare le radici delle paure. Un terapeuta può aiutarti a identificare e modificare i pensieri e le credenze che alimentano le tue ansie.

- **Consulenza e Coaching:** Un consulente o un coach specializzato in gestione delle paure e dello sviluppo personale può guidarti attraverso il processo di esplorazione e fornirti strategie pratiche per affrontare le radici delle tue paure.

6. Integrare le Scoperte nella Tua Vita Quotidiana

Una volta che hai esplorato e compreso le radici delle tue paure, è essenziale integrare queste scoperte nella tua vita quotidiana. Utilizza le tue nuove intuizioni per affrontare le tue paure in modo più consapevole e mirato:

- **Pianificare Azioni Correttive:** Basandoti sulle tue scoperte, pianifica azioni concrete per affrontare le radici delle tue paure. Ad esempio, se scopri che una paura è legata a una credenza limitante, lavora attivamente per modificare quella credenza attraverso l'auto-riflessione e le affermazioni positive.

- **Monitorare il Progresso:** Utilizza il tuo Diario delle Emozioni per monitorare come le tue nuove intuizioni stanno influenzando la tua gestione delle paure. Annotare i tuoi progressi e le tue sfide ti aiuterà a rimanere motivato e a fare aggiustamenti se necessario.

In conclusione, esplorare le radici delle tue paure è un passo fondamentale per affrontarle e superarle. Analizzando le esperienze passate, le influenze ambientali e sociali, e le credenze limitanti, puoi ottenere una comprensione più profonda delle tue ansie. Utilizza esercizi di auto-esplorazione e, se necessario, lavora con professionisti per affrontare le paure in modo efficace. Integrando queste scoperte nella tua vita quotidiana, puoi costruire una maggiore resilienza e affrontare le sfide con maggiore sicurezza e determinazione.

9. Trasformare la Resistenza in Accettazione

Trasformare la resistenza in accettazione è un passo essenziale nel percorso verso la gestione e il superamento delle tue paure. Quando affronti le tue paure, è naturale provare resistenza e rifiuto; tuttavia, accettare queste emozioni è fondamentale per progredire. La resistenza può manifestarsi come negazione, evitamento o lotta contro le proprie ansie. Imparare a trasformare questa resistenza in accettazione consente di affrontare le paure con maggiore efficacia e di sviluppare un approccio costruttivo verso la crescita personale. In questo paragrafo, esploreremo tecniche e strategie dettagliate per facilitare questo processo di trasformazione.

1. Riconoscere la Resistenza come un Primo Passo

Il primo passo per trasformare la resistenza in accettazione è riconoscere e accettare la tua resistenza stessa. La resistenza è una reazione naturale alle paure, e ammetterla è fondamentale per procedere. Ecco come puoi affrontare questo primo passo:

- **Identificare i Sintomi di Resistenza:** Presta attenzione ai segnali che indicano resistenza, come il procrastinare, l'evitare situazioni temute o il minimizzare l'importanza delle tue paure. Ad esempio, se temi di prendere una decisione importante e rimandi continuamente il momento di agire, questo è un segnale di resistenza.

- **Accogliere la Resistenza senza Giudizio:** Quando noti resistenza, accoglila senza giudicare te stesso. Riconosci che la resistenza è una reazione comune e che non significa che tu sia debole. Ad esempio, se avverti ansia nel confrontarti con una paura, accetta questi sentimenti come parte del processo di crescita.

2. Utilizzare Tecniche di Mindfulness per Gestire la Resistenza

La mindfulness è uno strumento potente per affrontare la resistenza. Questa pratica ti aiuta a osservare e accettare le tue emozioni senza giudicarle. Ecco come applicare la mindfulness per trasformare la resistenza in accettazione:

- **Praticare la Meditazione Mindfulness:** Dedica alcuni minuti al giorno alla meditazione mindfulness. Siediti in un luogo tranquillo, chiudi gli occhi e focalizzati sul respiro. Quando emergono pensieri o sensazioni di resistenza, riconoscili e lasciali passare senza attaccarti ad essi. Questo esercizio ti aiuta a sviluppare una maggiore consapevolezza e accettazione delle tue paure.

- **Esercizi di Consapevolezza nel Quotidiano:** Durante la giornata, pratica l'osservazione consapevole delle tue emozioni. Se ti senti resistente verso una situazione specifica, fermati un momento e osserva le tue reazioni senza cercare di cambiarle. Ad esempio, se provi ansia prima di una riunione, riconosci questi sentimenti e accettali come parte del tuo processo di crescita.

3. Adottare la Tecnica dell'Auto-Compassione

L'auto-compassione ti permette di trattare te stesso con gentilezza durante i momenti di resistenza. Questo approccio aiuta a ridurre la critica interna e a promuovere un'accettazione più profonda delle tue paure. Ecco come applicarla:

- **Praticare le Affermazioni di Auto-Compassione:** Usa affermazioni positive per incoraggiarti e sostenerti durante i momenti di resistenza. Frasi come "È normale sentirsi così, sto facendo del mio meglio" possono aiutarti a ridurre la critica interiore e a sviluppare un atteggiamento più accogliente verso le tue paure.

- **Esercizi di Auto-Compassione:** Scrivi una lettera a te stesso esprimendo comprensione e gentilezza verso le tue paure. Riconosci i tuoi sforzi e offri supporto e incoraggiamento. Questo esercizio ti aiuta a sviluppare un atteggiamento di accettazione verso le tue difficoltà e a promuovere la crescita personale.

4. Trasformare la Resistenza in Opportunità di Crescita

Considera la resistenza come un'opportunità di crescita anziché un ostacolo. Questo cambiamento di prospettiva può facilitare l'accettazione e il superamento delle paure. Ecco come farlo:

- **Riformulare il Concetto di Resistenza:** Invece di vedere la resistenza come una barriera, considera ogni esperienza di resistenza come una possibilità di apprendimento e crescita. Ad esempio, se provi resistenza nel parlare in pubblico, vedi questa sfida come un'opportunità per migliorare le tue competenze comunicative e aumentare la tua fiducia.

- **Impostare Obiettivi di Crescita:** Stabilire obiettivi specifici e realistici per affrontare le tue paure può trasformare la resistenza in un percorso di crescita. Ad esempio, se hai paura di entrare in situazioni sociali, fissa obiettivi graduali per migliorare le tue abilità sociali, come partecipare a piccoli eventi sociali prima di affrontare situazioni più grandi.

5. Affrontare la Resistenza con Tecniche di Esposizione Graduale

Le tecniche di esposizione graduale sono utili per affrontare e superare la resistenza. Questo approccio consiste nell'esporsi progressivamente alle situazioni temute per ridurre gradualmente la paura. Ecco come implementare questa tecnica:

- **Creare un Piano di Esposizione Graduale:** Elenca le situazioni che ti causano resistenza e pianifica come affrontarle gradualmente. Ad esempio, se hai paura di parlare in pubblico, inizia con piccoli gruppi di amici prima di passare a presentazioni più ampie.

- **Utilizzare il Rinforzo Positivo:** Premiati per ogni passo completato nel tuo piano di esposizione. Questo rinforzo positivo può aiutarti a mantenere la motivazione e a vedere la resistenza come una parte naturale del percorso verso l'accettazione e il miglioramento.

6. Rivedere e Ristrutturare le Credenze Limitanti

Le credenze limitanti spesso alimentano la resistenza. Rivedere e ristrutturare queste credenze può aiutarti a trasformare la resistenza in accettazione. Ecco come fare:

- **Identificare le Credenze Limitanti:** Analizza le credenze che potrebbero contribuire alla tua resistenza. Ad esempio, se credi che "Non posso gestire il fallimento", questa convinzione può alimentare la paura e la resistenza.

- **Sostituire con Credenze Positive:** Ristruttura le credenze limitanti con affermazioni positive e realistiche. Ad esempio, sostituisci "Non posso gestire il fallimento" con "Posso affrontare le sfide e imparare dai miei errori". Questa ristrutturazione ti aiuterà ad accogliere le tue paure e a promuovere un atteggiamento più positivo.

7. Integrare il Cambiamento nel Quotidiano

Infine, integrare i cambiamenti ottenuti nel tuo quotidiano è essenziale per consolidare l'accettazione e ridurre la resistenza. Utilizza le tue scoperte e strategie per affrontare le paure quotidiane con un atteggiamento rinnovato. Ecco come farlo:

- **Applicare le Tecniche di Accettazione:** Metti in pratica le tecniche apprese nella tua vita quotidiana. Affronta le situazioni che ti causano resistenza utilizzando mindfulness, auto-compassione e esposizione graduale. Ad esempio, se hai paura di fare richieste, inizia a farlo in situazioni meno minacciose prima di affrontare contesti più complessi.

- **Monitorare il Progresso e Fare Aggiustamenti:** Utilizza il tuo Diario delle Emozioni per monitorare i tuoi progressi e fare aggiustamenti se necessario. Riconosci i miglioramenti e celebra i successi, anche quelli piccoli, per mantenere alta la motivazione e favorire una continua crescita personale.

In sintesi, trasformare la resistenza in accettazione richiede consapevolezza, auto-compassione e tecniche pratiche per affrontare le paure. Riconoscere la resistenza, utilizzare la mindfulness, adottare l'auto-compassione e applicare tecniche di esposizione graduale sono passaggi cruciali per promuovere un cambiamento positivo. Integra questi approcci nella tua vita quotidiana per affrontare le tue paure con maggiore accettazione e resilienza, facilitando così il percorso verso il superamento delle tue ansie.

10. La Forza dell'Accettazione nel Percorso di Guarigione

L'accettazione è una delle chiavi più potenti per il percorso di guarigione dalle proprie paure. Quando parliamo di accettazione, non ci riferiamo alla resa o alla sconfitta, ma a una comprensione profonda e compassionevole delle proprie paure e delle emozioni ad esse associate. Questo approccio consente di affrontare le ansie con maggiore resilienza e di avviare un processo di cambiamento positivo e duraturo. In questo paragrafo, esploreremo come la forza dell'accettazione possa influenzare significativamente il percorso di guarigione e come applicare pratiche concrete per integrare questo principio nella tua vita.

1. L'Accettazione come Fondamento della Guarigione

L'accettazione rappresenta il primo passo verso una vera e propria guarigione dalle paure. Accettare le tue paure significa riconoscerle senza giudicarle e senza cercare di fuggire da esse. Questo approccio consapevole è essenziale per avviare un percorso di cambiamento positivo. Ecco come l'accettazione funge da fondamento della guarigione:

- **Creare uno Spazio per l'Accettazione:** L'accettazione implica creare uno spazio interiore in cui le tue paure possano essere riconosciute e comprese senza paura di essere giudicati. Ad esempio, se hai una paura profonda di fallire, accetta questa paura come parte del tuo processo di crescita e non come un limite definitivo. Questo spazio interiore aiuta a ridurre la pressione e a promuovere un atteggiamento più aperto e accogliente.

- **Accettare le Emozioni Senza Evasione:** Quando accetti le tue paure, accetti anche le emozioni ad esse collegate. Evitare o reprimere le emozioni può amplificare la paura e la preoccupazione. Invece, accettare queste emozioni ti consente di affrontarle in modo diretto e consapevole. Per esempio, se ti senti ansioso prima di un evento importante, riconosci e accetta questa ansia come una risposta normale e legittima.

2. Utilizzare l'Accettazione per Ridurre la Resistenza

La resistenza verso le proprie paure spesso ostacola il percorso di guarigione. Accettare le paure senza resistere ti permette di affrontarle con maggiore calma e lucidità. Ecco come l'accettazione può ridurre la resistenza:

- **Smettere di Combattere le Paure:** Invece di combattere contro le tue paure o di cercare di evitarle, accettale come una parte del tuo viaggio. Ad esempio, se hai paura di parlare in pubblico, anziché evitare ogni opportunità di parlare, accetta la tua paura come una sfida che puoi affrontare gradualmente. Questa accettazione riduce la tensione e facilita un approccio più rilassato e proattivo.

- **Applicare la Strategia del "Permettere":** Permettere a te stesso di provare paura senza giudizio può diminuire il potere che essa ha su di te. Questo approccio implica accogliere le tue paure come se fossi un amico che comprende e accetta le difficoltà dell'altro. Ad esempio, se hai paura di affrontare una situazione sociale, permetti a te stesso di sentirti nervoso senza forzarti a essere perfetto. Questo rilascio di controllo riduce la resistenza e promuove una maggiore accettazione.

3. Integrazione dell'Accettazione nella Vita Quotidiana

Integrare l'accettazione nella vita quotidiana è cruciale per ottenere una guarigione duratura. Questa integrazione richiede la pratica costante di tecniche che promuovono l'accettazione e il riconoscimento delle proprie paure. Ecco come fare:

- **Creare Routine di Auto-Accettazione:** Dedica del tempo ogni giorno alla pratica dell'auto-accettazione. Questo può includere tecniche come la meditazione, la scrittura riflessiva e il dialogo interiore positivo. Ad esempio, potresti iniziare o concludere la giornata con una meditazione focalizzata sull'accettazione delle tue emozioni e paure, permettendo a queste di esistere senza interferire con il tuo benessere.

- **Integrare l'Accettazione nelle Attività Quotidiane:** Applica il principio dell'accettazione in situazioni quotidiane che ti causano ansia o stress. Quando affronti una sfida o una situazione difficile, ricordati di accettare le tue emozioni e reazioni come parte del processo di crescita. Ad esempio, se affronti una discussione complessa con un collega, accetta i tuoi sentimenti di disagio come normali e affronta la situazione con un atteggiamento di apertura.

4. Riconoscere i Benefici dell'Accettazione nella Crescita Personale

Accettare le proprie paure non solo facilita il processo di guarigione, ma contribuisce anche alla crescita personale e al miglioramento della resilienza. Riconoscere e apprezzare questi benefici può motivarti a mantenere un atteggiamento accogliente verso le tue paure. Ecco i benefici principali:

- **Sviluppare una Maggiore Resilienza:** L'accettazione delle tue paure ti aiuta a sviluppare una resilienza maggiore, poiché affronti le sfide con una mentalità più aperta e adattabile. Ad esempio, se affronti la paura di un cambiamento nella tua vita professionale con un atteggiamento accettante, sarai più capace di adattarti e rispondere positivamente a nuove opportunità.

- **Migliorare la Qualità della Vita:** Accettare le tue paure ti consente di vivere una vita più autentica e appagante. Questo approccio ti permette di affrontare le situazioni con maggiore sicurezza e di godere di una maggiore tranquillità interiore. Ad esempio, affrontare una paura come il timore di fallire con accettazione può liberarti dal peso della perfezione e permetterti di vivere esperienze più ricche e significative.

5. Applicare le Strategie di Accettazione al Superamento delle Paure

Per applicare l'accettazione al superamento delle tue paure, è utile adottare strategie pratiche che integrano l'approccio dell'accettazione. Ecco alcune strategie efficaci:

- **Sviluppare Piani di Azione Basati sull'Accettazione:** Crea piani di azione che incorporino l'accettazione come parte della tua strategia per affrontare le paure. Ad esempio, se hai paura di intraprendere un progetto importante, sviluppa un piano che includa passaggi graduali e obiettivi realistici, accettando i tuoi sentimenti di apprensione come parte del processo.

- **Utilizzare il Supporto Sociale:** Il supporto sociale può essere un potente alleato nel processo di accettazione e guarigione. Condividi le tue esperienze con amici, familiari o gruppi di sostegno per ottenere incoraggiamento e comprensione. Questo supporto può aiutarti a mantenere un atteggiamento positivo e a ridurre la solitudine associata alle tue paure.

Conclusione

La forza dell'accettazione nel percorso di guarigione non può essere sottovalutata. Accettare le tue paure come parte del processo di crescita personale è essenziale per ridurre la resistenza, sviluppare la resilienza e migliorare la qualità della tua vita. Integrare tecniche di accettazione nella tua vita quotidiana e riconoscere i benefici di questo approccio ti permetterà di affrontare le tue paure con maggiore sicurezza e tranquillità. Adottando l'accettazione come principio guida, non solo faciliterai il tuo percorso di guarigione, ma contribuirai anche alla tua crescita personale e al miglioramento del tuo benessere complessivo.

III. Il Potere del Pensiero Positivo

1. Comprendere il Pensiero Positivo

Il pensiero positivo è una filosofia di vita che si basa sulla convinzione che mantenere un atteggiamento mentale positivo, focalizzato sugli aspetti benefici e ottimistici della vita, possa portare a miglioramenti significativi nella propria esistenza. Comprendere a fondo il pensiero positivo è essenziale per applicarlo efficacemente e ottenere i benefici desiderati. In questo paragrafo esploreremo i fondamenti del pensiero positivo, i suoi effetti sulla mente e sul corpo, e come può essere integrato nella vita quotidiana per vincere le proprie paure, aumentare l'autostima, il coraggio e diventare persone forti e sicure.

1. Definizione del Pensiero Positivo

Il pensiero positivo non è semplicemente il tentativo di ignorare gli aspetti negativi della vita, ma piuttosto un approccio proattivo per affrontarli con una mentalità costruttiva. Esso implica il riconoscimento delle difficoltà e la scelta consapevole di concentrarsi sulle soluzioni anziché sui problemi. Per esempio, se affronti una situazione stressante al lavoro, invece di focalizzarti sugli aspetti negativi e sulle possibili conseguenze dannose, il pensiero positivo ti incoraggia a cercare modi per migliorare la situazione e trovare opportunità di crescita personale.

2. Effetti del Pensiero Positivo sulla Mente

Il pensiero positivo ha un impatto significativo sulla mente. Numerosi studi psicologici hanno dimostrato che mantenere un atteggiamento positivo può ridurre i livelli di stress, migliorare l'umore e aumentare la resilienza emotiva. Quando la mente è allenata a concentrarsi su pensieri positivi, si sviluppa una maggiore capacità di affrontare le sfide con calma e determinazione. Ad esempio, se ti trovi ad affrontare un evento che ti provoca ansia, come parlare in pubblico, adottare un atteggiamento positivo può ridurre l'ansia e migliorare la tua performance.

3. Effetti del Pensiero Positivo sul Corpo

Il pensiero positivo non influisce solo sulla mente, ma ha anche effetti tangibili sul corpo. Un atteggiamento mentale positivo può migliorare la salute fisica riducendo i livelli di cortisolo, l'ormone dello stress, e aumentando il rilascio di endorfine, gli ormoni del benessere. Questo può portare a una riduzione della pressione sanguigna, un miglioramento del sistema immunitario e una maggiore resistenza alle malattie. Ad esempio, mantenere un atteggiamento positivo durante un periodo di malattia può accelerare il processo di guarigione e migliorare la qualità della vita complessiva.

4. Applicazione Pratica del Pensiero Positivo

Per integrare il pensiero positivo nella tua vita quotidiana, è utile adottare pratiche concrete che rafforzino questo approccio mentale. Ecco alcune tecniche pratiche per coltivare il pensiero positivo:

- **Affermazioni Positive:** Utilizzare affermazioni positive quotidiane può aiutare a riprogrammare la mente per concentrarsi su pensieri costruttivi. Ad esempio, ripetere frasi come "Sono capace di affrontare qualsiasi sfida" o "Merito di essere felice e di successo" può rafforzare la tua autostima e il tuo coraggio.

- **Riformulazione Cognitiva:** Imparare a riformulare i pensieri negativi in positivi è una tecnica efficace per mantenere un atteggiamento positivo. Se ti trovi a pensare "Non riuscirò mai a superare questa situazione", prova a sostituirlo con "Posso trovare una soluzione a questa situazione e imparare qualcosa di nuovo".

- **Pratica della Gratitudine:** Coltivare la gratitudine quotidiana ti aiuta a concentrarti sugli aspetti positivi della tua vita. Prendere nota delle cose per cui sei grato, anche le più piccole, può aumentare il tuo benessere emotivo e fisico.

5. Esempi Pratici di Pensiero Positivo

Incorporare esempi pratici nella tua vita può aiutarti a comprendere e applicare meglio il pensiero positivo. Ad esempio:

- **Diario delle Emozioni Positivi:** Tenere un diario in cui annoti i momenti positivi della giornata può aiutarti a concentrarti sugli aspetti positivi della vita. Ogni sera, prendi qualche minuto per scrivere tre cose che ti hanno fatto sentire felice o grato durante il giorno.

- **Visualizzazione Positiva:** Immaginare te stesso mentre superi una situazione difficile con successo può aumentare la tua fiducia e prepararti mentalmente ad affrontare la realtà. Ad esempio, prima di una presentazione importante, visualizza te stesso mentre parli con sicurezza e ricevi feedback positivi dal pubblico.

Conclusione

Comprendere il pensiero positivo è il primo passo verso l'integrazione di questo potente strumento nella tua vita quotidiana. Con una definizione chiara, la conoscenza dei suoi effetti sulla mente e sul corpo e l'applicazione di tecniche pratiche, puoi iniziare a sfruttare il pensiero positivo per vincere le tue paure, aumentare l'autostima, il coraggio e diventare una persona forte e sicura. Adottare un atteggiamento positivo non solo migliora la tua salute mentale e fisica, ma ti prepara anche ad affrontare le sfide della vita con maggiore determinazione e resilienza.

2. Come il Pensiero Positivo Influenza la Mente

Il pensiero positivo ha un impatto profondo sulla mente, influenzando non solo l'umore e le emozioni, ma anche i processi cognitivi e la percezione della realtà. Comprendere come il pensiero positivo può trasformare la nostra mente è essenziale per poter sfruttare appieno questo strumento potente nel superare le paure, aumentare l'autostima e diventare persone più coraggiose e sicure. In questo paragrafo esploreremo i meccanismi attraverso i quali il pensiero positivo opera sulla mente, fornendo esempi pratici e tecniche utili per integrare questa filosofia nella vita quotidiana.

1. Il Ruolo della Neuroplasticità

La neuroplasticità è la capacità del cervello di riorganizzarsi formando nuove connessioni neuronali. Il pensiero positivo sfrutta questa capacità, permettendo alla mente di creare e rafforzare percorsi neuronali associati a pensieri ed emozioni positive. Quando ci concentriamo su pensieri positivi, attiviamo specifiche aree del cervello che promuovono sensazioni di benessere e felicità. Ad esempio, praticare regolarmente la gratitudine può rafforzare le connessioni neurali legate alle emozioni positive, rendendo più facile per la mente concentrarsi sugli aspetti positivi della vita anche in situazioni difficili.

2. Riduzione dello Stress e dell'Ansia

Il pensiero positivo ha un effetto calmante sulla mente, riducendo i livelli di stress e ansia. Quando affrontiamo una situazione stressante con un atteggiamento positivo, la nostra percezione della minaccia diminuisce, permettendoci di rispondere con maggiore calma e controllo. Ad esempio, invece di preoccuparsi continuamente per un esame imminente, un pensiero positivo potrebbe essere "Sono ben preparato e farò del mio meglio". Questa semplice riformulazione può ridurre l'ansia e migliorare la concentrazione, portando a una migliore performance.

3. Aumento della Resilienza Emotiva

Il pensiero positivo aumenta la resilienza emotiva, ovvero la capacità di recuperare rapidamente da situazioni difficili o stressanti. Le persone con un atteggiamento mentale positivo tendono a vedere le avversità come opportunità di crescita piuttosto che come ostacoli insormontabili. Ad esempio, dopo una delusione lavorativa, un pensiero positivo potrebbe essere "Questo è un'opportunità per imparare e migliorare". Questo tipo di atteggiamento aiuta a mantenere la motivazione e a cercare soluzioni creative, piuttosto che rimanere bloccati in uno stato di frustrazione o disperazione.

4. Miglioramento delle Relazioni Interpersonali

Il pensiero positivo non solo influisce sulla nostra mente, ma ha anche un impatto significativo sulle relazioni interpersonali. Le persone che coltivano pensieri positivi tendono ad essere più empatiche, comprensive e capaci di costruire relazioni forti e significative. Ad esempio, affrontare un conflitto con un collega con un atteggiamento positivo può portare a una risoluzione più rapida e armoniosa del problema. Invece di concentrarsi sui difetti dell'altro, il pensiero positivo ci incoraggia a cercare il bene in ogni situazione e a lavorare verso soluzioni costruttive.

5. Esercizi per Sviluppare il Pensiero Positivo

Integrare il pensiero positivo nella tua vita quotidiana richiede pratica e consapevolezza. Ecco alcuni esercizi pratici per sviluppare e mantenere un atteggiamento mentale positivo:

- **Affrontare la Critica in Modo Costruttivo:** Quando ricevi una critica, invece di prenderla sul personale, cerca di vedere il feedback come un'opportunità per migliorare. Ad esempio, se un collega critica un tuo progetto, ringrazialo per il feedback e chiedi suggerimenti su come migliorare.

- **Meditazione del Pensiero Positivo:** Dedica alcuni minuti al giorno alla meditazione focalizzata su pensieri positivi. Trova un luogo tranquillo, chiudi gli occhi e concentra la tua mente su immagini e sensazioni che ti portano gioia e tranquillità. Questa pratica può ridurre lo stress e aumentare il benessere mentale.

- **Riformulazione dei Pensieri Negativi:** Quando ti accorgi di avere pensieri negativi, cerca di riformularli in modo positivo. Ad esempio, se ti trovi a pensare "Non sono capace di farlo", sostituiscilo con "Posso imparare a farlo con pratica e perseveranza".

- **Coltivare Relazioni Positive:** Circondati di persone che ti supportano e che hanno un atteggiamento positivo. Le relazioni positive possono influenzare il tuo pensiero e aiutarti a mantenere un atteggiamento ottimistico.

Conclusione

Comprendere come il pensiero positivo influenza la mente è cruciale per utilizzare questa potente tecnica nella tua vita quotidiana. Attraverso la neuroplasticità, la riduzione dello stress, l'aumento della resilienza emotiva e il miglioramento delle relazioni interpersonali, il pensiero positivo può trasformare radicalmente il modo in cui affronti le sfide e le opportunità della vita. Applicando esercizi pratici per coltivare pensieri positivi, puoi iniziare a costruire una mentalità che ti aiuterà a vincere le tue paure, aumentare l'autostima e diventare una persona più coraggiosa e sicura.

3. Tecniche per Coltivare il Pensiero Positivo

Coltivare il pensiero positivo richiede pratica e consapevolezza. Non è un processo immediato, ma con impegno costante e l'uso di tecniche specifiche, è possibile trasformare il proprio atteggiamento mentale. Questo paragrafo esplora diverse strategie e tecniche pratiche per sviluppare e mantenere un pensiero positivo, offrendo strumenti utili per aumentare l'autostima, il coraggio e diventare persone forti e sicure.

1. Pratica della Gratitudine

Uno dei modi più efficaci per coltivare il pensiero positivo è praticare la gratitudine. La gratitudine aiuta a spostare l'attenzione dai problemi e dalle negatività alle cose buone che ci circondano. Un esercizio pratico consiste nel tenere un diario della gratitudine, dove ogni giorno si annotano almeno tre cose per cui si è grati. Questo può includere esperienze positive, persone care, o anche semplici piaceri quotidiani. Ad esempio, scrivere "Sono grato per il supporto dei miei amici" o "Sono grato per il bel tramonto di oggi" aiuta a mantenere un focus positivo.

2. Visualizzazione Positiva

La visualizzazione è una tecnica potente che coinvolge l'immaginazione di scenari positivi. Praticando regolarmente la visualizzazione, è possibile allenare la mente a focalizzarsi sugli esiti desiderati piuttosto che sulle paure o sulle preoccupazioni. Per esempio, prima di un incontro importante, puoi immaginare te stesso mentre parli con sicurezza, ricevi risposte positive e concludi l'incontro con successo. Questa pratica non solo riduce l'ansia ma aumenta anche la fiducia nelle proprie capacità.

3. Riformulazione dei Pensieri Negativi

I pensieri negativi possono essere trasformati attraverso la riformulazione cognitiva. Quando un pensiero negativo emerge, cerca di sostituirlo con uno positivo o costruttivo. Ad esempio, invece di pensare "Non ce la farò mai", riformula il pensiero in "Posso affrontare questa sfida e imparare qualcosa di nuovo". Questo approccio non solo riduce il pessimismo ma aiuta anche a costruire una mentalità più resiliente.

4. Affrontare le Paure con Positività

Affrontare le proprie paure richiede coraggio, e il pensiero positivo può essere un alleato prezioso. Invece di evitare le situazioni che causano paura, affrontale con un atteggiamento positivo. Ad esempio, se hai paura di parlare in pubblico, puoi prepararti mentalmente pensando "Questa è un'opportunità per crescere e migliorare". Concentrandoti sui benefici piuttosto che sui rischi, puoi ridurre l'ansia e aumentare la tua sicurezza.

5. Autoaffermazioni Positive

Le autoaffermazioni sono dichiarazioni positive che aiutano a rafforzare la fiducia in se stessi e a costruire un'autostima solida. Ripetere regolarmente frasi come "Sono capace e sicuro di me stesso" o "Merito il successo e la felicità" può aiutare a interiorizzare questi sentimenti. È importante che le affermazioni siano realistiche e rilevanti per la tua vita, in modo che possano essere credibili e influenti.

6. Circondarsi di Influences Positivi

Le persone con cui ci associamo influenzano notevolmente il nostro pensiero. Circondarsi di persone positive e di supporto può aiutare a mantenere un atteggiamento mentale sano. Cerca di trascorrere tempo con amici e familiari che ti incoraggiano e ti sostengono, e riduci al minimo il contatto con persone negative o critiche. Inoltre, leggere libri motivazionali, ascoltare podcast ispiratori e seguire figure positive sui social media può aiutare a mantenere un focus positivo.

7. Tecniche di Rilassamento e Mindfulness

La mindfulness e altre tecniche di rilassamento possono aiutare a ridurre lo stress e a coltivare un pensiero positivo. Praticare la meditazione mindfulness, che consiste nel concentrarsi sul momento presente senza giudizio, può aiutare a ridurre i pensieri negativi e a promuovere un senso di calma e benessere. Anche esercizi di respirazione profonda e yoga possono essere utili per rilassare la mente e il corpo, favorendo un atteggiamento mentale positivo.

8. Imparare dagli Errori

Adottare un atteggiamento positivo verso gli errori e i fallimenti è fondamentale per il pensiero positivo. Invece di vedere gli errori come fallimenti, considerali come opportunità di apprendimento. Chiediti cosa puoi imparare da ogni esperienza e come puoi migliorare in futuro. Ad esempio, se un progetto non va come previsto, analizza cosa è andato storto e cosa puoi fare diversamente la prossima volta. Questo approccio ti aiuta a vedere il valore nelle difficoltà e a crescere come individuo.

9. Sviluppare una Routine di Pensiero Positivo

Integrare il pensiero positivo nella tua routine quotidiana può aiutare a consolidare questa pratica nella tua vita. Dedica alcuni minuti ogni giorno a esercizi di gratitudine, visualizzazione e autoaffermazioni. Puoi farlo al mattino per iniziare la giornata con energia positiva o alla sera per riflettere sulle esperienze positive della giornata. Creare una routine ti aiuterà a mantenere il focus sul pensiero positivo e a renderlo una parte naturale della tua vita.

10. Sperimentare il Potere del Sorriso

Il semplice atto di sorridere può avere un impatto significativo sul tuo stato d'animo. Sorridere rilascia endorfine, le sostanze chimiche del benessere nel cervello, che aiutano a ridurre lo stress e a promuovere sensazioni di felicità. Anche se all'inizio può sembrare forzato, prova a sorridere più spesso durante la giornata, soprattutto nei momenti di stress o ansia. Con il tempo, noterai che il sorriso può davvero influenzare positivamente il tuo stato d'animo e la tua percezione degli eventi.

Conclusione

Coltivare il pensiero positivo richiede impegno e pratica, ma
con le giuste tecniche e un atteggiamento proattivo, è possibile
trasformare la tua mentalità e affrontare le paure con maggiore
sicurezza. Praticare la gratitudine, visualizzare esiti positivi,
riformulare i pensieri negativi, affrontare le paure, utilizzare
autoaffermazioni, circondarsi di influenze positive, praticare
tecniche di rilassamento, imparare dagli errori, sviluppare una
routine di pensiero positivo e sperimentare il potere del sorriso
sono tutti strumenti efficaci per promuovere un pensiero
positivo. Integra questi esercizi nella tua vita quotidiana e
osserva come il tuo atteggiamento mentale può cambiare,
portando a una maggiore autostima, coraggio e benessere
complessivo.

4. Il Ruolo dell'Autosuggestione

L'autosuggestione è una tecnica potente che utilizza il potere
della mente per influenzare il proprio comportamento e stato
d'animo. Essa si basa sulla ripetizione di frasi o affermazioni
positive che, con il tempo, vengono interiorizzate e diventano
parte della nostra mentalità. Comprendere e applicare
l'autosuggestione può essere un passo cruciale nel percorso per
vincere le proprie paure, aumentare l'autostima e diventare
persone forti e sicure.

1. Cos'è l'Autosuggestione

L'autosuggestione è il processo di autoinduzione di pensieri, idee e atteggiamenti desiderati. Si tratta di un dialogo interno intenzionale, dove si ripetono mentalmente o verbalmente affermazioni positive che influenzano la nostra percezione e il nostro comportamento. Questa tecnica è stata resa popolare da Émile Coué, un farmacista e psicologo francese del XIX secolo, che la considerava una forma di autoipnosi. Coué sosteneva che ripetere affermazioni positive ogni giorno avrebbe potuto trasformare la mente e, di conseguenza, la realtà personale di un individuo.

2. Come Funziona l'Autosuggestione

Il principio di base dell'autosuggestione è che la ripetizione di affermazioni positive può modificare i nostri schemi di pensiero. Quando ripetiamo costantemente un'affermazione, come "Sono sicuro di me stesso e delle mie capacità", questa inizia a penetrare nel subconscio, sostituendo gradualmente le credenze negative che possono limitare il nostro potenziale. Il subconscio non distingue tra realtà e immaginazione; quindi, se ripetiamo abbastanza volte un pensiero positivo, esso diventa una nuova realtà mentale, influenzando il nostro comportamento e la nostra percezione di noi stessi.

3. Tecniche di Autosuggestione

Per applicare efficacemente l'autosuggestione, è importante seguire alcune tecniche chiave:

- **Affermare al Presente:** Le affermazioni devono essere formulate al presente, come se ciò che desideriamo sia già realtà. Ad esempio, dire "Sono calmo e sicuro" è più efficace che dire "Diventerò calmo e sicuro".

- **Essere Specifici:** Le affermazioni devono essere chiare e specifiche. Invece di dire "Sono felice", potrebbe essere più utile dire "Provo gioia e soddisfazione ogni giorno".

- **Ripetizione Costante:** La ripetizione è fondamentale. Dedica alcuni minuti ogni giorno a ripetere le tue affermazioni, preferibilmente al mattino e alla sera. La costanza aiuta a consolidare i nuovi schemi di pensiero.

- **Visualizzazione:** Associa le affermazioni alla visualizzazione. Immagina te stesso mentre vivi l'affermazione, come se fosse già vera. Questo rafforza ulteriormente il messaggio al subconscio.

4. Esempi Pratici di Autosuggestione

Ecco alcuni esempi di affermazioni positive che possono essere utilizzate per vincere le proprie paure e aumentare l'autostima:

- "Affronto ogni sfida con coraggio e determinazione."
- "Sono degno di amore e rispetto."
- "Ho il potere di cambiare la mia vita in meglio."
- "Ogni giorno divento una persona più sicura e forte."
- "Merito di essere felice e realizzato."

Queste affermazioni, ripetute costantemente, possono iniziare a modificare il modo in cui percepiamo noi stessi e le nostre capacità, contribuendo a costruire una base solida di autostima e fiducia.

5. Superare gli Ostacoli dell'Autosuggestione

Anche se l'autosuggestione è potente, può incontrare ostacoli. La resistenza interna è comune, specialmente quando le affermazioni contrastano con le credenze profondamente radicate. È normale all'inizio sentirsi scettici o avvertire una disconnessione tra le affermazioni e la realtà percepita. Per superare questi ostacoli, è utile combinare l'autosuggestione con altre tecniche di crescita personale, come la meditazione, la terapia cognitivo-comportamentale o il coaching motivazionale. Inoltre, mantenere una mente aperta e paziente è essenziale, poiché il cambiamento richiede tempo e dedizione.

6. L'Autosuggestione e la Paura

Una delle applicazioni più efficaci dell'autosuggestione è nel superamento delle paure. Ad esempio, se si ha paura di fallire, un'affermazione utile potrebbe essere "Accetto il fallimento come parte del mio percorso verso il successo". Questa affermazione non solo riduce la paura del fallimento, ma promuove anche una mentalità di crescita e resilienza. Un altro esempio è per chi ha paura di parlare in pubblico: "Parlare in pubblico è un'opportunità per mostrare le mie capacità e crescere."

7. Monitorare i Progressi

È importante monitorare i progressi nel percorso di autosuggestione. Tieni un diario dove annoti le affermazioni che usi e le sensazioni che provi. Rifletti sui cambiamenti che noti nel tuo comportamento e nella tua percezione. Questo non solo ti aiuterà a rimanere motivato, ma ti permetterà anche di adattare le affermazioni in base ai tuoi bisogni e obiettivi in evoluzione.

Conclusione

Il ruolo dell'autosuggestione nel percorso verso una maggiore autostima e coraggio non può essere sottovalutato. Attraverso la ripetizione costante e intenzionale di affermazioni positive, è possibile trasformare i propri schemi di pensiero e, di conseguenza, la propria realtà. L'autosuggestione, combinata con altre tecniche di pensiero positivo e crescita personale, offre un potente strumento per superare le paure, aumentare la fiducia in se stessi e vivere una vita più sicura e soddisfacente. Ricorda, il cambiamento richiede tempo e dedizione, ma con costanza e pazienza, i risultati saranno tangibili e duraturi.

5. Sostituire i Pensieri Negativi

Sostituire i pensieri negativi è una pratica fondamentale per coltivarc una mentalità positiva e vincere le proprie paure. I pensieri negativi possono diventare abituali, influenzando negativamente il nostro stato d'animo, il nostro comportamento e la nostra visione della vita. Tuttavia, con consapevolezza e tecniche mirate, è possibile trasformare questi pensieri in affermazioni positive che potenziano la nostra autostima e il nostro coraggio.

1. Riconoscere i Pensieri Negativi

Il primo passo per sostituire i pensieri negativi è riconoscerli. Spesso, i pensieri negativi operano a un livello subconscio, diventando parte della nostra auto-narrazione senza che ce ne rendiamo conto. Per identificarli, è utile prestare attenzione alle situazioni che scatenano reazioni emotive negative. Ad esempio, se noti di sentirti ansioso prima di un incontro sociale, fermati e osserva i pensieri che emergono. Potresti scoprire frasi come "Non sono interessante" o "Nessuno vorrà parlare con me". Una volta identificati, puoi iniziare a lavorare per sostituirli.

2. Sfidare i Pensieri Negativi

Una volta riconosciuti, i pensieri negativi devono essere sfidati. Chiediti se questi pensieri sono basati su fatti concreti o su supposizioni e paure infondate. Spesso, i pensieri negativi sono esagerazioni o distorsioni della realtà. Ad esempio, il pensiero "Non sono interessante" può essere sfidato riflettendo sui momenti in cui hai avuto conversazioni coinvolgenti o hai ricevuto feedback positivo dagli altri. Questo processo di sfida aiuta a ridurre il potere dei pensieri negativi e apre la strada alla loro sostituzione.

3. Sostituire con Pensieri Positivi

Una volta sfidati, è il momento di sostituire i pensieri negativi con affermazioni positive. Questa sostituzione deve essere realistica e credibile per essere efficace. Ad esempio, sostituire "Non sono interessante" con "Ho qualità uniche che rendono le mie conversazioni interessanti" è più realistico e credibile. Ripeti queste affermazioni positive ogni volta che emergono i pensieri negativi. Con il tempo, le affermazioni positive inizieranno a prendere il posto dei pensieri negativi, cambiando gradualmente la tua mentalità.

4. Utilizzare Tecniche di Mindfulness

Le tecniche di mindfulness possono essere molto utili per sostituire i pensieri negativi. La mindfulness ti aiuta a rimanere presente e consapevole dei tuoi pensieri e delle tue emozioni senza giudicarli. Quando emerge un pensiero negativo, invece di respingerlo o combatterlo, osserva il pensiero con curiosità e accettazione. Questo approccio non giudicante riduce il potere del pensiero negativo e ti permette di rispondere in modo più razionale e positivo. Ad esempio, puoi dire a te stesso: "Sto avendo il pensiero che non sono interessante, ma questo è solo un pensiero, non una realtà."

5. Esercizi di Ristrutturazione Cognitiva

La ristrutturazione cognitiva è una tecnica della terapia cognitivo-comportamentale (CBT) che può essere molto efficace nel sostituire i pensieri negativi. Questo processo implica la valutazione e la modifica dei pensieri disfunzionali. Un esercizio comune è quello di tenere un diario dei pensieri, dove annoti i pensieri negativi, li sfidi e li sostituisci con pensieri positivi. Ad esempio, se scrivi "Ho fallito in questo progetto, quindi sono un fallimento," puoi sfidare questo pensiero con evidenze che dimostrano i tuoi successi passati e sostituirlo con "Questo progetto non è andato come previsto, ma ho imparato delle lezioni preziose e ho avuto successo in altri progetti."

6. Affermazioni Positive e Visualizzazioni

Le affermazioni positive e le visualizzazioni sono strumenti potenti per sostituire i pensieri negativi. Ogni giorno, dedica del tempo a ripetere affermazioni positive che contrastano i tuoi pensieri negativi abituali. Inoltre, pratica la visualizzazione, immaginando te stesso mentre vivi le affermazioni positive. Ad esempio, visualizzati mentre affronti con successo situazioni che solitamente ti causano ansia. Questa pratica rafforza i nuovi schemi di pensiero e li rende più radicati nella tua mente.

7. Creare un Ambiente Positivo

Il tuo ambiente può influenzare notevolmente i tuoi pensieri. Circondati di persone positive che ti sostengono e ti incoraggiano. Riduci l'esposizione a influenze negative, come notizie stressanti o persone pessimiste. Crea uno spazio fisico che ti faccia sentire bene, con oggetti che ti ispirano e ti ricordano le tue affermazioni positive. Ad esempio, potresti decorare il tuo spazio di lavoro con citazioni motivazionali o foto di momenti felici.

8. La Pratica della Gratitudine

La gratitudine è un potente antidoto ai pensieri negativi.
Praticare la gratitudine aiuta a spostare il focus dalle mancanze
e dalle negatività a ciò che di positivo esiste nella tua vita. Ogni
giorno, dedica qualche minuto a riflettere su tre cose per cui sei
grato. Scrivile in un diario e rileggile quando ti senti sopraffatto
dai pensieri negativi. Questo semplice esercizio può
trasformare radicalmente la tua prospettiva e aiutarti a
mantenere una mentalità positiva.

Conclusione

Sostituire i pensieri negativi richiede consapevolezza, impegno
e pratica costante. Attraverso tecniche come il riconoscimento e
la sfida dei pensieri negativi, l'uso di affermazioni positive, la
mindfulness, la ristrutturazione cognitiva, le visualizzazioni e la
gratitudine, è possibile trasformare la propria mentalità e vivere
una vita più positiva e sicura. Ogni pensiero positivo aggiunge
un mattone alla costruzione di una nuova realtà mentale,
rafforzando l'autostima e il coraggio per affrontare le sfide della
vita con serenità e determinazione. Ricorda, il cambiamento è
un processo graduale, ma con costanza e pazienza, i risultati
saranno duraturi e profondamente trasformativi.

6. Visualizzazione Positiva

La visualizzazione positiva è una tecnica potente che può
trasformare la tua mentalità e aiutarti a superare le paure. Si
tratta di creare immagini vivide e dettagliate di te stesso mentre
affronti e superi con successo le tue sfide. Questa pratica può
aumentare l'autostima, il coraggio e la resilienza, rendendoti
una persona più forte e sicura. La visualizzazione positiva
sfrutta il potere dell'immaginazione per programmare la mente
a credere in un risultato positivo, rinforzando così la fiducia
nelle proprie capacità.

1. Comprendere la Visualizzazione Positiva

La visualizzazione positiva non è semplicemente sognare ad occhi aperti, ma una pratica intenzionale e focalizzata. Consiste nell'immaginare situazioni specifiche in cui affronti e superi le tue paure, provando le emozioni positive associate al successo. Ad esempio, se hai paura di parlare in pubblico, puoi visualizzarti mentre tieni un discorso di fronte a un pubblico attento e ricevi applausi alla fine. La chiave è rendere l'immagine il più dettagliata e realistica possibile, coinvolgendo tutti i sensi: vedi, senti e prova ciò che accade nella tua mente.

2. Creare Immagini Mentali Dettagliate

Per rendere la visualizzazione efficace, è essenziale creare immagini mentali dettagliate. Trova un posto tranquillo dove puoi rilassarti senza distrazioni. Chiudi gli occhi e inizia a immaginare una scena in cui stai affrontando una situazione che ti causa paura. Includi dettagli specifici come l'ambiente, le persone presenti, i suoni, gli odori e le sensazioni fisiche. Più dettagliata e realistica sarà l'immagine, maggiore sarà l'impatto sulla tua mente. Ad esempio, se visualizzi una riunione di lavoro, immagina la sala, il tavolo, le persone sedute intorno a te, il suono delle voci e la sensazione della tua voce sicura che presenta le tue idee.

3. Emozioni e Sensazioni Positive

Un aspetto cruciale della visualizzazione positiva è coinvolgere le emozioni e le sensazioni positive. Non basta vedere te stesso affrontare una situazione, devi anche sentire le emozioni di successo, fiducia e felicità. Immagina la sensazione di orgoglio e soddisfazione dopo aver superato la tua paura. Sentire queste emozioni nel corpo rende l'esperienza più reale e rinforza la fiducia nelle tue capacità. Ad esempio, se hai paura di volare, immagina te stesso durante il volo, sentendoti calmo e rilassato, godendo della vista dal finestrino e provando un senso di libertà e avventura.

4. Pratica Regolare e Consistenza

Come qualsiasi abilità, la visualizzazione positiva richiede pratica regolare e consistenza. Dedica almeno 10-15 minuti al giorno alla visualizzazione. Puoi farlo al mattino per iniziare la giornata con un atteggiamento positivo o alla sera per rilassarti prima di dormire. La pratica costante aiuta a consolidare i nuovi schemi di pensiero nella mente, rendendo più facile affrontare le situazioni reali con fiducia. Inoltre, la ripetizione regolare delle visualizzazioni rinforza le connessioni neurali associate alle emozioni positive e al superamento delle paure.

5. Esempi di Visualizzazione Positiva

Per comprendere meglio come praticare la visualizzazione positiva, ecco alcuni esempi concreti:

- **Parlare in Pubblico:** Visualizzati sul palco, davanti a un pubblico, mentre parli con sicurezza e chiarezza. Immagina le espressioni interessate del pubblico, gli applausi alla fine del discorso e la sensazione di successo e soddisfazione.

- **Esami o Test:** Immagina te stesso seduto al tavolo dell'esame, sentendoti calmo e preparato. Visualizza te stesso rispondere alle domande con facilità e sicurezza, e la gioia di vedere un voto alto sul tuo compito.

- **Interazioni Sociali:** Visualizzati in una festa o un incontro sociale, mentre conversi con le persone in modo rilassato e naturale. Immagina il piacere delle conversazioni, il sorriso sui volti degli altri e la sensazione di essere ben accolto e apprezzato.

6. Integrazione della Visualizzazione nella Vita Quotidiana

Integrare la visualizzazione positiva nella vita quotidiana può amplificarne i benefici. Utilizza brevi momenti di visualizzazione prima di affrontare situazioni stressanti. Ad esempio, prima di una riunione importante, prenditi qualche minuto per visualizzare te stesso che gestisci l'incontro con competenza e sicurezza. Questa pratica non solo prepara la tua mente, ma ti aiuta anche a ridurre l'ansia e ad aumentare la tua fiducia.

Conclusione

La visualizzazione positiva è uno strumento potente per trasformare la mente e superare le paure. Attraverso la creazione di immagini mentali dettagliate e il coinvolgimento delle emozioni positive, puoi riprogrammare la tua mente a credere nei risultati positivi. La pratica regolare e l'integrazione della visualizzazione nella vita quotidiana possono portare a una maggiore autostima, coraggio e resilienza. Ricorda, la chiave è la consistenza: più pratichi, più rafforzi la tua mente a vedere il successo e la positività come parte naturale della tua vita.

7. Affrontare le Sfide con un'Attitudine Positiva

Affrontare le sfide con un'attitudine positiva è una strategia fondamentale per superare le proprie paure e vivere una vita più serena e soddisfacente. L'attitudine positiva non è solo un pensiero ottimistico, ma un approccio attivo e consapevole alla vita che coinvolge il modo in cui percepiamo, interpretiamo e reagiamo agli eventi. Questo paragrafo esplorerà come coltivare e mantenere un'attitudine positiva di fronte alle difficoltà, fornendo tecniche pratiche ed esempi concreti per aiutarti a diventare una persona più forte e sicura.

1. Comprendere l'Attitudine Positiva

Un'attitudine positiva è la predisposizione mentale che ci porta a vedere le opportunità piuttosto che gli ostacoli, a concentrarci sulle soluzioni anziché sui problemi. Questo tipo di atteggiamento influisce direttamente sulla nostra capacità di affrontare le sfide. Quando manteniamo una prospettiva positiva, il nostro cervello è più predisposto a trovare soluzioni creative e a rimanere motivato anche di fronte alle difficoltà. Ad esempio, invece di pensare "Non posso farcela", una persona con un'attitudine positiva dirà "Posso trovare un modo per riuscirci".

2. Tecniche per Sviluppare un'Attitudine Positiva

Per sviluppare un'attitudine positiva, è utile adottare alcune pratiche quotidiane che rinforzano questa mentalità:

- **Gratitudine Quotidiana:** Ogni giorno, prenditi del tempo per riflettere su tre cose per cui sei grato. Questo semplice esercizio sposta l'attenzione dagli aspetti negativi della vita a quelli positivi, migliorando il tuo umore e la tua visione del mondo.

- **Affermazioni Positive:** Ripeti a te stesso frasi che rinforzano la tua fiducia e il tuo ottimismo, come "Sono capace di superare qualsiasi ostacolo" o "Ogni giorno divento una versione migliore di me stesso". Le affermazioni aiutano a programmare il subconscio con pensieri positivi e motivanti.

- **Visualizzazione del Successo:** Immagina te stesso mentre affronti con successo le sfide della tua vita. Visualizzare questi momenti positivi rafforza la tua fiducia e prepara la tua mente a realizzare ciò che desideri.

3. Gestire i Pensieri Negativi

Una parte cruciale nel mantenere un'attitudine positiva è la gestione dei pensieri negativi. Quando sorgono pensieri negativi, è importante riconoscerli senza giudizio e poi trasformarli in positivi. Ad esempio, se ti trovi a pensare "Non sono abbastanza bravo", cerca di sostituire questo pensiero con "Sto facendo del mio meglio e sto migliorando ogni giorno". Questo processo richiede pratica, ma col tempo diventerà una seconda natura.

4. Esempi di Attitudine Positiva nelle Sfide

Per comprendere meglio come un'attitudine positiva può fare la differenza, considera questi esempi:

- **Fallimento Professionale:** Dopo aver fallito un importante progetto di lavoro, una persona con un'attitudine positiva vede il fallimento come un'opportunità di apprendimento. Anziché abbattersi, analizza gli errori commessi, prende nota delle lezioni apprese e si prepara a fare meglio la prossima volta.

- **Difficoltà Personali:** Di fronte a una crisi personale, come la fine di una relazione, una persona con un'attitudine positiva si concentra sugli aspetti positivi della sua vita e utilizza l'esperienza come un'opportunità per crescere e diventare più forte emotivamente.

5. Il Potere delle Relazioni Positive

Circondarsi di persone positive può amplificare il proprio atteggiamento positivo. Le relazioni con amici, familiari e colleghi che incoraggiano e supportano possono fare una grande differenza nel modo in cui affronti le sfide. Cerca di coltivare relazioni con persone che vedono il bicchiere mezzo pieno e che ti spronano a vedere il meglio in ogni situazione.

6. Adottare un Approccio Proattivo

Un'attitudine positiva è strettamente legata a un approccio proattivo. Invece di aspettare che le cose accadano, prendi l'iniziativa per creare il cambiamento che desideri. Ad esempio, se senti di non avere abbastanza competenze in un'area, anziché rimanere passivo e scoraggiato, iscriviti a un corso o chiedi aiuto a qualcuno più esperto. La proattività è un segno di autostima e determinazione, qualità che si rafforzano con la pratica costante di un pensiero positivo.

Conclusione

Affrontare le sfide con un'attitudine positiva richiede consapevolezza, pratica e dedizione. Non si tratta di ignorare le difficoltà, ma di scegliere di vedere ogni sfida come un'opportunità di crescita e miglioramento. Adottando tecniche come la gratitudine quotidiana, le affermazioni positive e la visualizzazione del successo, puoi trasformare il tuo modo di pensare e diventare una persona più resiliente e sicura di sé. Circondati di persone positive e adotta un approccio proattivo per mantenere e rafforzare questa mentalità, rendendo ogni sfida un trampolino di lancio verso il successo e la realizzazione personale.

8. L'Importanza della Gratitudine

La gratitudine è uno degli strumenti più potenti e sottovalutati nel percorso verso il pensiero positivo. Praticare la gratitudine significa riconoscere e apprezzare ciò che di buono c'è nella nostra vita, concentrandosi sugli aspetti positivi piuttosto che su quelli negativi. Questo cambio di prospettiva può avere effetti profondi sul nostro benessere mentale ed emotivo, aiutandoci a vincere le paure e ad aumentare la nostra autostima.

1. Comprendere la Gratitudine

La gratitudine non è solo un'emozione, ma una pratica consapevole che può essere coltivata e sviluppata. Essere grati significa riconoscere le cose buone che accadono nella nostra vita, che si tratti di eventi grandi o piccoli. Questo riconoscimento ci aiuta a spostare l'attenzione dai problemi e dalle difficoltà quotidiane, migliorando il nostro umore e il nostro atteggiamento generale.

2. Benefici della Gratitudine

Numerosi studi scientifici hanno dimostrato che la gratitudine
ha molti benefici per la salute mentale e fisica. Le persone che
praticano la gratitudine regolarmente tendono a essere più
felici, meno stressate e più soddisfatte della loro vita. Inoltre, la
gratitudine è stata associata a una migliore qualità del sonno, a
una maggiore resilienza e a una riduzione dei sintomi di
depressione e ansia.

3. Tecniche per Coltivare la Gratitudine

Ci sono diverse tecniche che puoi utilizzare per coltivare la
gratitudine nella tua vita quotidiana:

- **Diario della Gratitudine:** Uno dei modi più efficaci per
  praticare la gratitudine è tenere un diario della
  gratitudine. Ogni giorno, dedica qualche minuto a
  scrivere tre cose per cui sei grato. Possono essere cose
  semplici come un buon pasto, un bel tramonto o un
  sorriso ricevuto da uno sconosciuto. Questo esercizio ti
  aiuta a concentrarti sugli aspetti positivi della tua
  giornata.

- **Riflessione Serale:** Prima di andare a letto, prenditi
  qualche minuto per riflettere sulla giornata appena
  trascorsa. Pensa a tutti i momenti positivi e alle cose per
  cui sei grato. Questo può aiutarti a concludere la
  giornata con una nota positiva e a migliorare la qualità
  del sonno.

- **Esprimere Gratitudine:** Non limitarti a sentirti grato, ma esprimi la tua gratitudine agli altri. Ringrazia le persone che hanno fatto qualcosa di bello per te, anche se è una piccola cosa. Questo non solo rafforza i tuoi legami sociali, ma ti aiuta anche a sentirti più connesso e supportato.

4. Gratitudine e Autostima

La gratitudine gioca un ruolo cruciale nel migliorare la nostra autostima. Quando riconosciamo le cose buone che accadono nella nostra vita e le attribuiamo a noi stessi e alle nostre capacità, aumentiamo il nostro senso di valore personale. Ad esempio, se sei grato per un successo lavorativo, riconosci che è stato il risultato del tuo impegno e delle tue competenze, rafforzando così la tua autostima.

5. Gratitudine e Resilienza

La gratitudine può anche aumentare la nostra resilienza, ovvero la capacità di affrontare e superare le difficoltà. Quando pratichiamo la gratitudine, diventiamo più consapevoli delle risorse e delle persone che ci supportano, il che ci dà la forza di affrontare le sfide. Inoltre, la gratitudine ci aiuta a mantenere una prospettiva positiva anche nei momenti difficili, rendendoci più capaci di vedere le opportunità nascoste nelle avversità.

6. Esempi Pratici di Gratitudine

Per comprendere meglio come la gratitudine può influenzare positivamente la nostra vita, ecco alcuni esempi pratici:

- **Relazioni Interpersonali:** Esprimere gratitudine nelle relazioni può rafforzare i legami e migliorare la comunicazione. Ad esempio, ringraziare il partner per il supporto ricevuto o un amico per la sua presenza può rafforzare il legame e creare un ambiente di reciproca apprezzamento.

- **Ambiente di Lavoro:** La gratitudine sul posto di lavoro può migliorare l'atmosfera lavorativa e aumentare la produttività. Ringraziare i colleghi per il loro aiuto e riconoscere i loro sforzi può creare un ambiente di lavoro più positivo e collaborativo.

7. Superare le Sfide con la Gratitudine

Anche nei momenti di difficoltà, la gratitudine può essere un potente alleato. Quando affronti una sfida, cerca di trovare almeno una cosa positiva in quella situazione. Questo non significa ignorare i problemi, ma cercare di vedere l'opportunità di crescita e apprendimento che ogni sfida porta con sé. Ad esempio, se hai perso un lavoro, puoi essere grato per l'opportunità di esplorare nuove carriere e scoprire nuove passioni.

8. La Gratitudine come Abitudine Quotidiana

Perché la gratitudine abbia un impatto duraturo sulla tua vita, è importante trasformarla in un'abitudine quotidiana. Inizia con piccoli passi, come scrivere un pensiero di gratitudine al giorno, e gradualmente aumenta la frequenza e la profondità della tua pratica. Con il tempo, la gratitudine diventerà una parte naturale del tuo modo di pensare e di vivere.

Conclusione

La gratitudine è un potente strumento per trasformare la tua vita e vincere le tue paure. Coltivare la gratitudine ti aiuta a concentrarti sugli aspetti positivi della vita, migliorando il tuo benessere mentale ed emotivo. Attraverso pratiche come il diario della gratitudine, la riflessione serale e l'espressione della gratitudine agli altri, puoi sviluppare un atteggiamento più positivo e resiliente. La gratitudine non solo aumenta la tua autostima, ma ti rende anche più forte di fronte alle sfide, trasformando ogni difficoltà in un'opportunità di crescita e miglioramento personale.

9. Creare un Ambiente Mentale Positivo

Creare un ambiente mentale positivo è essenziale per coltivare il pensiero positivo e affrontare le sfide della vita con coraggio e determinazione. Questo processo implica la gestione consapevole dei pensieri, delle emozioni e delle influenze esterne che contribuiscono al nostro stato mentale complessivo. Vediamo come possiamo creare e mantenere un ambiente mentale positivo attraverso tecniche pratiche e specifiche.

1. Selezione Consapevole delle Influenze Esterne

Il primo passo per creare un ambiente mentale positivo è essere consapevoli delle influenze esterne che assorbiamo quotidianamente. Questo include i media che consumiamo, le persone con cui interagiamo e gli ambienti in cui trascorriamo il nostro tempo. Evitare notizie negative e contenuti tossici sui social media può aiutare a ridurre l'ansia e lo stress. Circondarsi di persone positive e di supporto, che incoraggiano e ispirano, contribuisce a mantenere uno stato mentale elevato. Ad esempio, scegliere di trascorrere del tempo con amici che condividono la tua visione positiva della vita piuttosto che con individui pessimisti può fare una grande differenza.

2. Praticare l'Autodisciplina Mentale

L'autodisciplina mentale è la capacità di controllare i propri pensieri e di indirizzarli verso direzioni positive. Questo può essere sviluppato attraverso pratiche quotidiane come la meditazione e la mindfulness. La meditazione aiuta a calmare la mente e a focalizzare l'attenzione sul presente, riducendo il rimuginare su pensieri negativi. La mindfulness, d'altro canto, ci insegna a osservare i nostri pensieri senza giudizio, permettendoci di scegliere consapevolmente quali pensieri coltivare. Ad esempio, ogni volta che ti trovi a pensare in modo negativo, puoi praticare una tecnica di respirazione profonda per interrompere quel ciclo e sostituirlo con un pensiero positivo.

3. Utilizzare Affermazioni Positive

Le affermazioni positive sono frasi potenti che possono influenzare il nostro subconscio e trasformare il nostro modo di pensare. Ripetere quotidianamente affermazioni come "Sono capace di superare qualsiasi ostacolo" o "Merito di essere felice e realizzato" può aiutare a rafforzare la fiducia in se stessi e a mantenere una mentalità positiva. È importante che queste affermazioni siano credibili e rilevanti per te, in modo che possano avere un impatto significativo sulla tua mente.

4. Creare Spazi di Pensiero Positivo

Oltre a gestire le influenze esterne, è utile creare spazi fisici che promuovano il pensiero positivo. Questo può significare avere un angolo di casa dedicato alla meditazione o alla lettura di libri ispiratori, decorato con oggetti che ti portano gioia e tranquillità. Un ambiente ordinato e piacevole può influenzare positivamente il tuo stato d'animo e la tua capacità di pensare positivamente.

5. Gestire lo Stress in Modo Proattivo

Lo stress è uno dei principali ostacoli alla creazione di un ambiente mentale positivo. Gestire lo stress in modo proattivo attraverso tecniche come l'esercizio fisico, lo yoga e le tecniche di rilassamento può aiutare a mantenere la mente chiara e positiva. Ad esempio, fare una passeggiata all'aria aperta ogni giorno può ridurre significativamente i livelli di stress e migliorare il tuo stato mentale.

6. Riconoscere e Festeggiare i Progressi

Riconoscere e festeggiare i tuoi progressi, anche i più piccoli, è fondamentale per mantenere un ambiente mentale positivo. Ogni passo avanti, per quanto piccolo, è un segno di crescita e di miglioramento. Tenere un diario dei successi può aiutarti a rimanere motivato e a vedere il lato positivo del tuo percorso. Ad esempio, ogni sera potresti annotare tre cose di cui sei orgoglioso di aver fatto durante la giornata.

7. Imparare dalla Negatività

Anche se stiamo creando un ambiente mentale positivo, è inevitabile che si verifichino momenti di negatività. Invece di evitarli, possiamo imparare da essi. Chiediti cosa ti ha insegnato quell'esperienza negativa e come puoi utilizzare quella lezione per migliorare in futuro. Questo atteggiamento di apprendimento ti aiuta a vedere ogni sfida come un'opportunità di crescita piuttosto che come un ostacolo insormontabile.

8. Coltivare la Gratitudine Quotidiana

La gratitudine, come discusso nel paragrafo precedente, gioca un ruolo fondamentale nel mantenere un ambiente mentale positivo. Includere la pratica della gratitudine nella tua routine quotidiana può aiutarti a focalizzarti sugli aspetti positivi della tua vita e a mantenere una mentalità positiva. Ad esempio, puoi iniziare la giornata elencando tre cose per cui sei grato e riflettere su di esse per alcuni minuti.

9. Integrare la Positività nelle Attività Quotidiane

Infine, integrare la positività nelle attività quotidiane può fare una grande differenza. Ad esempio, puoi ascoltare musica motivazionale mentre lavori, leggere libri ispiratori durante il tuo tempo libero o guardare film che trasmettono messaggi positivi. Queste attività aiutano a nutrire la mente con pensieri positivi e a creare un ambiente mentale ottimista.

Conclusione

Creare un ambiente mentale positivo è un processo continuo che richiede impegno e pratica costante. Selezionare consapevolmente le influenze esterne, praticare l'autodisciplina mentale, utilizzare affermazioni positive e gestire lo stress sono tutte strategie efficaci per mantenere una mentalità positiva. Ricorda che ogni piccolo passo verso un pensiero più positivo contribuisce a migliorare la tua autostima, il tuo coraggio e la tua capacità di affrontare le sfide della vita con determinazione.

10. Esercizi di Pensiero Positivo per la Vita Quotidiana

Integrare il pensiero positivo nella vita quotidiana può trasformare profondamente il modo in cui affrontiamo le sfide e viviamo le esperienze. Gli esercizi pratici sono strumenti potenti per rafforzare una mentalità positiva e migliorare il nostro benessere generale. In questo paragrafo, esploreremo vari esercizi che puoi facilmente inserire nella tua routine quotidiana per coltivare e mantenere un atteggiamento positivo.

1. Diario della Gratitudine

Un esercizio fondamentale per sviluppare una mentalità positiva è tenere un diario della gratitudine. Ogni giorno, dedica alcuni minuti a scrivere tre cose per cui sei grato. Questi possono essere eventi specifici, persone nella tua vita, o semplicemente cose che hai notato durante la giornata. L'atto di riconoscere e registrare questi aspetti positivi aiuta a spostare la tua attenzione su ciò che funziona bene nella tua vita, piuttosto che su ciò che manca o su ciò che ti preoccupa. Per esempio, potresti annotare "Sono grato per il supporto del mio collega" o "Sono felice per la passeggiata che ho fatto oggi".

2. Visualizzazione Giornaliera

La visualizzazione positiva è un potente strumento per creare immagini mentali di successo e realizzazione. Ogni mattina, prima di iniziare la giornata, siediti in un luogo tranquillo e chiudi gli occhi. Immagina te stesso mentre raggiungi i tuoi obiettivi e affronti le sfide con successo. Visualizza ogni dettaglio, dai tuoi sentimenti di fiducia ai risultati concreti. Questo esercizio prepara la mente a focalizzarsi su risultati positivi e rafforza la tua convinzione nelle tue capacità. Ad esempio, se stai preparando una presentazione importante, visualizza te stesso mentre parli con sicurezza e ricevi feedback positivo dal pubblico.

3. Affermazioni Positive

Le affermazioni positive sono dichiarazioni che rinforzano la tua autostima e il tuo ottimismo. Scegli alcune affermazioni che risuonano con i tuoi obiettivi e le tue aspirazioni, e ripetile ogni giorno, preferibilmente davanti allo specchio. Frasi come "Sono capace di superare qualsiasi difficoltà" o "Merito successo e felicità" devono essere pronunciate con convinzione. Questo esercizio aiuta a riscrivere il tuo dialogo interno, spostandolo verso pensieri e convinzioni più costruttive.

4. Tecniche di Rilassamento e Mindfulness

La mindfulness e le tecniche di rilassamento sono strumenti efficaci per mantenere la mente positiva e ridurre lo stress. Dedica alcuni minuti al giorno alla meditazione o alla respirazione profonda. La mindfulness, che implica prestare attenzione al momento presente senza giudizio, aiuta a mantenere la mente libera da pensieri negativi e a migliorare il tuo stato d'animo. Puoi anche provare esercizi di rilassamento muscolare progressivo, che ti aiutano a liberarti della tensione e a focalizzarti su sensazioni positive.

5. Reframing dei Pensieri

Il reframing è una tecnica psicologica che ti aiuta a reinterpretare situazioni negative in una luce più positiva. Quando ti trovi di fronte a una difficoltà, chiediti come potresti vedere la situazione sotto una prospettiva più ottimistica. Per esempio, se hai avuto un fallimento sul lavoro, invece di concentrarti sul fallimento stesso, prova a considerare cosa hai imparato dall'esperienza e come puoi applicare queste lezioni in futuro. Questa tecnica non solo riduce la negatività ma rinforza anche una mentalità orientata alla crescita.

6. Impostazione degli Obiettivi

Stabilire obiettivi chiari e realistici è essenziale per mantenere una mentalità positiva. Gli obiettivi ti danno una direzione e un senso di scopo. Scrivi i tuoi obiettivi a breve e lungo termine e crea un piano d'azione dettagliato per raggiungerli. Assicurati di suddividere gli obiettivi più grandi in passi più piccoli e gestibili, e celebra ogni progresso. Questo esercizio ti aiuta a mantenere la motivazione alta e a concentrarti sui risultati positivi.

7. Pratica del Pensiero Riflessivo

Il pensiero riflessivo è l'abilità di esaminare le tue esperienze e pensieri con uno sguardo positivo e costruttivo. Ogni sera, rifletti sulle tue giornate e annota cosa è andato bene, quali successi hai ottenuto e quali miglioramenti puoi fare. Questo esercizio non solo ti aiuta a riconoscere i tuoi punti di forza e successi ma anche a migliorare continuamente il tuo approccio e la tua mentalità.

8. Circondarsi di Ispirazioni Positive

L'ambiente che ci circonda gioca un ruolo importante nel nostro stato d'animo. Circondati di oggetti, persone e ambienti che ti ispirano e ti rendono felice. Puoi decorare il tuo spazio di lavoro con citazioni motivazionali, immagini che ti piacciono e oggetti che ti ricordano i tuoi successi. L'esposizione a stimoli positivi rinforza continuamente una mentalità ottimistica.

9. Esercizi di Riconoscimento dei Successi

Ogni giorno, dedica del tempo a riconoscere e celebrare i tuoi successi, grandi e piccoli. Questo può includere la creazione di un "muro dei successi" dove appendi note che documentano le tue realizzazioni. Questo esercizio aiuta a consolidare la tua autostima e a mantenere la motivazione alta, facendo in modo che tu possa vedere concretamente i risultati positivi del tuo impegno.

10. Costruzione di una Rete di Supporto Positiva

Infine, costruire una rete di supporto positiva è cruciale per mantenere il pensiero positivo. Cerca persone che condividano valori simili e che ti incoraggino a raggiungere i tuoi obiettivi. Partecipare a gruppi o comunità con interessi comuni può offrire supporto e ispirazione. La connessione con individui che comprendono e sostengono il tuo percorso contribuisce a un ambiente mentale positivo e rinforza la tua resilienza.

Conclusione

Integrare questi esercizi di pensiero positivo nella tua vita quotidiana può fare una differenza significativa nel modo in cui affronti le sfide e vivi le esperienze. Ogni esercizio è progettato per rafforzare una mentalità positiva e migliorare il tuo benessere complessivo. Adottare queste pratiche regolarmente ti aiuterà a costruire una solida base di autostima, coraggio e forza interiore.

IV. Tecniche di Respirazione e Rilassamento

1. Fondamenti della Respirazione Profonda

La respirazione profonda è una tecnica fondamentale per il rilassamento e il controllo dello stress. Essa si basa sul principio di respirare in modo più lento e profondo rispetto al normale, influenzando positivamente il nostro stato emotivo e fisico. Comprendere e padroneggiare questa tecnica può essere un passo decisivo per affrontare e superare le paure, incrementare l'autostima e sviluppare una maggiore sicurezza personale.

Che cos'è la Respirazione Profonda?

La respirazione profonda, nota anche come respirazione diaframmatica o addominale, è un metodo che implica l'uso del diaframma, il muscolo situato alla base dei polmoni, per migliorare l'efficienza della respirazione. A differenza della respirazione superficiale, che coinvolge principalmente la parte superiore dei polmoni e può portare a una sensazione di ansia e stress, la respirazione profonda favorisce un maggiore apporto di ossigeno al corpo e promuove uno stato di calma.

Benefici della Respirazione Profonda

1. *Riduzione dello Stress:* **Riduzione dello Stress:** La respirazione profonda aiuta a stimolare il sistema nervoso parasimpatico, responsabile del riposo e del rilassamento. Questo può ridurre i livelli di cortisolo, l'ormone dello stress, e indurre una sensazione di tranquillità.

2. **Miglioramento della Concentrazione:** Respirare profondamente può aumentare l'afflusso di sangue al cervello, migliorando la concentrazione e la chiarezza mentale. Questo è particolarmente utile quando si affrontano situazioni che richiedono attenzione e decisioni rapide.

3. **Supporto alla Gestione delle Emozioni:** La respirazione profonda può aiutare a regolare le emozioni, migliorando la gestione dell'ansia e delle paure. Questo è essenziale per affrontare e superare le situazioni che possono causare disagio.

Tecnica di Base per la Respirazione Profonda

1. **Trova una Posizione Comoda:** Puoi eseguire l'esercizio di respirazione profonda seduto su una sedia comoda con la schiena dritta o sdraiato su un tappetino. Assicurati che la posizione sia rilassata ma che mantenga la colonna vertebrale allineata.

2. **Posiziona le Mani:** Metti una mano sul petto e l'altra sull'addome. Questo ti aiuterà a monitorare il movimento del diaframma e assicurarti che la respirazione sia profonda e non superficiale.

3. **Inspira Lentamente:** Inspira profondamente attraverso il naso, cercando di far gonfiare l'addome più che il petto. Conta fino a quattro mentre inspiri, assicurandoti che il respiro sia lento e controllato.

4. **Trattieni il Respiro:** Mantieni il respiro per un momento, se possibile, contando fino a quattro. Questo aiuta a stabilizzare il ritmo respiratorio e migliorare il controllo.

5. **Espira Completamente:** Espira lentamente attraverso la bocca, contando fino a sei. Senti l'addome che si sgonfia mentre espelli l'aria. L'espirazione deve essere più lunga dell'inspirazione per promuovere una maggiore sensazione di rilassamento.

6. **Ripeti il Ciclo:** Continua il ciclo di respirazione per alcuni minuti, cercando di mantenere la mente concentrata sulla respirazione e su una sensazione di calma.

Esempio Pratico

Immagina di trovarti in una situazione stressante, come un incontro importante o un discorso pubblico. Utilizzare la respirazione profonda prima e durante l'evento può aiutarti a ridurre l'ansia. Ecco come potresti applicare questa tecnica:

1. **Prima dell'Evento:** Trova un posto tranquillo, chiudi gli occhi e esegui la respirazione profonda per cinque minuti. Concentrati sull'inspirazione e sull'espirazione, visualizzando il respiro che riempie e svuota il tuo corpo.

2. **Durante l'Evento:** Se ti senti sopraffatto, ricorda di fare delle brevi pause per praticare la respirazione profonda. Questo ti permetterà di mantenere la calma e migliorare la tua performance.

Conclusione

La respirazione profonda è una tecnica semplice ma potente per migliorare il controllo delle emozioni e ridurre lo stress. Integrandola nella tua routine quotidiana, puoi sviluppare una maggiore consapevolezza del tuo stato emotivo e ottenere gli strumenti necessari per affrontare le paure e le sfide quotidiane con maggiore sicurezza.

2. Esercizio di Respirazione Diaframmatica

La respirazione diaframmatica è un metodo di respirazione che coinvolge l'uso del diaframma, un muscolo situato alla base dei polmoni. Questa tecnica non solo migliora l'efficienza del respiro, ma gioca anche un ruolo cruciale nella gestione dello stress e nel miglioramento del benessere generale. Approfondiamo come eseguire correttamente l'esercizio di respirazione diaframmatica e come questo possa aiutarti a gestire l'ansia e migliorare la tua sicurezza personale.

Concetti Fondamentali della Respirazione Diaframmatica

La respirazione diaframmatica, spesso chiamata anche respirazione addominale, si differenzia dalla respirazione toracica superficiale in quanto si concentra sull'espansione dell'addome piuttosto che del torace. Questo tipo di respirazione utilizza il diaframma per immettere una maggiore quantità di aria nei polmoni, favorendo una ventilazione più completa e una maggiore ossigenazione del sangue. A differenza della respirazione toracica, che è più superficiale e spesso associata a tensioni e stress, la respirazione diaframmatica promuove uno stato di rilassamento e calma.

Passaggi Dettagliati per la Respirazione Diaframmatica

1. *Preparazione:* **Preparazione:** Trova una posizione comoda, sia seduto che sdraiato. Se sei seduto, assicurati che la tua schiena sia dritta e che i piedi siano ben appoggiati a terra. Se sei sdraiato, usa un tappetino o una superficie comoda. Mantieni il corpo rilassato, ma con una postura eretta per facilitare il flusso dell'aria.

2. **Posizionamento delle Mani:** Metti una mano sulla parte superiore del torace e l'altra sulla parte inferiore dell'addome. Questo ti aiuterà a monitorare i movimenti e a garantire che la respirazione sia correttamente focalizzata sull'addome piuttosto che sul torace.

3. **Inspira attraverso il Naso:** Chiudi gli occhi e inizia a inspirare lentamente attraverso il naso, permettendo all'aria di riempire completamente il tuo addome. Dovresti avvertire un'espansione della pancia, mentre il torace rimane relativamente stabile. Conta fino a quattro mentre inspiri, per aiutarti a mantenere un ritmo regolare.

4. **Trattieni il Respiro:** Mantieni il respiro per un conteggio di due o tre secondi. Questo breve intervallo di pausa consente ai polmoni di riempirsi completamente e ai muscoli addominali di contrarsi leggermente, favorendo una maggiore efficienza respiratoria.

5. **Espira attraverso la Bocca:** Espira lentamente e completamente attraverso la bocca, facendo attenzione a svuotare i polmoni in modo graduale. Durante l'espirazione, contrai delicatamente i muscoli addominali per aiutare a espellere tutta l'aria. Conta fino a sei mentre espiri, per garantire una fuoriuscita controllata e completa dell'aria.

6. **Ripeti l'Esercizio:** Continua a eseguire questo ciclo di respirazione per cinque a dieci minuti. Puoi praticarlo più volte al giorno, soprattutto in momenti di stress o ansia, per ottenere il massimo beneficio.

Esempio Pratico di Applicazione

Supponiamo che tu stia preparando una presentazione importante e senti un aumento dell'ansia. Dedica cinque minuti alla respirazione diaframmatica prima di iniziare. Concentrati sull'espansione dell'addome e sull'espulsione lenta dell'aria per calmare la mente e stabilizzare il ritmo cardiaco. Questa pratica ti aiuterà a sentirti più centrato e sicuro, migliorando la tua performance e riducendo la tensione.

Benefici e Applicazioni della Respirazione Diaframmatica

La respirazione diaframmatica è particolarmente efficace nel ridurre i sintomi fisici dello stress, come tensioni muscolari e battito cardiaco accelerato. Inoltre, migliorando l'ossigenazione e riducendo il livello di cortisolo nel sangue, contribuisce a una sensazione di calma e rilassamento. Questa tecnica può essere integrata nella routine quotidiana per una gestione più efficace delle sfide quotidiane e delle situazioni di stress.

Conclusione

L'esercizio di respirazione diaframmatica è una tecnica semplice ma potente che può essere facilmente integrata nella tua routine quotidiana. Con la pratica regolare, potrai sviluppare una maggiore consapevolezza del tuo corpo e delle tue emozioni, migliorando la tua capacità di affrontare le paure e aumentando la tua autostima. Utilizzando questa tecnica in momenti di alta pressione, potrai trovare un senso di equilibrio e controllo che contribuirà a una vita più serena e sicura.

3. Tecnica del Respiro a 4-7-8

La Tecnica del Respiro a 4-7-8 è una pratica di respirazione sviluppata dal Dr. Andrew Weil, che si basa su principi di antiche pratiche di respirazione yoga e tecniche di rilassamento. Questo metodo è progettato per ridurre lo stress e l'ansia, migliorare la qualità del sonno e promuovere uno stato di calma e rilassamento. Utilizza una sequenza specifica di tempi di inspirazione, trattenimento ed espirazione per ottenere un effetto terapeutico profondo.

Fondamenti della Tecnica del Respiro a 4-7-8

La tecnica prende il nome dalla sequenza dei tempi di respirazione: 4 secondi per inspirare, 7 secondi per trattenere il respiro e 8 secondi per espirare. Questi tempi sono progettati per ottimizzare la funzione respiratoria e favorire un rilascio profondo dello stress. Ecco come si svolge la tecnica in dettaglio:

1. **Preparazione:** Trova una posizione comoda in cui rilassarti, preferibilmente seduto con la schiena dritta o sdraiato. Mantieni le spalle rilassate e la postura aperta. Chiudi gli occhi per minimizzare le distrazioni e concentrare la tua attenzione sulla respirazione.

2. **Inspirazione (4 secondi):** Inizia con un'inspirazione lenta e profonda attraverso il naso. Conta fino a 4 mentre inspiri. L'obiettivo è riempire i polmoni completamente, utilizzando il diaframma per massimizzare l'ingresso dell'aria. Durante questa fase, cerca di espandere l'addome piuttosto che il torace, per garantire una respirazione diaframmatica efficace.

3. **Trattenimento (7 secondi):** Dopo aver inspirato completamente, trattieni il respiro per un conteggio di 7 secondi. Questo intervallo di tempo consente al corpo di assorbire l'ossigeno e promuove una sensazione di calma. Durante il trattenimento, concentra la tua attenzione sul rilascio di eventuali tensioni e sul mantenimento di uno stato di rilassamento.

4. **Espirazione (8 secondi):** Espira lentamente e completamente attraverso la bocca, contando fino a 8. Durante l'espirazione, cerca di svuotare completamente i polmoni, rilasciando tutto l'aria accumulata. L'espirazione prolungata aiuta a ridurre la frequenza cardiaca e a stimolare il sistema nervoso parasimpatico, responsabile del rilassamento.

5. **Ripetizione:** Completa il ciclo di respirazione per un totale di 4-5 volte. Questo esercizio dovrebbe durare circa 2-3 minuti in totale. La pratica regolare della Tecnica del Respiro a 4-7-8 può contribuire significativamente alla riduzione dello stress e al miglioramento della qualità del sonno.

Benefici della Tecnica del Respiro a 4-7-8

I benefici della Tecnica del Respiro a 4-7-8 sono ampi e comprendono:

- **Riduzione dello Stress:** Il prolungato trattenimento dell'aria e l'espirazione controllata abbassano i livelli di cortisolo, l'ormone dello stress, e promuovono uno stato di rilassamento profondo.

- **Miglioramento della Qualità del Sonno:** Praticare questa tecnica prima di coricarsi aiuta a calmare la mente e a ridurre l'insonnia, favorendo un sonno più riposante.

- **Regolazione del Ritmo Cardiaco:** L'espirazione prolungata rallenta la frequenza cardiaca, contribuendo a una sensazione di tranquillità e stabilità.

- **Aumento della Consapevolezza e della Concentrazione:** La pratica regolare aiuta a migliorare la concentrazione e la consapevolezza del proprio corpo e delle proprie emozioni.

Esempi Pratici di Applicazione

Immagina di avere una giornata particolarmente stressante al lavoro. Prima di un incontro importante o dopo una riunione intensa, trova un momento per eseguire la Tecnica del Respiro a 4-7-8. Seduto in una zona tranquilla, segui i passaggi indicati e dedicati alcuni minuti alla respirazione. Questo ti aiuterà a ristabilire la calma e a affrontare le sfide con una mente più serena e focalizzata.

Inoltre, se hai difficoltà ad addormentarti la notte, prova a praticare questa tecnica nel letto, prima di chiudere gli occhi. La sequenza di respirazione favorirà un rilassamento profondo e ti aiuterà a preparare il corpo e la mente per una notte di sonno ristoratore.

Conclusione

La Tecnica del Respiro a 4-7-8 è uno strumento potente per la
gestione dello stress e il miglioramento della salute mentale.
Con la pratica regolare, potrai sperimentare benefici tangibili e
sviluppare una maggiore capacità di affrontare le sfide
quotidiane con calma e resilienza. Incorporando questa tecnica
nella tua routine, sarai meglio equipaggiato per mantenere un
equilibrio emotivo e fisico ottimale.

4. Il Metodo di Respirazione Alternata delle Narici

Il Metodo di Respirazione Alternata delle Narici, noto anche
come **Nadi Shodhana** in sanscrito, è una tecnica di
respirazione proveniente dalle tradizioni di yoga e meditazione.
Questo metodo è altamente efficace per equilibrare il sistema
nervoso, migliorare la concentrazione e promuovere una
sensazione di calma interiore. Utilizza una pratica di
respirazione che alterna il flusso d'aria tra le narici, stimolando
così diversi aspetti del sistema energetico e psicologico.

Fondamenti della Respirazione Alternata

Il Metodo di Respirazione Alternata delle Narici si basa sulla
premessa che il corpo e la mente sono influenzati dall'equilibrio
tra le due narici, che rappresentano i canali energetici del corpo
(nadi). La narice sinistra è associata al sistema nervoso
parasimpatico, che induce rilassamento e calma, mentre la
narice destra è collegata al sistema nervoso simpatico, che
stimola l'attività e la concentrazione. Alternare la respirazione
tra le narici aiuta a bilanciare queste due forze, promuovendo
uno stato di equilibrio e armonia.

Tecnica di Respirazione Alternata delle Narici

Ecco una guida dettagliata su come eseguire il Metodo di
Respirazione Alternata delle Narici:

1. **Preparazione:** Trova un luogo tranquillo dove non sarai disturbato. Siediti in una posizione comoda con la schiena dritta. Puoi sederti a gambe incrociate sul pavimento, su una sedia con i piedi appoggiati a terra, o su un cuscino di meditazione. Mantieni le spalle rilassate e la postura eretta.

2. **Posizione delle Mani:** Utilizza la mano destra per gestire la respirazione. Porta la mano destra al viso e piega l'indice e il medio verso il palmo, lasciando il pollice, l'anulare e il mignolo estesi. Il pollice sarà utilizzato per chiudere la narice destra, mentre l'anulare sarà utilizzato per chiudere la narice sinistra.

3. **Inizio della Respirazione:**

- **Chiudi la narice destra** con il pollice. Inspira lentamente e profondamente attraverso la narice sinistra, contando fino a 4 secondi.

- **Chiudi la narice sinistra** con l'anulare e rimuovi il pollice dalla narice destra. Espira completamente attraverso la narice destra, contando fino a 6 secondi.

- **Inspira attraverso la narice destra**, contando fino a 4 secondi.

- **Chiudi la narice destra** con il pollice e rimuovi l'anulare dalla narice sinistra. Espira attraverso la narice sinistra, contando fino a 6 secondi.

Questo completa un ciclo di respirazione. Ripeti il ciclo per 5-10 minuti, concentrandoti sul mantenere il ritmo regolare e profondo.

4. **Chiusura:** Al termine della sessione, siediti in silenzio per alcuni istanti, osservando le sensazioni nel corpo e nella mente. Nota eventuali cambiamenti nel tuo stato emotivo e nella tua percezione di rilassamento.

Benefici del Metodo di Respirazione Alternata

La pratica regolare della Respirazione Alternata delle Narici offre numerosi benefici psicologici e fisiologici, tra cui:

- **Equilibrio Energetico:** Alternando la respirazione tra le narici, il metodo bilancia i canali energetici del corpo, promuovendo l'armonia tra i sistemi nervosi simpatico e parasimpatico.

- **Riduzione dello Stress:** La tecnica aiuta a ridurre il livello di stress e ansia, calmando la mente e favorendo una sensazione di tranquillità.

- **Miglioramento della Concentrazione:** La pratica regolare migliora la concentrazione e la chiarezza mentale, grazie alla stimolazione delle aree cerebrali coinvolte nella focalizzazione e nella meditazione.

- **Regolazione della Pressione Arteriosa:** Aiuta a regolare la pressione arteriosa e a migliorare la funzione cardiovascolare attraverso la riduzione dello stress e il miglioramento della respirazione.

- **Sviluppo della Consapevolezza:** Aumenta la consapevolezza del proprio respiro e del proprio stato emotivo, promuovendo una maggiore comprensione di sé.

Applicazione Pratica nella Vita Quotidiana

Immagina di trovarti in una situazione di alta pressione, come una presentazione pubblica o un esame importante. Prima dell'evento, dedica alcuni minuti alla pratica del Metodo di Respirazione Alternata delle Narici. Questo non solo ti aiuterà a calmare i nervi, ma ti fornirà anche una maggiore chiarezza mentale e un senso di controllo.

Inoltre, puoi integrare questa tecnica nella tua routine quotidiana. Dedica 5 minuti al mattino o alla sera per eseguire la respirazione alternata. Questo ti aiuterà a iniziare e finire la giornata con una mente equilibrata e rilassata, migliorando complessivamente il tuo benessere.

Conclusione

Il Metodo di Respirazione Alternata delle Narici è una tecnica semplice ma potente per migliorare la tua salute mentale e fisica. Con la pratica regolare, potrai sperimentare una maggiore calma, equilibrio e concentrazione. Incorporare questa pratica nella tua vita quotidiana contribuirà a mantenere un senso di pace e stabilità, aiutandoti a gestire le sfide quotidiane con maggiore facilità e serenità.

5. Esercizi di Respirazione con Conto

Gli esercizi di respirazione con conto sono tecniche strutturate che utilizzano un conteggio regolare per guidare e ottimizzare il processo di respirazione. Questo metodo è particolarmente utile per ridurre lo stress, migliorare la concentrazione e promuovere uno stato di rilassamento profondo. Impiegando un conteggio specifico durante l'inspirazione, la pausa e l'espirazione, è possibile ottenere un controllo maggiore sul ritmo della respirazione e, di conseguenza, sui propri stati emotivi e fisici.

Fondamenti della Respirazione con Conto

Il principio alla base degli esercizi di respirazione con conto è che la mente e il corpo rispondono positivamente a un ritmo regolare e prevedibile. Utilizzare un conteggio durante la respirazione aiuta a stabilizzare il ritmo cardiaco, a calmare il sistema nervoso e a migliorare la capacità di focalizzazione. Questo metodo aiuta anche a ridurre l'ansia e a gestire meglio le emozioni.

Tecnica di Respirazione a 4-4-4

Un esercizio di respirazione comune e efficace è la respirazione a 4-4-4. Ecco come eseguirlo:

1. *Preparazione:* Trova un luogo tranquillo e siediti in una posizione comoda. Mantieni la schiena dritta e le spalle rilassate.

2. *Inspira:* Inspira lentamente e profondamente attraverso il naso contando fino a 4. Concentrati sull'espansione del diaframma e sull'apertura dei polmoni. Senti l'aria che riempie il tuo corpo e cerca di mantenere un ritmo regolare e costante.

3. **Pausa:** Tieni il respiro per un conteggio di 4. Durante questa pausa, visualizza l'aria che riempie i tuoi polmoni e cerca di mantenere la mente calma e serena. La pausa aiuta a stabilizzare il ritmo e a preparare il corpo per l'espirazione.

4. **Espira:** Espira lentamente attraverso la bocca o il naso contando fino a 4. Concentrati sul rilascio dell'aria e sulla sensazione di rilassamento che accompagna l'espirazione. Assicurati di espirare completamente per eliminare l'aria viziata dai polmoni.

5. **Ripeti:** Ripeti il ciclo per 5-10 minuti. Puoi eseguire questo esercizio più volte al giorno, a seconda delle tue esigenze e del livello di stress che stai affrontando.

Tecnica di Respirazione a 4-7-8

Un altro esercizio di respirazione con conto è la respirazione a 4-7-8, che può essere particolarmente utile per migliorare la qualità del sonno e ridurre l'ansia. Ecco come eseguire questa tecnica:

1. **Preparazione:** Siediti comodamente o sdraiati, assicurandoti di avere la schiena dritta e le spalle rilassate.

2. **Inspira:** Inspira lentamente attraverso il naso contando fino a 4. Senti l'aria che riempie il tuo addome e i tuoi polmoni, mantenendo un ritmo regolare e tranquillo.

3. **Pausa:** Tieni il respiro per un conteggio di 7. Durante
   questa pausa, cerca di mantenere la mente calma e
   concentrata. La pausa più lunga aiuta a stabilizzare il
   ritmo cardiaco e a promuovere uno stato di rilassamento
   profondo.

4. **Espira:** Espira completamente attraverso la bocca
   contando fino a 8. Fai attenzione a espirare lentamente e
   completamente, rilasciando tutta l'aria e le tensioni
   accumulate. La fase di espirazione lunga è essenziale per
   il rilassamento.

5. **Ripeti:** Ripeti il ciclo per 4-6 volte. Questo esercizio
   può essere particolarmente utile prima di andare a letto o
   durante i periodi di alta tensione.

Tecnica di Respirazione a 3-3-6

La respirazione a 3-3-6 è una tecnica semplice ma efficace che
può essere utilizzata per gestire l'ansia e migliorare la
concentrazione. Ecco come eseguirla:

1. **Preparazione:** Trova un luogo tranquillo e siediti con la
   schiena dritta e le spalle rilassate.

2. **Inspira:** Inspira lentamente attraverso il naso contando
   fino a 3. Assicurati di riempire i polmoni in modo
   uniforme e controllato.

3. **Pausa:** Tieni il respiro per un conteggio di 3. Mantieni
   la mente calma e concentrata durante questa pausa
   breve.

4. **Espira:** Espira lentamente attraverso la bocca o il naso contando fino a 6. L'espirazione più lunga aiuta a rilasciare l'aria viziata e a promuovere un rilassamento profondo.

5. **Ripeti:** Ripeti il ciclo per 5-10 minuti, a seconda delle tue esigenze. Questo esercizio è utile per calmare la mente e migliorare la tua capacità di affrontare situazioni stressanti.

Benefici degli Esercizi di Respirazione con Conto

Gli esercizi di respirazione con conto offrono numerosi benefici per la salute mentale e fisica, tra cui:

- **Riduzione dello Stress:** Aiutano a ridurre i livelli di stress e ansia, promuovendo un senso di calma e relax.

- **Miglioramento della Concentrazione:** Favoriscono una maggiore chiarezza mentale e concentrazione grazie al ritmo regolare e prevedibile.

- **Regolazione del Ritmo Cardiaco:** Contribuiscono a stabilizzare il ritmo cardiaco e a migliorare la funzione cardiovascolare.

- **Promozione del Relax:** Aiutano a raggiungere uno stato di rilassamento profondo, migliorando la qualità del sonno e il benessere generale.

Applicazione nella Vita Quotidiana

Gli esercizi di respirazione con conto possono essere integrati facilmente nella tua routine quotidiana. Dedica alcuni minuti al mattino e alla sera per eseguire questi esercizi, oppure utilizzali durante i momenti di alta pressione o stress. Ad esempio, puoi praticare la respirazione a 4-4-4 prima di una riunione importante o la respirazione a 4-7-8 prima di andare a letto per migliorare la qualità del sonno.

Incorporare questi esercizi nella tua vita quotidiana ti aiuterà a gestire meglio lo stress, a migliorare la tua concentrazione e a promuovere un benessere generale. Con la pratica regolare, potrai sperimentare i benefici di una respirazione controllata e consapevole, contribuendo a un equilibrio migliore tra mente e corpo.

6. Tecniche di Rilassamento Muscolare Progressivo

Il rilassamento muscolare progressivo (RMP) è una tecnica terapeutica sviluppata negli anni '30 dallo psicologo Edmund Jacobson. Questa tecnica si basa sull'idea che la tensione muscolare e lo stress siano strettamente interconnessi e che rilassare i muscoli possa contribuire a ridurre l'ansia e promuovere il benessere generale. Il rilassamento muscolare progressivo implica la contrazione e il successivo rilascio di tensione nei gruppi muscolari del corpo, favorendo un profondo stato di rilassamento.

Fondamenti del Rilassamento Muscolare Progressivo

La tecnica del rilassamento muscolare progressivo si basa su alcuni principi fondamentali:

1. **Consapevolezza Corporea:** Il RMP richiede una consapevolezza dettagliata delle sensazioni di tensione e rilassamento nei muscoli. Imparare a riconoscere la differenza tra tensione e rilassamento è essenziale per utilizzare questa tecnica in modo efficace.

2. **Contrazione e Rilascio:** Durante l'esercizio, i muscoli vengono contratti intenzionalmente per un breve periodo di tempo e poi rilasciati. Questo processo aiuta a sciogliere le tensioni accumulate e a favorire un rilassamento profondo.

3. **Ritmo Regolare:** Il RMP prevede un ritmo regolare di contrazione e rilascio, che aiuta a stabilizzare la risposta del corpo allo stress e a promuovere uno stato di calma.

4. **Focalizzazione Mentale:** Mentre esegui il RMP, è importante mantenere la mente focalizzata sulle sensazioni corporee. Questo aiuta a prevenire distrazioni e a mantenere il focus sul processo di rilassamento.

Tecnica di Rilassamento Muscolare Progressivo

Per praticare il rilassamento muscolare progressivo, segui questi passaggi:

1. **Preparazione:** Trova un luogo tranquillo e confortevole dove non sarai disturbato. Siediti o sdraiati in una posizione comoda, mantenendo la schiena dritta e le spalle rilassate.

2. **Rilassamento dei Piedi e delle Gambe:** Inizia con i piedi. Contrai i muscoli dei piedi e delle gambe spingendo le dita dei piedi verso il basso e sollevando le gambe. Mantieni la contrazione per 5-10 secondi, poi rilascia lentamente. Nota la differenza tra la tensione e il rilascio. Ripeti il processo per entrambe le gambe.

3. **Rilassamento delle Mani e dei Braccia:** Passa alle mani e alle braccia. Stringi le mani in pugni e contrai i muscoli delle braccia. Mantieni la contrazione per 5-10 secondi, poi rilascia lentamente. Concentrati sulle sensazioni di rilassamento che seguono. Ripeti il processo per entrambe le braccia.

4. **Rilassamento delle Spalle e del Collo:** Solleva le spalle verso le orecchie e contrai i muscoli del collo. Mantieni la contrazione per 5-10 secondi, poi rilascia lentamente. Nota la sensazione di rilascio e rilassamento. Ripeti l'esercizio per entrambe le spalle.

5. **Rilassamento del Viso:** Contrai i muscoli del viso, sollevando le sopracciglia e serrando le labbra. Mantieni la contrazione per 5-10 secondi, poi rilascia lentamente. Concentrati sul rilascio delle tensioni e sulla sensazione di relax. Ripeti l'esercizio per il viso.

6. **Rilassamento Completo:** Dopo aver lavorato su tutti i gruppi muscolari principali, dedica alcuni minuti per concentrarti sul rilassamento completo. Chiudi gli occhi, respira profondamente e nota la sensazione di rilassamento che si è diffusa in tutto il corpo. Lascia che il tuo corpo si abitui alla sensazione di calma e tranquillità.

Benefici del Rilassamento Muscolare Progressivo

Il rilassamento muscolare progressivo offre numerosi benefici per la salute mentale e fisica, tra cui:

- **Riduzione dello Stress:** Aiuta a ridurre i livelli di stress e ansia, favorendo uno stato di calma e rilassamento.

- **Miglioramento del Sonno:** Promuove un sonno più profondo e ristoratore grazie alla riduzione delle tensioni muscolari.

- **Alleviamento del Dolore:** Può contribuire a ridurre la percezione del dolore muscolare e a migliorare la gestione del dolore cronico.

- **Aumento della Consapevolezza Corporea:** Migliora la consapevolezza delle sensazioni corporee e delle tensioni, contribuendo a una migliore gestione dello stress.

Applicazione nella Vita Quotidiana

Il rilassamento muscolare progressivo può essere facilmente integrato nella tua routine quotidiana. Dedica alcuni minuti al giorno per eseguire gli esercizi, preferibilmente al mattino e alla sera. Puoi anche utilizzare questa tecnica durante i momenti di alta tensione o stress, come prima di una riunione importante o dopo una giornata particolarmente impegnativa.

Incorporare il rilassamento muscolare progressivo nella tua vita quotidiana ti aiuterà a gestire meglio lo stress, a migliorare la tua capacità di rilassarti e a promuovere un benessere generale. Con la pratica regolare, potrai sperimentare i benefici di una maggiore consapevolezza corporea e di un rilassamento profondo, contribuendo a un equilibrio migliore tra mente e corpo.

7. Meditazione Guidata per il Rilassamento

La meditazione guidata è una pratica potente per il rilassamento che combina elementi di visualizzazione, consapevolezza e guida verbale per aiutare a raggiungere uno stato di calma e tranquillità. Utilizzata da secoli nelle tradizioni orientali e adattata nella psicologia moderna, la meditazione guidata può essere uno strumento efficace per ridurre lo stress, migliorare la concentrazione e promuovere il benessere psicofisico. Questo metodo è particolarmente utile per chi cerca un aiuto pratico per affrontare le proprie paure e ottenere maggiore controllo sulla propria mente e sul proprio corpo.

Cos'è la Meditazione Guidata?

La meditazione guidata è una pratica in cui un istruttore, sia in persona che tramite registrazioni audio o video, guida il praticante attraverso una serie di esercizi mentali e di rilassamento. La guida verbale aiuta a focalizzare l'attenzione su specifiche tecniche di rilassamento, pensieri positivi o visualizzazioni, facilitando l'accesso a uno stato di rilassamento profondo e di consapevolezza.

Benefici della Meditazione Guidata

La meditazione guidata offre numerosi benefici, tra cui:

1. **Riduzione dello Stress:** Attraverso l'induzione di uno stato di rilassamento profondo, la meditazione guidata può abbassare i livelli di cortisolo, l'ormone dello stress, e ridurre la risposta fisiologica allo stress.

2. **Miglioramento del Sonno:** Praticare la meditazione guidata prima di andare a letto può aiutare a calmare la mente e migliorare la qualità del sonno.

3. **Aumento della Consapevolezza:** Promuove una maggiore consapevolezza del momento presente, aiutando a ridurre la preoccupazione per il passato e l'ansia per il futuro.

4. **Gestione dell'Ansia:** Fornisce strumenti per affrontare e ridurre l'ansia, migliorando la capacità di gestire le situazioni stressanti.

5. **Miglioramento della Concentrazione:** Allenando la mente a focalizzarsi su specifici pensieri o visualizzazioni, migliora la capacità di concentrazione e attenzione.

Tecniche di Meditazione Guidata

La meditazione guidata può variare notevolmente in base alla tecnica e agli obiettivi, ma generalmente segue questi passaggi:

1. **Preparazione:** Trova un luogo tranquillo e confortevole dove non sarai disturbato. Siediti o sdraiati in una posizione comoda con la schiena dritta e le mani rilassate sulle ginocchia o lungo i fianchi. Chiudi gli occhi e inizia a respirare profondamente, concentrandoti sul ritmo del respiro.

2. **Focalizzazione sulla Respirazione:** Inizia la meditazione guidata concentrandoti sul tuo respiro. Respira profondamente attraverso il naso, permettendo all'addome di espandersi, e poi espira lentamente attraverso la bocca. Senti il flusso dell'aria e nota come il tuo corpo si rilassa ad ogni espirazione. Continua a respirare profondamente e regolarmente.

3. **Visualizzazione:** Immagina un luogo sereno e tranquillo. Può essere una spiaggia, una foresta, o qualsiasi altro ambiente che ti faccia sentire a tuo agio. Visualizza i dettagli di questo luogo: i colori, i suoni, i profumi. Permetti a te stesso di immergerti completamente in questa visualizzazione, sentendo la pace e la tranquillità che esso ti offre.

4. **Guida Verbale:** Segui la guida verbale che ti accompagnerà attraverso la meditazione. Questo può includere istruzioni per rilassare specifici gruppi muscolari, visualizzazioni di immagini positive o affermazioni motivazionali. La guida verbale ti aiuta a mantenere la concentrazione e ad approfondire il rilassamento.

5. **Rilascio e Accettazione:** Durante la meditazione, accogli qualsiasi pensiero o sensazione che possa emergere senza giudicarlo. Se la mente inizia a vagare, riportala gentilmente al respiro o alla visualizzazione guidata. Impara a riconoscere e accettare i pensieri senza attaccamento, lasciandoli andare con ogni espirazione.

6. **Conclusione:** Quando la sessione di meditazione sta per concludersi, fai un respiro profondo e lentamente riporta l'attenzione al presente. Apri gli occhi gradualmente e prenditi un momento per notare come ti senti. Prendi nota delle sensazioni di rilassamento e di calma che puoi portare con te nella vita quotidiana.

Integrazione della Meditazione Guidata nella Vita Quotidiana

Per ottenere i massimi benefici dalla meditazione guidata, è utile integrarla nella tua routine quotidiana. Dedica 10-20 minuti al giorno alla pratica della meditazione guidata, preferibilmente al mattino per iniziare la giornata con una mente chiara, o alla sera per rilassarti prima di andare a letto. Puoi utilizzare app di meditazione, registrazioni audio o video guidati, o partecipare a sessioni di meditazione di gruppo.

Incorporare la meditazione guidata nella tua vita ti aiuterà a sviluppare una maggiore resilienza alle sfide quotidiane, migliorare la tua capacità di rilassarti e promuovere un equilibrio tra mente e corpo. Con la pratica costante, potrai sperimentare una maggiore tranquillità interiore e una gestione più efficace dello stress e delle emozioni.

8. Visualizzazione e Respirazione per Ridurre lo Stress

La combinazione di visualizzazione e respirazione è una tecnica potente per ridurre lo stress e migliorare il benessere psicofisico. Entrambe le pratiche lavorano sinergicamente per calmare la mente, rilassare il corpo e promuovere uno stato di tranquillità interiore. Questo approccio integrato non solo aiuta a gestire il carico emotivo e fisico dello stress, ma favorisce anche un equilibrio mentale e una maggiore resilienza alle sfide quotidiane.

Cos'è la Visualizzazione?

La visualizzazione è una tecnica che consiste nell'immaginare mentalmente scenari o immagini positive per influenzare il proprio stato emotivo e fisico. Attraverso la visualizzazione, si può creare una realtà mentale che promuove il rilassamento e il benessere. Le immagini mentali sono utilizzate per ridurre l'ansia, migliorare la concentrazione e stimolare il corpo a rispondere in modo più positivo agli stimoli stressanti.

Cos'è la Respirazione per il Rilassamento?

La respirazione per il rilassamento implica l'uso di tecniche respiratorie deliberate per calmare il sistema nervoso e ridurre la tensione. Questo include l'inspirazione e l'espirazione profonde, l'uso del diaframma e il controllo del ritmo respiratorio. La respirazione lenta e profonda può attivare il sistema nervoso parasimpatico, responsabile della risposta di rilassamento del corpo, riducendo così i livelli di stress e ansia.

Sinergia tra Visualizzazione e Respirazione

Quando visualizzazione e respirazione sono integrate, si ottiene un effetto potenziato. La respirazione profonda prepara il corpo e la mente a entrare in uno stato di rilassamento, mentre la visualizzazione offre uno scenario positivo e rassicurante nel quale il corpo può liberarsi dallo stress accumulato. Combinare queste tecniche crea un ciclo virtuoso di calma e serenità, migliorando significativamente la gestione dello stress.

Tecnica Combinata di Visualizzazione e Respirazione

1. **Preparazione:** Trova un luogo tranquillo e comodo dove non sarai disturbato. Siediti o sdraiati in una posizione che ti permetta di rilassarti completamente. Chiudi gli occhi e inizia a prendere alcuni respiri profondi e lenti, concentrandoti sul ritmo del respiro. Ogni volta che espiri, immagina di liberarti delle tensioni e dello stress.

2. **Respirazione Profonda:** Inizia a praticare la respirazione diaframmatica. Inspira lentamente attraverso il naso, facendo espandere l'addome, e trattieni il respiro per un paio di secondi. Espira lentamente attraverso la bocca, sentendo il corpo che si rilassa ulteriormente ad ogni espirazione. Ripeti questo ciclo per 3-5 minuti, mantenendo un ritmo regolare e profondo.

3. **Inizio della Visualizzazione:** Mentre continui a respirare profondamente, inizia a visualizzare un luogo tranquillo e sereno che ti faccia sentire a tuo agio. Può essere una spiaggia deserta, una foresta incantata o un campo di fiori. Immagina di trovarti in questo luogo, prestando attenzione ai dettagli come i colori, i suoni e i profumi. Senti la pace e la tranquillità che questo ambiente ti offre.

4. **Integra la Sensazione di Relax:** Combina l'immagine mentale con la respirazione profonda. Ogni volta che inspiri, immagina di assorbire la serenità e la pace del tuo ambiente immaginario. Ogni volta che espiri, immagina di espellere lo stress e le preoccupazioni. Permetti che questa sensazione di rilassamento penetri in ogni cellula del tuo corpo.

5. **Consolidamento e Ritorno al Presente:** Dopo aver praticato la visualizzazione e la respirazione per circa 10-15 minuti, inizia a riportare la tua attenzione al momento presente. Fai alcuni respiri profondi e apri lentamente gli occhi. Nota come ti senti e cerca di mantenere la calma e la serenità che hai sperimentato durante la pratica.

Applicazione della Tecnica nella Vita Quotidiana

Integrando questa tecnica nella tua routine quotidiana, puoi ottenere numerosi benefici. Dedica qualche minuto ogni giorno a praticare la combinazione di visualizzazione e respirazione, preferibilmente al mattino per iniziare la giornata con una mente serena, o alla sera per prepararti a un sonno riposante. Puoi anche utilizzare questa tecnica durante situazioni stressanti o quando senti che l'ansia sta crescendo.

L'uso regolare della visualizzazione e della respirazione per ridurre lo stress ti aiuterà a sviluppare una maggiore consapevolezza delle tue emozioni, migliorare la gestione dello stress e favorire un equilibrio mentale duraturo. Questa pratica ti fornisce gli strumenti necessari per affrontare le sfide quotidiane con calma e resilienza, migliorando la qualità della tua vita complessiva.

9. Pratiche di Rilassamento per il Sonno

Il sonno è fondamentale per il benessere psicofisico, e pratiche di rilassamento efficaci possono svolgere un ruolo cruciale nel migliorare la qualità del riposo notturno. Per molte persone, la difficoltà a dormire è spesso legata a stress, ansia e pensieri incessanti che impediscono di raggiungere uno stato di rilassamento profondo. Implementare tecniche di rilassamento specifiche prima di coricarsi può aiutare a calmare la mente e preparare il corpo a un sonno rigenerante.

Perché il Rilassamento è Cruciale per il Sonno

Il rilassamento prima di andare a letto è essenziale per segnalare al corpo che è il momento di prepararsi per il sonno. Quando siamo stressati o ansiosi, il nostro corpo produce ormoni dello stress come il cortisolo, che può interferire con il ciclo del sonno e rendere difficile addormentarsi. Tecniche di rilassamento mirate possono ridurre i livelli di stress e favorire una transizione più fluida verso il sonno.

Tecniche di Rilassamento Efficaci per Favorire il Sonno

1. *Respirazione Profonda e Lenta:* La respirazione profonda è una tecnica molto efficace per calmare la mente e preparare il corpo al sonno. Siediti o sdraiati in una posizione comoda e chiudi gli occhi. Inizia con un respiro profondo attraverso il naso, contando fino a quattro, e poi espira lentamente attraverso la bocca, contando fino a sei. Concentrati sul ritmo del tuo respiro e ripeti questo esercizio per 5-10 minuti. La respirazione lenta aiuta a ridurre il battito cardiaco e abbassa i livelli di stress, rendendo più facile addormentarsi.

2. **Tecnica del Body Scan:** La tecnica del body scan è una pratica di rilassamento che prevede la scansione del corpo per individuare e rilasciare la tensione accumulata. Sdraiati in un ambiente tranquillo e chiudi gli occhi. Inizia concentrandoti sui tuoi piedi e, lentamente, risali lungo il corpo, prestando attenzione a ogni parte e notando eventuali tensioni. Immagina di respirare rilassamento in ogni zona e di espirare la tensione. Questa pratica aiuta a connettersi con il proprio corpo e favorisce uno stato di relax profondo.

3. **Visualizzazione di Scenari Tranquilli:** La visualizzazione è un'altra tecnica utile per il rilassamento prima di coricarsi. Immagina un luogo calmo e piacevole, come una spiaggia tranquilla o una foresta silenziosa. Cerca di visualizzare ogni dettaglio di questo ambiente, dai colori ai suoni, fino ai profumi. Questa tecnica aiuta a spostare la mente dai pensieri stressanti e a creare un'atmosfera mentale rilassante che facilita l'addormentamento.

4. **Esercizi di Rilassamento Muscolare Progressivo:** Questo metodo prevede il rilassamento graduale dei gruppi muscolari, iniziando dalle estremità e risalendo verso il centro del corpo. Sdraiati e chiudi gli occhi. Contrai e rilassa ogni gruppo muscolare, partendo dai piedi e risalendo fino alla testa. Mantieni la contrazione per 5-10 secondi e poi rilascia lentamente. Questo esercizio riduce la tensione muscolare e promuove un senso di relax che può aiutare a prepararsi per il sonno.

5. **Creare una Routine di Pre-Sonno:** Stabilire una routine di rilassamento coerente può segnare al corpo che è ora di prepararsi per il sonno. Dedica gli ultimi 30-60 minuti prima di coricarti a pratiche che favoriscono il relax, come leggere un libro, fare un bagno caldo o ascoltare musica tranquilla. Evita attività stimolanti come l'uso di dispositivi elettronici, poiché la luce blu emessa può interferire con la produzione di melatonina, l'ormone del sonno.

6. **Tecniche di Mindfulness e Meditazione:** La mindfulness e la meditazione sono strumenti potenti per ridurre lo stress e migliorare la qualità del sonno. Pratica la meditazione guidata o la mindfulness concentrandoti su respiri lenti e profondi e sul presente. Questo aiuta a calmare la mente e a prevenire che i pensieri preoccupanti interferiscano con il tuo riposo. Puoi trovare meditazioni specifiche per il sonno attraverso app di meditazione o registrazioni audio.

7. **Uso di Oli Essenziali e Aromaterapia:** L'aromaterapia utilizza oli essenziali per influenzare il benessere e può essere molto utile per favorire il sonno. Gli oli essenziali come la lavanda e la camomilla sono noti per le loro proprietà rilassanti. Puoi utilizzare un diffusore di oli essenziali nella tua camera da letto o aggiungere alcune gocce di olio essenziale a un bagno caldo. Questi profumi aiutano a creare un ambiente calmante e favorevole al sonno.

8. **Regolare l'Ambiente di Sonno:** L'ambiente della tua camera da letto gioca un ruolo cruciale nella qualità del sonno. Assicurati che la stanza sia fresca, buia e silenziosa. Usa tende oscuranti per bloccare la luce esterna e considera l'uso di tappi per le orecchie o di una macchina per il rumore bianco se il rumore ambientale è un problema. Un ambiente confortevole contribuisce a un sonno più profondo e riposante.

9. **Tecnica del Rilassamento Guidato:** La tecnica del rilassamento guidato prevede l'uso di audio o video che guidano attraverso esercizi di rilassamento. Puoi trovare risorse online che offrono sessioni di rilassamento specificamente progettate per migliorare il sonno. Questi guidano attraverso tecniche di respirazione, visualizzazione e rilassamento muscolare, aiutandoti a entrare in uno stato di relax più rapidamente.

10. **Evitare Stimolanti e Caffeina:** Per favorire un buon sonno, è importante evitare stimolanti e caffeina nelle ore serali. La caffeina, presente in caffè, tè e bevande energetiche, può interferire con la capacità di addormentarsi. Cerca di limitare il consumo di questi stimolanti almeno 4-6 ore prima di andare a letto per migliorare la qualità del tuo sonno.

Implementazione nella Routine Quotidiana

Integrare queste pratiche di rilassamento nella tua routine serale può migliorare notevolmente la qualità del tuo sonno. Prova diverse tecniche per scoprire quali funzionano meglio per te e personalizza la tua routine in base alle tue esigenze. La coerenza è fondamentale, quindi cerca di mantenere una routine di rilassamento regolare per massimizzare i benefici.

10. Integrazione delle Tecniche di Respirazione nella Vita Quotidiana

Incorporare le tecniche di respirazione nella vita quotidiana può trasformare profondamente la nostra capacità di gestire lo stress, migliorare il benessere generale e incrementare l'autoefficacia. Queste tecniche non sono solo strumenti utili per momenti di crisi, ma possono diventare pratiche abituali che potenziano la nostra resilienza e migliorano la qualità della vita. Ecco come integrare efficacemente le tecniche di respirazione nella routine quotidiana.

1. Stabilire Momenti Specifici per la Pratica

Per rendere la respirazione una parte integrata della tua vita, è utile stabilire momenti specifici durante la giornata per praticarla. Puoi iniziare con brevi sessioni di respirazione ogni mattina appena sveglio e ogni sera prima di andare a letto. Ad esempio, dedica 5 minuti al risveglio per eseguire la respirazione diaframmatica o la tecnica del respiro a 4-7-8. Questi momenti aiutano a iniziare e terminare la giornata con un senso di calma e centratura. Pianifica anche delle brevi pause durante la giornata lavorativa per praticare la respirazione profonda, soprattutto nei momenti di maggiore stress.

2. Integrare la Respirazione nelle Attività Quotidiane

Le tecniche di respirazione possono essere integrate in attività quotidiane per migliorare il benessere generale. Per esempio, durante le pause caffè o pranzo, pratica la respirazione profonda per alcuni minuti. Questo aiuta a rilassarsi e a migliorare la concentrazione per il resto della giornata. Inoltre, puoi applicare la respirazione alternata delle narici mentre sei in attesa o in situazioni di stress, come in fila o durante una riunione importante. La chiave è sfruttare ogni occasione possibile per esercitarsi e trarne beneficio.

3. Utilizzare la Respirazione per Gestire Situazioni Stressanti

Le tecniche di respirazione sono particolarmente efficaci nella gestione dello stress improvviso e dell'ansia. Quando ti trovi di fronte a una situazione stressante, come una presentazione o una discussione difficile, utilizza la respirazione profonda per calmare la mente e ridurre l'ansia. Ad esempio, durante una presentazione, puoi fare delle pause brevi e discrete per eseguire la respirazione a 4-7-8, il che aiuta a mantenere la lucidità e a migliorare le performance. Essere consapevoli di queste tecniche ti permette di usarle efficacemente quando ne hai più bisogno.

4. Incorporare la Respirazione nella Routine di Esercizio

Combinare tecniche di respirazione con l'esercizio fisico può potenziare i benefici di entrambe le pratiche. Durante l'attività fisica, presta attenzione alla tua respirazione. Ad esempio, mentre fai jogging, sincronizza la tua respirazione con i passi per ottimizzare l'ossigenazione e ridurre la fatica. Prima di iniziare un allenamento, dedica alcuni minuti alla respirazione diaframmatica per preparare il corpo e la mente all'esercizio. Questo non solo migliora la performance fisica ma riduce anche il rischio di infortuni.

5. Creare un Ambiente Rilassante a Casa

Per facilitare la pratica della respirazione quotidiana, crea un ambiente a casa che promuova il rilassamento. Dedica uno spazio tranquillo e confortevole per le tue sessioni di respirazione, magari utilizzando cuscini o una sedia comoda. Aggiungi elementi che favoriscono la calma, come candele profumate, oli essenziali o musica soft. Questo ambiente rilassante aiuterà a rendere le sessioni di respirazione un'abitudine piacevole e sostenibile.

6. Incorporare la Respirazione nei Momenti di Riposo

Sfrutta i momenti di riposo per praticare tecniche di respirazione. Ad esempio, prima di addormentarti, esegui un esercizio di rilassamento con la respirazione profonda o visualizzazione. Questo non solo facilita l'addormentamento ma migliora la qualità del sonno. Durante i momenti di relax, come la lettura o un bagno caldo, pratica la respirazione lenta per migliorare il tuo stato di tranquillità e rendere questi momenti ancora più rigeneranti.

7. Educare Altri alla Respirazione

Condividere le tecniche di respirazione con familiari, amici o colleghi può ampliare i benefici e creare un ambiente di supporto. Puoi insegnare semplici esercizi di respirazione a chi ti sta vicino, promuovendo così una cultura di benessere. Ad esempio, organizzare brevi sessioni di respirazione di gruppo o incorporarle nelle pause lavoro può essere un modo efficace per migliorare il clima complessivo e ridurre lo stress collettivo.

8. Monitorare e Valutare i Progressi

Tieni traccia dei tuoi progressi con la pratica della respirazione. Usa un diario o un'app per annotare le tue sessioni quotidiane e i benefici che hai sperimentato. Valuta regolarmente come la respirazione influenzi il tuo livello di stress, la qualità del sonno e il benessere generale. Questa pratica di monitoraggio ti aiuterà a mantenere la motivazione e a fare eventuali aggiustamenti alla tua routine per ottimizzare i risultati.

9. Integrare la Respirazione con Altre Tecniche di Benessere

Combina la respirazione con altre tecniche di benessere, come la meditazione o il rilassamento muscolare progressivo. Ad esempio, puoi iniziare una sessione di meditazione con la respirazione profonda per preparare la mente e il corpo. Integrando diverse tecniche, puoi ottenere un effetto sinergico che potenzia i benefici complessivi per la salute mentale e fisica.

10. Essere Coerenti e Pazienti

Infine, la chiave per l'integrazione delle tecniche di respirazione nella vita quotidiana è la coerenza e la pazienza. Le abitudini di respirazione richiedono tempo per diventare automatiche e per mostrare effetti significativi. Sii paziente con te stesso e persevera nella pratica quotidiana. Con il tempo, noterai miglioramenti nel modo in cui gestisci lo stress e nel tuo stato generale di benessere.

V. Affrontare Gradualmente le Tue Paure

1. Il Concetto di Esposizione Graduale alle Paure

L'esposizione graduale è una tecnica psicologica fondamentale per superare le paure e le ansie che possono limitare il nostro benessere e la nostra qualità di vita. Questo approccio si basa sull'idea che affrontare gradualmente le proprie paure, in modo controllato e progressivo, possa ridurre l'intensità della paura stessa e promuovere una risposta più sana e meno ansiosa.

Fondamenti Teorici dell'Esposizione Graduale

L'esposizione graduale si fonda su principi della terapia cognitivo-comportamentale e si basa sulla teoria dell'apprendimento, secondo cui il comportamento si modifica attraverso l'esperienza. La tecnica si basa su due concetti chiave: desensibilizzazione sistematica e condizionamento operante. La desensibilizzazione sistematica prevede l'esposizione a una situazione temuta in modo graduale, combinata con tecniche di rilassamento, per ridurre l'ansia associata a quella situazione. Il condizionamento operante, invece, utilizza il rinforzo positivo per premiare i progressi e incoraggiare la ripetizione del comportamento desiderato.

Creare una Gerarchia delle Paure

Per applicare l'esposizione graduale, il primo passo è creare una gerarchia delle paure. Questo processo consiste nel identificare e classificare le situazioni che evocano paura, ordinandole in base al loro livello di ansia. Ad esempio, se qualcuno ha paura di parlare in pubblico, la gerarchia potrebbe includere: parlare di fronte a un piccolo gruppo di amici, fare una presentazione in una riunione di lavoro, e infine parlare di fronte a un grande pubblico. Questa scala aiuta a strutturare l'esposizione in modo da affrontare le situazioni meno minacciose prima di passare a quelle più difficili.

Esecuzione Graduale

L'esposizione deve avvenire in modo graduale e controllato. Inizialmente, si affrontano le situazioni meno angoscianti, in modo da costruire fiducia e preparazione. Man mano che il soggetto diventa più a suo agio, si passa a situazioni più sfidanti. Ad esempio, se la paura è quella di volare, si potrebbe iniziare con l'immaginare di trovarsi in un aereo, per poi passare a visitare un aeroporto, e infine, intraprendere un volo breve. Questo approccio aiuta a ridurre gradualmente la risposta di paura, rendendo le situazioni temute meno minacciose.

Strategie per Affrontare l'Ansia Durante l'Esposizione

Durante il processo di esposizione, è cruciale utilizzare strategie per gestire l'ansia. Tecniche di rilassamento come la respirazione profonda e la visualizzazione possono essere integrate per aiutare a mantenere la calma. Inoltre, mantenere un atteggiamento di auto-compassione e accettare che l'ansia sia una parte naturale del processo è essenziale. La consapevolezza e l'accettazione possono ridurre il timore e migliorare l'efficacia dell'esposizione graduale.

Benefici dell'Esposizione Graduale

L'esposizione graduale non solo aiuta a ridurre l'intensità della paura, ma contribuisce anche a migliorare la resilienza e la fiducia in se stessi. Affrontare le paure in modo sistematico e controllato consente di sviluppare competenze di coping e adattamento che possono essere applicate ad altre aree della vita. Con il tempo, le situazioni che inizialmente sembravano opprimenti diventano più gestibili, e l'individuo acquisisce una maggiore sicurezza e padronanza delle proprie emozioni.

In conclusione, l'esposizione graduale rappresenta una strategia potente e pratica per affrontare e superare le proprie paure. Adottando un approccio sistematico e progressivo, è possibile ridurre l'ansia, migliorare la resilienza e costruire una maggiore fiducia in se stessi. Questo metodo non solo aiuta a superare le paure specifiche, ma promuove anche una crescita personale significativa e duratura.

2. Stabilire Obiettivi di Affrontamento Realistici

Stabilire obiettivi di affrontamento realistici è una fase cruciale nel processo di superamento delle paure. Questo approccio non solo rende l'intero percorso più gestibile, ma aumenta significativamente le probabilità di successo, riducendo il rischio di frustrazione e scoraggiamento. In questo paragrafo, esploreremo come definire obiettivi concreti e realizzabili, suddividendo il processo in passi pratici e dettagliati che guideranno verso il superamento graduale delle paure.

1. Definire Obiettivi Specifici e Misurabili

Il primo passo per stabilire obiettivi di affrontamento realistici
è assicurarsi che siano specifici e misurabili. Un obiettivo ben
definito deve essere chiaro e preciso, evitando formulazioni
vaghe come "superare la paura" e invece optando per
descrizioni dettagliate e concrete. Ad esempio, se la paura è
quella di parlare in pubblico, un obiettivo specifico potrebbe
essere: "Partecipare a una riunione di lavoro e fare un
intervento di cinque minuti senza sentirsi sopraffatti". Questo
obiettivo è misurabile perché può essere valutato attraverso il
risultato concreto dell'intervento e la percezione di ansia pre e
post attività.

2. Scomporre gli Obiettivi in Sottogetti

Scomporre gli obiettivi principali in sottogetti più piccoli è
essenziale per evitare di sentirsi sopraffatti e per facilitare un
progressivo miglioramento. Ad esempio, se il tuo obiettivo
principale è diventare un relatore sicuro, i sottogetti potrebbero
includere: "Preparare una breve presentazione di cinque
minuti", "Provarla davanti a un amico" e "Partecipare a un
gruppo di discussione informale". Ogni sottogetto rappresenta
un passo verso il raggiungimento dell'obiettivo finale e
fornisce un chiaro senso di avanzamento.

3. Stabilire Scadenze e Tempi di Realizzazione

Ogni obiettivo deve avere una scadenza specifica per evitare
procrastinazioni e mantenere alta la motivazione. Le scadenze
aiutano a creare un senso di urgenza e a monitorare il
progresso. Ad esempio, se il tuo obiettivo è partecipare a una
presentazione pubblica, potresti stabilire una scadenza di due
mesi per completare la preparazione della presentazione e una
settimana per provare il discorso davanti a un gruppo di amici.
Questa pianificazione temporale aiuta a mantenere il focus e ad
organizzare il tempo in modo efficace.

4. Utilizzare il Metodo SMART

Il metodo SMART (Specifico, Misurabile, Attuabile, Realistico, Temporale) è un framework utile per definire obiettivi di affrontamento realistici. Applicare questo metodo implica:

- **Specifico:** L'obiettivo deve essere chiaro e ben definito.
- **Misurabile:** Deve essere possibile monitorare il progresso.
- **Attuabile:** L'obiettivo deve essere raggiungibile con le risorse disponibili.
- **Realistico:** Deve essere pratico e realistico, considerando le tue capacità e limitazioni.
- **Temporale:** Deve avere una scadenza definita.

Ad esempio, un obiettivo SMART potrebbe essere: "Entro tre settimane, partecipare a una sessione di gruppo di discussione su un argomento di interesse e contribuire con almeno un intervento di tre minuti". Questo obiettivo è specifico, misurabile, attuabile, realistico e temporale.

5. Monitorare e Adattare gli Obiettivi

Monitorare il progresso verso gli obiettivi è cruciale per mantenere la motivazione e fare eventuali aggiustamenti necessari. Tenere un diario di affrontamento delle paure può aiutare a registrare i progressi, le difficoltà e le sensazioni provate. Se un obiettivo si rivela troppo ambizioso o irrealistico, è importante essere flessibili e adattarlo per renderlo più gestibile. Ad esempio, se ti accorgi che la paura di parlare in pubblico è più intensa del previsto, potresti ridurre l'obiettivo iniziale a una breve presentazione in un ambiente più familiare e poi gradualmente progredire verso obiettivi più impegnativi.

6. Celebrando i Successi e Riconoscendo i Progressi

Infine, è fondamentale celebrare i successi e riconoscere i progressi, anche se piccoli. Ogni passo verso il superamento delle paure è un risultato importante che merita di essere celebrato. Riconoscere i progressi ottenuti aiuta a mantenere alta la motivazione e a rinforzare la fiducia in se stessi. Può essere utile tenere un elenco di tutte le conquiste raggiunte e riflettere su quanto è stato fatto per affrontare le proprie paure.

In sintesi, stabilire obiettivi di affrontamento realistici richiede chiarezza, pianificazione e flessibilità. Creando obiettivi specifici e misurabili, suddividendoli in sottogetti gestibili, utilizzando il metodo SMART e monitorando i progressi, è possibile affrontare le paure in modo sistematico e graduale. Con il tempo, questi approcci non solo aiutano a superare le paure, ma contribuiscono anche a costruire una maggiore autostima e resilienza.

3. Creare una Scala delle Paure Personali

Creare una scala delle paure personali è un metodo fondamentale per affrontare e superare le paure in modo strutturato e graduale. Questa tecnica consente di affrontare le paure in modo sistematico, partendo dai livelli meno intensi per arrivare a quelli più difficili. Attraverso la creazione di una scala dettagliata e personalizzata delle paure, puoi identificare chiaramente le tue paure, valutarle in base alla loro intensità e sviluppare un piano di azione per affrontarle efficacemente. In questo paragrafo, esploreremo come costruire una scala delle paure, fornendo esempi pratici e tecniche che puoi applicare nella tua vita quotidiana.

1. Identificare e Catalogare le Paure

Il primo passo nella creazione di una scala delle paure è identificare e catalogare le tue paure. Questo processo richiede un'onesta introspezione e un'analisi accurata delle situazioni che ti causano ansia o disagio. Prenditi del tempo per riflettere su vari ambiti della tua vita, come il lavoro, le relazioni, la salute e le attività quotidiane. Per esempio, potresti scoprire che hai paura di parlare in pubblico, di volare in aereo o di entrare in spazi chiusi. Annota tutte le paure che emergono durante questa riflessione.

2. Valutare l'Intensità delle Paure

Una volta identificate le paure, il passo successivo è valutarle in base alla loro intensità. Questo ti aiuterà a organizzare le paure in ordine di difficoltà e a stabilire un piano di esposizione graduale. Assegna un punteggio di intensità a ciascuna paura su una scala da 1 a 10, dove 1 rappresenta una paura lieve e 10 rappresenta una paura intensa e debilitante. Ad esempio, potresti valutare la paura di parlare in pubblico come un 8, mentre la paura di incontrare estranei potrebbe essere valutata come un 5.

3. Creare una Lista Ordinata delle Paure

Con i punteggi di intensità assegnati, crea una lista ordinata delle paure. Questa lista dovrebbe iniziare con le paure meno intense e proseguire verso quelle più gravi. Ad esempio, una scala delle paure potrebbe apparire come segue:

1. Fare una telefonata a un collega (intensità 3)
2. Partecipare a una riunione di gruppo (intensità 5)
3. Fare una presentazione breve davanti a un pubblico di amici (intensità 7)
4. Parlare in pubblico davanti a una platea sconosciuta (intensità 8)

5. Parlare in pubblico in una conferenza professionale (intensità 10)

4. Pianificare l'Affrontamento Graduale

Dopo aver creato la tua lista ordinata, sviluppa un piano di azione per affrontare ciascuna paura in modo graduale. Questo piano dovrebbe prevedere piccoli passi progressivi che ti avvicinano gradualmente all'affrontamento delle paure più intense. Inizia con le paure meno intense e lavora verso quelle più difficili. Ad esempio, se la tua paura principale è parlare in pubblico, potresti iniziare parlando a piccoli gruppi di amici prima di passare a situazioni più formali come presentazioni di lavoro.

5. Stabilire Obiettivi e Scadenze

Per rendere il piano di esposizione graduale più efficace, stabilisci obiettivi concreti e scadenze per ciascun passo. Questi obiettivi devono essere chiari e raggiungibili, con scadenze realistiche che ti permettano di prepararti e di affrontare ogni paura in modo efficace. Ad esempio, puoi stabilire di fare una telefonata a un collega entro la prossima settimana e di partecipare a una riunione di gruppo entro il mese successivo.

6. Monitorare i Progressi e Fare Adattamenti

Monitorare i tuoi progressi è essenziale per mantenere la motivazione e valutare l'efficacia del piano di esposizione. Tieni un diario delle tue esperienze, annotando le emozioni, le difficoltà e i successi incontrati lungo il percorso. Se ti rendi conto che un obiettivo è troppo ambizioso o se incontri difficoltà inaspettate, non esitare ad adattare il piano. È importante essere flessibili e fare aggiustamenti per garantire un percorso di crescita sostenibile.

7. Celebrare i Successi e Rafforzare la Fiducia

Infine, celebra i tuoi successi e riconosci i progressi fatti. Ogni passo completato verso l'affrontamento delle paure è un traguardo importante che merita di essere festeggiato. Rafforzare la fiducia in te stesso attraverso il riconoscimento dei tuoi successi ti aiuterà a mantenere alta la motivazione e a continuare a lavorare verso il superamento delle paure più intense.

Conclusione

Creare una scala delle paure personali è un metodo potente per affrontare e superare gradualmente le paure. Identificando e catalogando le paure, valutandole in base all'intensità, creando una lista ordinata, pianificando un'affrontamento graduale, stabilendo obiettivi e scadenze, monitorando i progressi e celebrando i successi, puoi sviluppare una strategia efficace per superare le tue paure. Questo approccio ti permetterà di costruire una maggiore resilienza e autostima, aiutandoti a diventare più sicuro e preparato nella tua vita quotidiana.

4. Tecniche per Affrontare le Paure in Ordine Crescente

Affrontare le paure in ordine crescente è una tecnica strutturata e graduale che ti consente di superare le tue ansie in modo sistematico e progressivo. Questo approccio, noto anche come esposizione graduale, implica l'affrontare le paure partendo dai livelli meno intensi per arrivare a quelli più significativi. Utilizzando questa metodologia, puoi ridurre l'intensità della paura attraverso un processo controllato e prevedibile, costruendo così una maggiore resilienza e fiducia in te stesso. Di seguito esploreremo tecniche pratiche e dettagliate per applicare questa strategia nella tua vita quotidiana.

1. Definizione dei Passi Graduali

Il primo passo nella tecnica di esposizione graduale è definire i passi specifici che intendi seguire. Ogni passo dovrebbe rappresentare un aumento graduale della difficoltà, partendo dalle situazioni che causano la minima ansia fino a quelle che scatenano la paura più intensa. Per esempio, se la tua paura riguarda parlare in pubblico, i primi passi potrebbero includere esercizi come leggere ad alta voce a casa, partecipare a piccoli gruppi di discussione, e infine, fare presentazioni a gruppi più grandi. Definire chiaramente questi passi ti permette di avere una visione chiara di ciò che devi affrontare e ti prepara ad ogni fase del processo.

2. Tecniche di Rilassamento e Respirazione

Prima di iniziare ogni passo, è utile utilizzare tecniche di rilassamento e respirazione per ridurre l'ansia e migliorare la tua concentrazione. Tecniche come la respirazione profonda, il rilassamento muscolare progressivo e la visualizzazione positiva possono essere integrate nella tua routine pre-esposizione. Ad esempio, prima di una presentazione pubblica, puoi praticare la respirazione diaframmatica per calmarlo e centrare. Questo ti aiuta a mantenere la calma e a gestire meglio la situazione, riducendo così l'intensità della paura.

3. Pianificazione e Preparazione

Una preparazione adeguata è cruciale per affrontare con successo ciascun passo della tua scala delle paure. Pianifica in anticipo ogni esposizione, assicurandoti di avere tutte le risorse necessarie e di conoscere esattamente cosa aspettarti. Se devi fare una presentazione, preparati con una bozza ben strutturata e pratica in anticipo. La preparazione ti consente di affrontare la situazione con maggiore sicurezza e ti riduce l'ansia associata all'incertezza.

4. Affrontare i Passi Graduali

Affronta ciascun passo della scala gradualmente, assicurandoti di completare ogni fase prima di passare a quella successiva. Inizia con il passo meno intimidatorio e avanza solo quando ti senti a tuo agio e pronto per il livello successivo. Ad esempio, se il primo passo è fare una telefonata a un collega, una volta che ti senti sicuro in questa attività, puoi passare al passo successivo, come partecipare a una riunione di gruppo. Non forzarti a passare troppo rapidamente attraverso i passi, poiché ogni fase deve essere completata con successo per consolidare i progressi e costruire fiducia.

5. Utilizzare il Diario delle Esperienze

Tenere un diario delle esperienze è una tecnica utile per monitorare i tuoi progressi e riflettere su ciascuna esposizione. Annota le tue emozioni, le difficoltà incontrate e i successi ottenuti in ogni fase del processo. Questo diario ti aiuta a identificare i modelli di pensiero e a valutare l'efficacia delle tecniche utilizzate. Inoltre, rivedere le tue esperienze ti permette di celebrare i successi e di affrontare le aree che necessitano di ulteriori miglioramenti.

6. Riflessione e Adattamento

Dopo aver completato un passo della tua scala delle paure, prenditi del tempo per riflettere su come è andata l'esperienza e se ci sono aspetti che potrebbero essere migliorati. Se hai trovato un certo passo particolarmente difficile, considera se è necessario adattare il piano. Potresti aver bisogno di passaggi intermedi più dettagliati o di strategie aggiuntive per gestire l'ansia. Adattare il piano alle tue esigenze specifiche è essenziale per garantire che tu possa affrontare e superare ogni fase con successo.

7. Rafforzare i Progressi con il Rinforzo Positivo

Il rinforzo positivo gioca un ruolo cruciale nel mantenere la motivazione e nel celebrare i tuoi successi. Ogni volta che completi un passo della tua scala delle paure, riconosci i tuoi sforzi e premiati. Questo potrebbe includere piccoli premi personali, come una serata rilassante o una piccola celebrazione con amici e familiari. Il rinforzo positivo ti aiuta a mantenere alta la motivazione e a continuare a progredire attraverso le fasi successive.

8. Cercare Supporto e Feedback

Durante il processo di esposizione graduale, cercare supporto e feedback da amici, familiari o professionisti può essere molto utile. Parlare delle tue esperienze con qualcuno di fiducia ti fornisce un'opportunità per ottenere prospettive esterne e ricevere consigli su come affrontare le sfide. I professionisti della salute mentale, come i terapeuti, possono offrirti strategie aggiuntive e supporto personalizzato per affrontare le tue paure.

9. Mantenere la Perseveranza e la Resilienza

Affrontare le paure richiede perseveranza e resilienza. Anche se potresti incontrare ostacoli lungo il percorso, è importante continuare a lavorare verso il superamento delle tue paure. Mantieni un atteggiamento positivo e concentrati sui progressi che hai fatto, piuttosto che sulle difficoltà. Ricorda che ogni passo avanti, anche se piccolo, rappresenta un progresso significativo verso la tua crescita personale.

10. Riflettere sui Risultati e Pianificare i Passi Futuri

Alla fine del percorso di esposizione graduale, riflette sui risultati ottenuti e pianifica i passi futuri. Valuta come le tue paure sono cambiate e in che modo il processo di esposizione ti ha aiutato a costruire maggiore autostima e coraggio. Pianifica come mantenere e rafforzare i progressi ottenuti e considera se ci sono altre paure o sfide che desideri affrontare in futuro. La riflessione finale e la pianificazione dei prossimi passi ti aiuteranno a continuare a crescere e a migliorare nella gestione delle tue paure.

Conclusione

Affrontare le paure in ordine crescente attraverso tecniche strutturate e graduali ti consente di affrontare le ansie in modo sistematico e controllato. Definire i passi graduali, utilizzare tecniche di rilassamento, pianificare e prepararsi, monitorare i progressi e adattare il piano sono tutti elementi cruciali per superare le paure con successo. Con perseveranza e rinforzo positivo, puoi costruire una maggiore resilienza e autostima, affrontando le tue paure con maggiore sicurezza e coraggio.

5. Come Prepararsi Psicologicamente per l'Esposizione Graduale

Prepararsi psicologicamente per l'esposizione graduale alle paure è un passo cruciale per garantire il successo nel superamento delle tue ansie. Questo processo non si limita a pianificare e definire i passi graduali, ma coinvolge anche una preparazione mentale approfondita che ti aiuta a gestire le emozioni, ad affrontare le sfide e a mantenere la motivazione durante tutto il percorso. Ecco un approccio dettagliato per prepararti psicologicamente a questa esperienza.

1. Comprendere e Accettare le Tue Paure

Il primo passo nella preparazione psicologica è riconoscere e accettare le tue paure. Non è sufficiente identificare le paure superficiali; è fondamentale comprendere le radici profonde di queste ansie. Prenditi il tempo per riflettere su quando e perché queste paure sono emerse. Ad esempio, se hai paura di parlare in pubblico, esplora se questo timore deriva da esperienze passate negative o da una mancanza di fiducia in te stesso. Accettare la paura come una parte normale della tua esperienza umana ti aiuta a prepararti meglio per affrontarla. Scrivere un diario delle paure e delle loro origini può essere un modo efficace per esplorare e comprendere le tue emozioni.

2. Creare un Piano di Preparazione Psicologica

Un piano di preparazione psicologica dettagliato è essenziale per affrontare le paure in modo strutturato. Inizia con una pianificazione che includa tecniche di rilassamento, come la meditazione e la respirazione profonda, che puoi utilizzare per calmarti prima e durante l'esposizione graduale. Decidi in anticipo quali tecniche utilizzerai e come le integrerai nella tua routine quotidiana. Ad esempio, puoi pianificare di dedicare dieci minuti ogni giorno alla meditazione o alla respirazione profonda prima di affrontare un passo della tua scala delle paure. Inoltre, stabilisci delle affermazioni positive che ti incoraggeranno a mantenere un atteggiamento proattivo e a ridurre il dialogo interno negativo.

3. Visualizzazione e Immaginazione Positiva

La visualizzazione è uno strumento potente per prepararsi psicologicamente all'esposizione graduale. Dedica del tempo ogni giorno a immaginare te stesso mentre affronti con successo i passi della tua scala delle paure. Visualizza ogni fase in dettaglio, immaginando te stesso mentre gestisci le situazioni con calma e sicurezza. Ad esempio, se il tuo obiettivo è parlare in pubblico, immagina di salire sul palco, di fare un discorso e di ricevere feedback positivo dal pubblico. Questa pratica non solo aumenta la tua fiducia, ma ti aiuta anche a ridurre l'ansia associata a ciascun passo.

4. Stabilire Meccanismi di Supporto e Auto-Compassione

Prepararsi psicologicamente implica anche costruire una rete di supporto e praticare l'auto-compassione. Identifica amici, familiari o gruppi di supporto che possono offrirti incoraggiamento e feedback costruttivo durante il tuo percorso. Parlare con qualcuno di fiducia delle tue paure e dei tuoi progressi può fornire una prospettiva esterna e rinforzare il tuo impegno. Inoltre, sviluppa un atteggiamento di auto-compassione. Trattati con gentilezza e comprensione durante tutto il processo. Riconosci che è normale incontrare difficoltà e che ogni passo indietro è un'opportunità per imparare e crescere.

5. Utilizzare il Diario delle Esperienze

Il diario delle esperienze è uno strumento essenziale per monitorare i tuoi progressi e riflettere sulle tue emozioni. Annota le tue reazioni, i tuoi pensieri e i tuoi sentimenti ogni volta che affronti un passo della scala delle paure. Questo diario non solo ti aiuta a identificare eventuali schemi di pensiero negativo, ma offre anche uno spazio per celebrare i tuoi successi e riconoscere le aree di miglioramento. Esaminare le tue esperienze ti consente di adattare il piano di esposizione graduale alle tue esigenze specifiche e di rafforzare la tua resilienza.

6. Prepararsi a Gestire le Emozioni

Durante l'esposizione graduale, è normale provare una varietà di emozioni, tra cui ansia, paura e stress. Essere preparati a gestire queste emozioni è fondamentale per il successo del processo. Utilizza tecniche di gestione dello stress, come la mindfulness e la respirazione profonda, per mantenere la calma durante le situazioni sfidanti. Impara a riconoscere i segnali di stress e a reagire in modo costruttivo. Ad esempio, se ti senti sopraffatto, fermati per qualche minuto per praticare la respirazione profonda e ricollegarti al momento presente.

7. Costruire una Mentalità di Crescita

Adottare una mentalità di crescita è essenziale per affrontare le paure con successo. Una mentalità di crescita implica credere che le tue abilità e la tua resilienza possano migliorare attraverso l'impegno e la pratica. Affrontare le paure non è solo una questione di superare le difficoltà immediate, ma anche di sviluppare una mentalità che ti permetta di vedere ogni sfida come un'opportunità di crescita personale. Ricorda che ogni passo che affronti ti avvicina al tuo obiettivo di superare le tue paure e diventare più sicuro di te stesso.

8. Stabilire Obiettivi di Breve e Lungo Periodo

Per prepararti psicologicamente all'esposizione graduale, è utile stabilire obiettivi sia di breve che di lungo periodo. Gli obiettivi di breve periodo possono riguardare i passi immediati della tua scala delle paure, come affrontare una piccola situazione che ti causa ansia. Gli obiettivi di lungo periodo, invece, possono riguardare la tua capacità complessiva di gestire la paura e di raggiungere il successo in situazioni più complesse. Stabilire e monitorare questi obiettivi ti aiuta a mantenere la motivazione e a valutare i tuoi progressi nel tempo.

9. Pianificare e Anticipare le Sfide

Prepararsi psicologicamente significa anche pianificare e anticipare le sfide che potresti incontrare lungo il percorso. Prevedi eventuali ostacoli o difficoltà che potrebbero sorgere durante l'esposizione graduale e sviluppa strategie per affrontarli. Ad esempio, se temi di non riuscire a completare un passo della scala, pianifica come rispondere a questa situazione in modo positivo e costruttivo. Essere preparati a gestire le sfide ti permette di affrontare le difficoltà con maggiore fiducia e di mantenere il focus sui tuoi obiettivi.

10. Riflessione e Adattamento Continuo

Infine, la preparazione psicologica per l'esposizione graduale deve includere un processo continuo di riflessione e adattamento. Dopo aver affrontato ogni passo della scala delle paure, prenditi del tempo per riflettere sui tuoi progressi e adattare il piano se necessario. Valuta cosa ha funzionato bene e cosa potrebbe essere migliorato. Questa riflessione ti aiuta a rimanere focalizzato sui tuoi obiettivi e a fare aggiustamenti che possono rendere il processo di esposizione graduale più efficace.

Conclusione

Prepararsi psicologicamente per l'esposizione graduale alle paure richiede una preparazione mentale dettagliata e strategica. Comprendere e accettare le tue paure, creare un piano di preparazione, utilizzare la visualizzazione, stabilire meccanismi di supporto, e riflettere sui progressi sono elementi essenziali per affrontare le tue ansie con successo. Con una preparazione adeguata, puoi gestire le emozioni, mantenere la motivazione e superare le tue paure in modo efficace e duraturo.

6. Utilizzare il Diario per Monitorare i Progressi

Utilizzare un diario per monitorare i progressi nell'affrontare gradualmente le tue paure è una tecnica potente e altamente efficace. Un diario non solo ti aiuta a mantenere traccia dei tuoi sforzi e delle tue esperienze, ma fornisce anche uno strumento prezioso per riflessioni, auto-analisi e celebrazione dei successi. Attraverso una registrazione sistematica, puoi ottenere una visione chiara del tuo percorso, identificare schemi ricorrenti e apportare aggiustamenti strategici al tuo piano di esposizione graduale. Ecco un approccio dettagliato su come utilizzare efficacemente un diario per monitorare i progressi e ottenere risultati concreti.

1. Creare una Struttura di Diario Efficace

Il primo passo per utilizzare il diario in modo efficace è stabilire una struttura chiara e coerente. Dividi il tuo diario in sezioni specifiche per facilitare la registrazione e la revisione dei tuoi progressi. Una struttura consigliata potrebbe includere le seguenti sezioni:

- **Data e Orario:** Indica sempre la data e l'orario in cui hai affrontato un passo della scala delle paure. Questo ti aiuta a mantenere una cronologia precisa e a vedere come i tuoi progressi si sviluppano nel tempo.

- **Descrizione dell'Attività:** Annota dettagliatamente quale passo della tua scala delle paure hai affrontato. Descrivi l'attività, il contesto e le circostanze specifiche. Ad esempio, se stai affrontando la paura di parlare in pubblico, scrivi di cosa hai parlato, dove e con chi.

- **Emozioni e Reazioni:** Registra le emozioni che hai provato durante e dopo l'attività. Utilizza descrittori dettagliati per identificare le sensazioni di ansia, paura, nervosismo o eventuali reazioni fisiche come sudorazione o battito cardiaco accelerato.

- **Pensieri e Riflessività:** Annota i pensieri che ti sono passati per la mente mentre affrontavi la tua paura. Rifletti su eventuali pensieri negativi o limitanti e considera come questi hanno influenzato la tua esperienza.

- **Successi e Aree di Miglioramento:** Celebra i successi che hai ottenuto e identifica le aree in cui hai riscontrato difficoltà. Questo ti aiuterà a riconoscere i tuoi punti di forza e le aree che necessitano di ulteriore lavoro.

2. Analizzare le Tendenze e i Modelli

Una volta che hai accumulato una quantità sufficiente di dati nel tuo diario, dedica del tempo a rivedere e analizzare le informazioni. Cerca tendenze e modelli ricorrenti che emergono dalle tue annotazioni. Ad esempio, potresti scoprire che ti senti particolarmente ansioso in determinati contesti o con specifici gruppi di persone. Identificare queste tendenze ti permette di adattare il tuo piano di esposizione per affrontare le aree più problematiche con strategie mirate.

3. Riflettere e Apportare Modifiche al Piano

La riflessione è un aspetto cruciale dell'utilizzo del diario. Prenditi del tempo regolarmente per esaminare le tue esperienze e riflettere su cosa ha funzionato bene e cosa potrebbe essere migliorato. Se noti che una determinata tecnica di esposizione graduale non sta producendo i risultati sperati, utilizza le informazioni raccolte per apportare modifiche al tuo piano. Ad esempio, se affrontare una paura in piccoli passi non sta producendo il miglioramento desiderato, considera di modificare l'approccio o di fare aggiustamenti nella sequenza delle esposizioni.

4. Stabilire Obiettivi Basati sui Dati

Utilizza le informazioni raccolte nel tuo diario per stabilire obiettivi basati sui dati. Se, per esempio, hai notato un progresso significativo in un'area specifica, imposta obiettivi più ambiziosi per continuare a sviluppare quella competenza. Al contrario, se ti rendi conto di essere bloccato in un'area, stabilisci obiettivi più piccoli e realistici per affrontare le sfide in modo più graduale e gestibile.

5. Utilizzare il Diario per la Motivazione e il Supporto

Il diario non è solo uno strumento di monitoraggio, ma può anche servire come fonte di motivazione e supporto. Rileggi le tue annotazioni per ricordare i successi e i progressi compiuti. Celebra le vittorie, anche quelle più piccole, e utilizza queste affermazioni positive per mantenere alta la tua motivazione. Inoltre, puoi includere citazioni ispiratrici o riflessioni personali che ti incoraggiano a perseverare nei momenti di difficoltà.

6. Integrare Feedback e Auto-Valutazione

Includi feedback e auto-valutazioni nel tuo diario per arricchire ulteriormente il processo di monitoraggio. Dopo aver completato ogni passo, valuta te stesso in base a criteri specifici come il livello di ansia, la tua capacità di affrontare la paura e l'efficacia delle strategie utilizzate. Questo processo di auto-valutazione ti fornisce un quadro chiaro del tuo progresso e delle aree che necessitano di attenzione.

7. Documentare la Crescita Personale

Il diario è anche uno strumento utile per documentare la tua crescita personale complessiva. Annota le nuove competenze acquisite, le strategie di coping che hai sviluppato e le modifiche nel tuo atteggiamento verso le tue paure. Questo ti aiuta a riconoscere i cambiamenti positivi e a vedere quanto sei cresciuto nel tempo.

8. Utilizzare il Diario come Strumento di Pianificazione

Infine, usa il tuo diario come strumento di pianificazione per i passi successivi. Basandoti sulle tue annotazioni, crea un piano dettagliato per affrontare le prossime sfide. Stabilisci scadenze e obiettivi chiari per ciascun passo, e pianifica le tecniche e le strategie che utilizzerai per superare ogni nuova difficoltà.

Conclusione

Utilizzare un diario per monitorare i progressi è una pratica essenziale per affrontare gradualmente le tue paure. Fornisce uno spazio per riflessioni dettagliate, analisi delle tendenze, e pianificazione strategica, e supporta la tua crescita personale e la tua motivazione. Con un uso regolare e consapevole del diario, puoi ottenere una visione chiara del tuo percorso e fare aggiustamenti mirati per raggiungere i tuoi obiettivi con successo.

7. Gestire le Reazioni Emotive Durante l'Esposizione

Affrontare le proprie paure attraverso l'esposizione graduale può scatenare una serie di reazioni emotive intense. La gestione efficace di queste reazioni è cruciale per il successo del processo e per il tuo benessere complessivo. Le emozioni come l'ansia, la paura e il panico possono emergere durante l'esposizione, e saperle gestire in modo adeguato ti aiuterà a mantenere il controllo e a proseguire nel tuo percorso di crescita. Questo paragrafo esplorerà tecniche e strategie per gestire le reazioni emotive, fornendo strumenti pratici per affrontare e superare le sfide emotive che possono insorgere.

1. Riconoscere e Accettare le Emozioni

Il primo passo nella gestione delle reazioni emotive è riconoscerle e accettarle senza giudizio. Le emozioni, anche quelle sgradevoli come la paura o l'ansia, sono una risposta naturale e legittima a situazioni percepite come minacciose. Accogliere queste emozioni piuttosto che combatterle è fondamentale. Prenditi un momento per identificare e nominare ciò che stai provando. Ad esempio, puoi dire a te stesso: "Sento un forte senso di ansia in questo momento, e va bene." Questa accettazione ti aiuterà a ridurre l'intensità dell'emozione e a diminuire il suo impatto sul tuo comportamento.

2. Utilizzare Tecniche di Respirazione per il Controllo Emotivo

Le tecniche di respirazione sono strumenti efficaci per gestire le reazioni emotive. La respirazione profonda e controllata aiuta a calmare il sistema nervoso e a ridurre l'intensità delle emozioni. Durante l'esposizione, pratica la respirazione diaframmatica o la tecnica del respiro 4-7-8 per facilitare il rilassamento. Ecco come applicare queste tecniche:

- **Respirazione Diaframmatica:** Trova un luogo tranquillo e siediti comodamente. Poni una mano sul tuo addome e l'altra sul petto. Inspira lentamente attraverso il naso, assicurandoti che l'addome si sollevi più del petto. Espira lentamente attraverso la bocca. Ripeti questo processo per 5-10 minuti, focalizzandoti sul movimento dell'addome.

- **Tecnica del Respiro 4-7-8:** Inspira profondamente attraverso il naso per 4 secondi, trattieni il respiro per 7 secondi, e poi espira completamente attraverso la bocca per 8 secondi. Questa tecnica aiuta a rallentare il battito cardiaco e a ridurre la tensione.

3. Applicare la Tecnica della Ristrutturazione Cognitiva

La ristrutturazione cognitiva è una tecnica utile per modificare i pensieri disfunzionali che alimentano l'ansia e la paura. Quando ti confronti con una situazione che provoca paura, identifica i pensieri automatici negativi che sorgono e mettili in discussione. Chiediti se questi pensieri sono basati su prove concrete o se sono distorsioni della realtà. Ad esempio, se pensi "Non riuscirò a farcela," prova a sostituire questo pensiero con uno più equilibrato come "Ho affrontato situazioni difficili in passato e sono riuscito a superarle." Questa pratica ti aiuterà a ridurre la paura e ad aumentare la tua resilienza.

4. Tecniche di Mindfulness per Rimanere nel Momento Presente

La mindfulness è una tecnica che ti aiuta a mantenere il focus sul momento presente, evitando di farti sopraffare da pensieri e preoccupazioni future. Quando ti senti sopraffatto dalle emozioni durante l'esposizione, pratica la mindfulness focalizzandoti sulle sensazioni fisiche e sul respiro. Ecco alcuni passaggi:

- **Osservazione Non Giudicante:** Concentrati su ciò che percepisci attraverso i tuoi sensi senza giudicare o cercare di cambiare l'esperienza. Ad esempio, nota le sensazioni del tuo corpo, il suono dei tuoi respiri e gli odori circostanti.

- **Esercizio del Corpo e della Mente:** Fai un breve giro di consapevolezza su diverse parti del tuo corpo, dall'alto verso il basso, notando eventuali tensioni o sensazioni. Questo aiuta a radicarti nel presente e a mantenere la calma.

5. Stabilire un Piano di Coping Personalizzato

Un piano di coping personalizzato è essenziale per affrontare le reazioni emotive in modo efficace. Basandoti sulle tue esperienze precedenti e sulle tecniche che trovi più utili, crea un piano dettagliato che includa strategie specifiche per gestire l'ansia e la paura. Il piano potrebbe includere tecniche di respirazione, esercizi di rilassamento, e azioni di auto-cura come fare una passeggiata o ascoltare musica rilassante. Assicurati di adattare il piano alle tue esigenze personali e di aggiornarlo man mano che acquisisci nuove informazioni sulle tue reazioni emotive.

6. Cercare Supporto e Feedback

Non sottovalutare l'importanza del supporto esterno nella gestione delle emozioni durante l'esposizione. Parlare con un amico fidato, un familiare o un terapeuta può fornirti una prospettiva esterna e consigli pratici. A volte, il feedback di qualcun altro può aiutarti a vedere le tue reazioni emotive da un'altra angolazione e a ricevere incoraggiamento e supporto.

7. Valutare e Adattare le Strategie in Base ai Progressi

Infine, è importante valutare regolarmente l'efficacia delle tue strategie di gestione emotiva. Dopo ogni sessione di esposizione, rifletti su quali tecniche sono state più utili e se ci sono state aree di miglioramento. Utilizza queste informazioni per adattare e perfezionare le tue strategie. Ad esempio, se noti che la respirazione profonda ha funzionato bene, ma la mindfulness richiede ulteriore pratica, fai dei cambiamenti per integrare più esercizi di mindfulness nel tuo piano.

Conclusione

Gestire le reazioni emotive durante l'esposizione graduale è un aspetto cruciale per superare le paure e raggiungere un maggiore benessere. Riconoscere e accettare le emozioni, utilizzare tecniche di respirazione, applicare la ristrutturazione cognitiva, praticare la mindfulness, stabilire un piano di coping, cercare supporto e adattare le strategie sono tutti passi fondamentali per affrontare efficacemente le reazioni emotive. Con l'uso consapevole di questi strumenti, sarai in grado di mantenere il controllo e proseguire nel tuo percorso verso una maggiore sicurezza e autocomprensione.

8. Strategie di Supporto e Feedback durante il Processo di Affrontamento

Affrontare le proprie paure in modo graduale è un processo che può essere notevolmente facilitato attraverso il supporto e il feedback. Non solo le risorse personali, ma anche l'interazione con altre persone possono avere un impatto significativo sulla tua capacità di superare le paure. Questo paragrafo esplorerà come ottenere e utilizzare supporto esterno e feedback per migliorare l'efficacia del tuo percorso di affrontamento delle paure, offrendo tecniche pratiche e suggerimenti utili per integrare queste strategie nella tua vita quotidiana.

1. Identificare Fonti di Supporto

Il primo passo per integrare il supporto nel tuo percorso è identificare le persone e le risorse che possono offrirti aiuto. Le fonti di supporto possono includere:

- **Amici e Familiari:** Scegli persone che conosci bene e di cui ti fidi. Amici e familiari possono offrirti incoraggiamento, ascolto empatico e una prospettiva esterna che potrebbe rivelarsi utile. Assicurati che siano disposti a offrirti supporto e che comprendano il tuo obiettivo di affrontare le paure.

- **Terapeuti e Counselor:** Professionisti della salute mentale possono fornirti strategie e tecniche specifiche per gestire le paure. Possono anche aiutarti a sviluppare un piano di esposizione graduale e monitorare i tuoi progressi. Considera di lavorare con un terapeuta specializzato in ansia o in terapia cognitivo-comportamentale (CBT).

- **Gruppi di Supporto:** Partecipare a gruppi di supporto, sia online che in persona, può offrirti un senso di comunità e comprensione. Questi gruppi possono fornirti consigli pratici, incoraggiamento e opportunità per condividere le tue esperienze con altre persone che stanno affrontando sfide simili.

2. Comunicare le Tue Necessità e Obiettivi

Per ottenere il massimo supporto, è fondamentale comunicare chiaramente le tue necessità e obiettivi alle persone che ti aiutano. Quando parli con amici, familiari o un terapeuta, specifica:

- **Le Tue Paure e Obiettivi:** Spiega quali paure stai affrontando e quali obiettivi ti sei prefissato. Ad esempio, se hai paura di parlare in pubblico, comunica che il tuo obiettivo è diventare più sicuro e competente in questa area.

- **Come Possono Aiutarti:** Indica come le persone
  possono offrirti supporto concreto. Ad esempio, potresti
  chiedere a un amico di assistere a una tua presentazione
  e fornirti feedback, oppure potresti richiedere al tuo
  terapeuta di guidarti attraverso esercizi specifici.

3. Utilizzare il Feedback Costruttivo

Il feedback costruttivo è essenziale per migliorare le tue
strategie di affrontamento. Dopo ogni sessione di esposizione o
pratica, cerca feedback da fonti affidabili. Ecco come puoi
utilizzare il feedback in modo efficace:

- **Richiedere Feedback Specifico:** Quando chiedi
  feedback, sii specifico su cosa desideri sapere. Ad
  esempio, potresti chiedere: "Ho fatto un ottimo lavoro
  nel mantenere la calma durante la mia presentazione.
  Quali aspetti posso migliorare?" Questo ti aiuterà a
  ottenere informazioni dettagliate e pertinenti.

- **Analizzare il Feedback:** Dopo aver ricevuto il
  feedback, analizzalo attentamente. Considera se ci sono
  elementi comuni tra i vari feedback e se ci sono aree
  ricorrenti di miglioramento. Utilizza queste informazioni
  per adattare e perfezionare le tue tecniche e strategie.

- **Applicare il Feedback:** Integra le osservazioni e i
  suggerimenti ricevuti nella tua pratica. Se, ad esempio, il
  feedback indica che la tua voce era troppo bassa durante
  una presentazione, lavora su come proiettare la voce in
  modo più efficace nelle prossime esposizioni.

4. Monitorare i Progressi con il Supporto

Il monitoraggio dei progressi è cruciale per valutare l'efficacia del tuo piano di affrontamento. Utilizza il supporto per tenere traccia dei tuoi miglioramenti e per apportare aggiustamenti se necessario. Ecco alcune strategie per monitorare i progressi con il supporto:

- **Registro dei Progressi:** Mantieni un diario o un registro dei tuoi progressi, annotando ogni esposizione, le emozioni provate e i feedback ricevuti. Condividi questi registri con il tuo terapeuta o il tuo gruppo di supporto per ottenere una prospettiva esterna sui tuoi avanzamenti.

- **Feedback Periodico:** Richiedi feedback regolare dalle tue fonti di supporto. Chiedi loro di valutare i tuoi progressi su base regolare e di suggerirti ulteriori aree di miglioramento. Ad esempio, puoi chiedere a un amico di valutare i tuoi progressi ogni settimana o ogni mese.

- **Celebrare i Successi:** Non dimenticare di celebrare i tuoi successi, anche quelli piccoli. Condividi i tuoi traguardi con le persone che ti supportano e riconosci il tuo impegno e il tuo progresso. Questo rinforzerà la tua motivazione e il tuo senso di realizzazione.

5. Adattare le Strategie in Base ai Feedback

Essere flessibili e adattabili è importante per un progresso
continuo. Utilizza il feedback per modificare le tue strategie di
affrontamento quando necessario. Se una particolare tecnica
non sembra funzionare, esplora altre opzioni e chiedi
suggerimenti su metodi alternativi. Ad esempio, se una
strategia di esposizione graduale non sta dando i risultati
sperati, collabora con il tuo terapeuta o gruppo di supporto per
identificare altre tecniche più adatte alle tue esigenze.

Conclusione

Integrare il supporto e il feedback nel processo di
affrontamento delle paure è essenziale per un percorso di
successo. Identificando fonti di supporto affidabili,
comunicando chiaramente le tue necessità, utilizzando
feedback costruttivi, monitorando i progressi e adattando le
strategie, puoi migliorare significativamente la tua capacità di
gestire le paure. Con l'aiuto di persone e risorse adeguate, sarai
in grado di superare le sfide e raggiungere i tuoi obiettivi con
maggiore sicurezza e determinazione.

9. Affrontare le Paure in Situazioni Sociali e Interpersonali

Affrontare le paure in situazioni sociali e interpersonali può
essere particolarmente sfidante, poiché queste situazioni spesso
implicano interazioni dirette con altre persone e la paura di
essere giudicati o respinti. Che si tratti di parlare in pubblico,
partecipare a eventi sociali o semplicemente avviare
conversazioni con sconosciuti, è possibile adottare strategie
mirate per gestire e superare queste paure. Questo paragrafo
esplorerà approcci pratici e tecniche dettagliate per affrontare le
paure sociali e interpersonali, migliorando la tua autostima e il
tuo coraggio nelle interazioni quotidiane.

1. Comprendere le Paure Sociali e Interpersonali

Le paure sociali e interpersonali possono variare notevolmente, ma alcune delle più comuni includono:

- **Paura del Giudizio:** La preoccupazione di essere criticati o giudicati negativamente dagli altri può rendere le interazioni sociali particolarmente angoscianti.

- **Paura del Rifiuto:** Temere di essere rifiutati o esclusi da gruppi o conversazioni può inibire la tua partecipazione sociale e limitare le tue opportunità di interazione.

- **Paura di Parlare in Pubblico:** La preoccupazione di esprimersi in pubblico o di fare presentazioni può generare ansia e stress, influenzando negativamente la tua capacità di comunicare efficacemente.

2. Tecniche di Espansione Graduale

L'esposizione graduale è una tecnica efficace per affrontare le paure sociali e interpersonali. Consiste nel confrontarsi con la paura in piccoli passi, aumentando gradualmente la difficoltà man mano che si acquisisce fiducia. Ecco come applicare questa tecnica:

- **Identifica le Situazioni Temute:** Inizia identificando le situazioni sociali che ti spaventano di più, come partecipare a eventi sociali, avviare conversazioni o parlare in pubblico.

- **Crea una Scala di Paure:** Stabilisci una scala di esposizione che ordini le situazioni dalla meno spaventosa alla più temuta. Ad esempio, potrebbe essere meno intimidatorio iniziare con una conversazione breve con un collega, per poi passare a partecipare a una riunione di gruppo, e infine fare una presentazione.

- **Inizia con Passi Piccoli:** Inizia affrontando le situazioni meno temute. Fai piccoli passi per avvicinarti gradualmente ai tuoi obiettivi. Se la tua paura principale è parlare in pubblico, comincia con parlare davanti a un piccolo gruppo di amici prima di passare a un pubblico più ampio.

- **Rifletti e Celebra i Progressi:** Dopo ogni esposizione, rifletti sui tuoi progressi e celebra ogni piccolo successo. Ogni passo completato ti avvicina a superare la tua paura principale.

3. Tecniche di Comunicazione Efficace

Migliorare le tue competenze comunicative può aiutarti a sentirti più sicuro nelle interazioni sociali. Ecco alcune tecniche di comunicazione efficace:

- **Ascolto Attivo:** Pratica l'ascolto attivo, che implica prestare attenzione completa a chi parla, mantenere il contatto visivo e rispondere con empatia. Questo aiuta a costruire connessioni più genuine e a ridurre l'ansia nelle conversazioni.

- **Utilizzo di Frasi di Rilascio:** Usa frasi di rilascio per esprimere le tue idee e sentimenti in modo chiaro e assertivo, senza essere aggressivo. Frasi come "Mi sento..." o "Penso che..." aiutano a comunicare i tuoi pensieri senza mettere a disagio gli altri.

- **Gestione del Linguaggio del Corpo:** Il tuo linguaggio del corpo può influenzare come gli altri ti percepiscono e come ti senti. Mantieni una postura aperta e sicura, sorridi e usa gesti che trasmettono fiducia. Questo può aiutare a creare un'impressione positiva e a ridurre l'ansia.

4. Tecniche di Rilassamento e Respirazione

Incorporare tecniche di rilassamento e respirazione nella tua routine può aiutarti a gestire l'ansia sociale e a migliorare la tua capacità di affrontare situazioni interpersonali. Ecco alcune tecniche utili:

- **Respirazione Profonda:** Pratica la respirazione profonda per calmare il sistema nervoso prima di affrontare situazioni sociali stressanti. Inspirare profondamente attraverso il naso, trattenere il respiro per alcuni secondi e poi espirare lentamente attraverso la bocca può aiutarti a ridurre l'ansia.

- **Rilassamento Muscolare Progressivo:** Utilizza il rilassamento muscolare progressivo per alleviare la tensione fisica. Contraendo e poi rilassando gradualmente i gruppi muscolari, puoi ridurre la sensazione di stress e ansia.

- **Visualizzazione Positiva:** Prima di affrontare una situazione sociale difficile, pratica la visualizzazione positiva immaginando te stesso mentre ti comporti con successo e con fiducia. Questo può aiutarti a prepararti mentalmente e a ridurre l'ansia.

5. Preparazione e Pianificazione

La preparazione può aiutarti a sentirti più sicuro e a ridurre l'ansia nelle situazioni sociali. Ecco alcuni suggerimenti:

- **Pianifica in Anticipo:** Se devi partecipare a un evento sociale o fare una presentazione, pianifica in anticipo. Prepara cosa dire, organizza le tue idee e fai pratica. La preparazione ti aiuterà a sentirti più sicuro e meno ansioso.

- **Anticipa le Domande e Risposte:** Pensa alle possibili domande che potrebbero essere fatte e prepara le risposte. Questo ti aiuterà a sentirti più preparato e sicuro durante le conversazioni.

- **Fai Pratica:** Se possibile, pratica le tue abilità sociali in ambienti sicuri e controllati. Partecipa a gruppi di discussione o prendi parte a esercizi di role-playing per affinare le tue competenze e aumentare la tua fiducia.

6. Richiedere Feedback e Supporto

Ottenere feedback e supporto da persone di fiducia può aiutarti a migliorare e a gestire le paure sociali:

- **Chiedi Feedback:** Dopo aver affrontato una situazione sociale, chiedi feedback a persone fidate su come hai gestito l'interazione. Utilizza questo feedback per apportare miglioramenti e rafforzare la tua fiducia.

- **Cerca Supporto:** Parla delle tue esperienze e delle tue paure con amici, familiari o un terapeuta. Il supporto esterno può offrirti nuove prospettive e suggerimenti pratici per affrontare le tue preoccupazioni.

7. Gestire il Pre-Giudizio e le Critiche

Affrontare le critiche e il pre-giudizio è una parte inevitabile delle interazioni sociali. Ecco come gestirli:

- **Accetta le Critiche Costruttive:** Impara a distinguere tra critiche costruttive e distruttive. Accogli le critiche costruttive come opportunità di miglioramento e ignorale, se non sono utili o rilevanti.

- **Sviluppa una Mentalità Positiva:** Coltiva una mentalità positiva per affrontare le critiche. Ricorda che le opinioni degli altri non definiscono il tuo valore personale.

8. Sviluppare e Mantenere Relazioni Positive

Costruire e mantenere relazioni positive può aiutarti a sentirti più sicuro nelle situazioni sociali. Ecco alcuni suggerimenti:

- **Investi nel Tuo Network Sociale:** Dedica tempo a costruire e mantenere relazioni con persone che ti sostengono e ti incoraggiano. Partecipa a eventi sociali e cerca opportunità per connetterti con gli altri.

- **Coltiva Relazioni Genuini:** Cerca di creare connessioni autentiche e significative con le persone. Le relazioni basate sulla comprensione e il rispetto reciproco possono aiutarti a sentirti più sicuro e a ridurre l'ansia sociale.

9. Adattare le Strategie in Base ai Risultati

Non tutte le strategie funzionano allo stesso modo per tutti. Adatta le tue tecniche in base ai risultati che ottieni e ai feedback che ricevi. Se una strategia non ti sembra efficace, esplora altre opzioni e modifica il tuo approccio in base alle tue esigenze personali.

10. Celebrare i Successi

Infine, non dimenticare di celebrare i tuoi successi. Ogni passo avanti, per quanto piccolo, è un progresso verso il superamento delle tue paure. Riconoscere e celebrare i tuoi successi ti aiuterà a mantenere alta la motivazione e a rafforzare la tua fiducia.

Conclusione

Affrontare le paure in situazioni sociali e interpersonali richiede un approccio strategico e pratico. Utilizzando tecniche di esposizione graduale, migliorando le competenze comunicative, applicando tecniche di rilassamento, preparandosi adeguatamente e ottenendo feedback e supporto, puoi aumentare la tua fiducia e ridurre l'ansia nelle interazioni sociali. Con il tempo e la pratica, sarai in grado di affrontare le tue paure sociali con maggiore sicurezza e determinazione.

10. Riflettere e Adattare le Strategie di Affrontamento

Affrontare le paure è un processo dinamico che richiede costante riflessione e adattamento. Una volta che hai iniziato a mettere in pratica le tue strategie di affrontamento, è fondamentale riflettere sui risultati ottenuti e adattare le tecniche in base alle tue esperienze personali. Questo approccio riflessivo ti permette di perfezionare le tue strategie, migliorare continuamente e affrontare le tue paure con maggiore efficacia. In questo paragrafo, esploreremo come riflettere sulle tue esperienze e adattare le strategie di affrontamento per massimizzare i tuoi progressi verso la conquista delle tue paure.

1. Analisi dei Progressi

Il primo passo per riflettere efficacemente è valutare i progressi compiuti. Questo processo implica esaminare le esperienze che hai affrontato, identificare ciò che ha funzionato e ciò che non ha funzionato e capire come queste esperienze ti hanno influenzato. Ecco come procedere:

- **Rivedi gli Obiettivi e le Esperienze:** Fai un bilancio degli obiettivi che avevi fissato e delle situazioni che hai affrontato. Quali obiettivi hai raggiunto? Quali sfide hai incontrato? Rivedere le tue esperienze ti aiuterà a comprendere meglio il tuo percorso e a valutare il successo delle tue strategie.

- **Valuta le Sensazioni e le Reazioni:** Rifletti su come ti sei sentito durante e dopo le situazioni temute. Hai notato dei miglioramenti nella tua ansia o nel tuo livello di comfort? Analizzare le tue sensazioni e reazioni ti aiuterà a capire come le tue paure stanno cambiando e quali tecniche sono state più efficaci.

- **Raccogli Feedback:** Se hai lavorato con un terapeuta, un coach o hai ricevuto feedback da amici o familiari, considera attentamente questi input. I feedback esterni possono fornire prospettive preziose che potresti non aver considerato e aiutarti a identificare aree di miglioramento.

2. Identificare le Aree di Miglioramento

Una volta che hai esaminato i tuoi progressi, è importante identificare le aree che necessitano di miglioramento. Questa fase ti permette di apportare modifiche alle tue strategie e di affrontare le difficoltà che potrebbero essere emerse. Ecco come identificare e affrontare queste aree:

- **Analizza le Difficoltà:** Identifica le situazioni in cui hai incontrato difficoltà significative o dove hai notato che le tue paure non sono state completamente superate. Questi punti critici possono offrire indizi su quali aspetti delle tue strategie potrebbero necessitare di aggiustamenti.

- **Valuta l'Approccio alle Paure:** Se una particolare tecnica di affrontamento non ha prodotto i risultati desiderati, valuta se è stata applicata correttamente o se è necessario un approccio diverso. Potrebbe essere utile modificare la scala di esposizione o cambiare il modo in cui ti prepari psicologicamente.

- **Considera Nuove Tecniche:** Se le tecniche attuali non stanno funzionando come sperato, esplora altre strategie di affrontamento. Esistono molte tecniche diverse per gestire le paure e, a volte, un approccio diverso può fare la differenza.

3. Adattare le Strategie di Affrontamento

Adattare le tue strategie di affrontamento è essenziale per affrontare le tue paure con successo. Ecco come procedere per modificare e migliorare le tue tecniche:

- **Modifica la Scala di Esposizione:** Se ti rendi conto che alcune situazioni nella tua scala di esposizione sono troppo facili o troppo difficili, apporta modifiche. Aggiungi o riduci il livello di difficoltà delle situazioni per adattarle meglio ai tuoi progressi e alle tue esigenze.

- **Aggiorna gli Obiettivi:** Rivedi e aggiorna i tuoi obiettivi di affrontamento in base ai tuoi progressi. Se hai raggiunto un obiettivo, fissane uno nuovo e più sfidante. Se stai incontrando difficoltà, considera di modificare gli obiettivi per renderli più realistici e raggiungibili.

- **Integra Nuove Tecniche:** Sperimenta con nuove tecniche di rilassamento, comunicazione o esposizione. Ad esempio, se la respirazione profonda ti ha aiutato in passato, prova a combinarla con la visualizzazione positiva o altre tecniche di rilassamento.

4. Monitorare e Registrare i Cambiamenti

Il monitoraggio dei cambiamenti e la registrazione delle tue esperienze sono fondamentali per adattare le tue strategie in modo informato. Utilizza i seguenti approcci per tenere traccia dei tuoi progressi:

- **Tieni un Diario di Affrontamento:** Usa un diario per annotare le tue esperienze, le tue sensazioni e le tue osservazioni durante il processo di affrontamento. Questo ti aiuterà a mantenere una panoramica chiara dei tuoi progressi e a identificare eventuali schemi o aree di difficoltà.

- **Registra le Emozioni e le Reazioni:** Documenta le tue emozioni e reazioni in diverse situazioni sociali e interpersonali. Questo può fornirti una visione più profonda di come le tue paure si stanno evolvendo e come le tue strategie stanno influenzando il tuo stato emotivo.

- **Rivedi Periodicamente i Progressi:** Fissa dei momenti regolari per rivedere i tuoi progressi e le tue strategie. Questo ti permetterà di fare aggiustamenti tempestivi e di rimanere sulla buona strada verso il superamento delle tue paure.

5. Celebrare i Successi e Mantenere la Motivazione

Infine, celebrare i tuoi successi è essenziale per mantenere alta la motivazione e rafforzare la tua autostima. Ecco come farlo:

- **Riconosci i Successi:** Ogni passo avanti, anche il più piccolo, è un risultato da celebrare. Riconoscere e festeggiare i tuoi successi ti aiuterà a mantenere una mentalità positiva e a motivarti per affrontare ulteriori sfide.

- **Condividi i Progressi:** Condividi i tuoi successi con amici, familiari o un gruppo di supporto. Ricevere riconoscimento e incoraggiamento da persone che ti sostengono può rinforzare il tuo impegno e la tua determinazione.

- **Mantieni l'Entusiasmo:** Continua a cercare opportunità per affrontare e superare le tue paure. Mantenere un atteggiamento positivo e un forte impegno verso il miglioramento personale ti aiuterà a raggiungere ulteriori successi e a costruire una maggiore fiducia in te stesso.

Conclusione

Riflettere e adattare le strategie di affrontamento è un passo cruciale nel processo di superamento delle paure. Analizzare i progressi, identificare le aree di miglioramento, adattare le tecniche, monitorare i cambiamenti e celebrare i successi ti permetteranno di affinare continuamente il tuo approccio e di affrontare le tue paure con maggiore efficacia. Con una riflessione costante e una volontà di adattare le tue strategie, puoi aumentare la tua autostima e il tuo coraggio, diventando una persona più forte e sicura nelle tue interazioni quotidiane.

VI. Esercizi di Visualizzazione e Immaginazione Guidata

1. Il Concetto di Visualizzazione nella Crescita Personale

La visualizzazione è una tecnica psicologica potente che gioca un ruolo cruciale nella crescita personale e nel superamento delle sfide. Essa si basa sull'idea che l'immaginazione di successi e obiettivi possa influenzare direttamente il nostro comportamento e le nostre realizzazioni. Questo concetto è radicato nella convinzione che il cervello non distingue tra esperienze reali e quelle vividamente immaginate, il che può essere sfruttato per migliorare le prestazioni e sviluppare nuove abilità.

Fondamenti della Visualizzazione

La visualizzazione implica creare immagini mentali chiare e dettagliate di obiettivi, successi o esperienze desiderate. Questa tecnica non è semplicemente una forma di sogno ad occhi aperti, ma un processo attivo che richiede concentrazione e chiarezza. Quando visualizziamo una situazione con attenzione ai dettagli, il cervello attiva le stesse aree coinvolte nella realizzazione di quell'esperienza. Questo significa che, visualizzando un successo, si stimolano le stesse risorse cognitive ed emotive che si utilizzerebbero se si stesse vivendo quel successo nella realtà.

Benefici della Visualizzazione

I benefici della visualizzazione nella crescita personale sono numerosi e ben documentati. Studi scientifici hanno dimostrato che la visualizzazione può migliorare la performance in ambiti come lo sport, l'arte e le abilità professionali. Ad esempio, gli atleti spesso utilizzano la visualizzazione per immaginare e perfezionare le loro performance, aumentando così la loro fiducia e il loro rendimento. Analogamente, i professionisti possono visualizzare il successo di una presentazione o di un progetto per aumentare la loro autostima e ridurre l'ansia.

Esempi Pratici di Visualizzazione

Per applicare efficacemente la visualizzazione alla tua crescita personale, inizia con la creazione di immagini mentali vivide dei tuoi obiettivi. Se il tuo obiettivo è quello di parlare in pubblico con sicurezza, immagina te stesso sul palco, osservando il pubblico che reagisce positivamente e sentendoti a tuo agio e competente. Questo esercizio non solo ti aiuterà a prepararti mentalmente, ma aumenterà anche la tua autostima e ridurrà l'ansia pre-performance.

Un altro esempio pratico è l'uso della visualizzazione per la gestione dello stress. Immagina di affrontare una situazione stressante con calma e competenza. Visualizza te stesso mentre adotti tecniche di rilassamento e risolvi i problemi in modo efficace. Questo approccio ti aiuterà a sviluppare strategie per affrontare situazioni reali con maggiore tranquillità e controllo.

Integrazione nella Vita Quotidiana

Per integrare la visualizzazione nella tua routine quotidiana, dedica alcuni minuti ogni giorno a questa pratica. Scegli un momento della giornata in cui puoi concentrarti senza distrazioni, come al mattino prima di iniziare la giornata o alla sera prima di andare a letto. Usa tecniche di rilassamento come la respirazione profonda per prepararti alla visualizzazione e assicurati di creare immagini mentali ricche di dettagli sensoriali. La coerenza è fondamentale: praticare regolarmente la visualizzazione ti aiuterà a mantenere il focus sui tuoi obiettivi e a fare progressi costanti verso il loro raggiungimento.

La visualizzazione è un potente strumento che, se utilizzato correttamente, può accelerare il progresso verso i tuoi obiettivi personali e professionali, migliorando la tua autostima, il tuo coraggio e la tua sicurezza. Comprendere e applicare questo concetto nella tua vita quotidiana ti permetterà di affrontare le sfide con una nuova prospettiva e di realizzare il tuo pieno potenziale.

2. Tecniche di Visualizzazione per il Successo e l'Autoefficacia

La visualizzazione è uno strumento potentissimo che, se utilizzato correttamente, può avere un impatto significativo sulla tua autoefficacia e sul successo personale. Essa non è semplicemente un esercizio mentale, ma una pratica concreta che può essere integrata nella tua routine per raggiungere i tuoi obiettivi e rafforzare la tua fiducia. Di seguito, esploreremo diverse tecniche di visualizzazione che possono aiutarti a massimizzare il tuo potenziale e a coltivare un atteggiamento positivo verso le tue sfide.

1. Visualizzazione del Successo

La tecnica della visualizzazione del successo è basata sull'immaginare dettagliatamente il raggiungimento di un obiettivo specifico. Per utilizzare questa tecnica, segui questi passaggi:

1. **Definisci Chiaramente l'Obiettivo:** Inizia con un obiettivo ben definito, che sia specifico, misurabile e realizzabile. Ad esempio, se il tuo obiettivo è ottenere una promozione sul lavoro, visualizza il momento in cui ricevi l'offerta e immagina la tua reazione positiva.

2. **Crea un'Immagine Mentale Dettagliata:** Immagina te stesso mentre raggiungi l'obiettivo con il maggior numero di dettagli possibile. Visualizza il contesto, le emozioni che provi, le persone coinvolte e le sensazioni fisiche. Se stai visualizzando una presentazione, immagina il pubblico che applaude e il tuo stato di sicurezza mentre parli.

3. **Incorpora i Sensi:** Per rendere la visualizzazione più potente, utilizza tutti i tuoi sensi. Non solo immagina cosa vedi, ma anche cosa senti, odori, e magari anche come ti senti fisicamente e mentalmente in quella situazione di successo.

4. **Ripeti Regolarmente:** Dedica qualche minuto ogni giorno a questa pratica. La ripetizione aiuta a rafforzare le connessioni mentali e a mantenere il focus sul tuo obiettivo.

2. Visualizzazione del Processo

Invece di focalizzarti solo sul risultato finale, la visualizzazione del processo ti aiuta a prepararti per ogni fase del raggiungimento del tuo obiettivo. Questa tecnica implica immaginare i passaggi necessari per il successo e come affrontarli.

1. **Scomponi l'Obiettivo in Passaggi:** Identifica le tappe intermedie che devi superare. Se il tuo obiettivo è correre una maratona, immagina non solo il giorno della gara, ma anche la tua preparazione, l'allenamento quotidiano, e le sfide che affronti durante il percorso.

2. **Visualizza Ogni Passaggio:** Per ogni fase del processo, immagina come affronti e superi le difficoltà. Questo ti aiuterà a prepararti mentalmente per le sfide e a sviluppare strategie per affrontarle.

3. **Includi le Tecniche di Problem Solving:** Immagina te stesso mentre risolvi problemi e affronti ostacoli. Questo ti preparerà a mantenere la calma e a prendere decisioni efficaci quando incontrerai difficoltà reali.

3. Visualizzazione del Superamento delle Difficoltà

Questa tecnica si concentra sul vedere te stesso superare ostacoli e sfide. È particolarmente utile per rafforzare la resilienza e la fiducia in te stesso.

1. **Identifica le Difficoltà Potenziali:** Pensa a quali sfide potrebbero sorgere lungo il percorso verso il tuo obiettivo. Se stai preparando un esame, ad esempio, potresti temere di non avere abbastanza tempo per studiare.

2. **Immagina il Superamento:** Visualizza te stesso mentre affronti e superi questi ostacoli. Immagina le azioni specifiche che intraprendi per risolvere i problemi e come ti senti una volta superata la difficoltà.

3. **Pratica la Resilienza:** Questa visualizzazione ti aiuterà a costruire una mentalità resiliente e a sentirti preparato a gestire le difficoltà quando si presentano nella realtà.

4. Visualizzazione del Comportamento e delle Abitudini

Il successo non dipende solo dal raggiungimento degli obiettivi, ma anche dalle abitudini quotidiane che supportano il progresso verso di essi.

1. **Immagina le Abitudini Positive:** Visualizza te stesso mentre segui le abitudini che contribuiranno al tuo successo. Se stai cercando di migliorare la tua produttività, immagina una giornata lavorativa in cui segui una routine ben organizzata.

2. **Concentrati sui Dettagli:** Immagina le azioni specifiche che intraprendi per mantenere queste abitudini. Visualizza i momenti di decisione e le strategie che utilizzi per restare concentrato e motivato.

3. **Associa Emozioni Positive:** Associa queste abitudini a emozioni positive come soddisfazione e orgoglio. Questo ti aiuterà a rendere le abitudini più attraenti e gratificanti.

5. Visualizzazione della Fiducia in Se Stessi

Avere fiducia in se stessi è fondamentale per affrontare le sfide e raggiungere i propri obiettivi. Utilizza la visualizzazione per rafforzare la tua autostima e il tuo senso di competenza.

1. *Crea Immagini di Successo:* Visualizza situazioni in cui dimostri la tua competenza e sicurezza. Immagina te stesso mentre affronti con successo situazioni che ti mettono alla prova.

2. *Concentrati sui Successi Passati:* Ricorda e visualizza i tuoi successi passati e come ti sei sentito in quei momenti. Questo ti aiuterà a rinforzare la tua fiducia nelle tue capacità.

3. *Affronta le Critiche con Sicurezza:* Immagina di ricevere feedback o critiche in modo costruttivo e di rispondere con fiducia. Questo ti aiuterà a mantenere un atteggiamento positivo anche di fronte a difficoltà.

La visualizzazione per il successo e l'autoefficacia è una pratica che, se eseguita correttamente e regolarmente, può avere un impatto trasformativo sulla tua vita. Incorporare queste tecniche nella tua routine quotidiana ti aiuterà a mantenere la concentrazione sui tuoi obiettivi, a superare le sfide con maggiore facilità e a sviluppare una fiducia in te stesso duratura e autentica.

3. Esercizio di Visualizzazione per Affrontare Situazioni Stressanti

L'esercizio di visualizzazione per affrontare situazioni stressanti è una tecnica potente per preparare la mente e il corpo a gestire efficacemente le pressioni quotidiane e le sfide inaspettate. Questa pratica aiuta a ridurre l'ansia, aumentare la resilienza e migliorare la capacità di affrontare situazioni difficili con calma e sicurezza. Di seguito, esploreremo un approccio dettagliato a questo esercizio, suddiviso in passaggi chiari e pratici.

1. Seleziona una Situazione Stressante

Il primo passo è identificare una situazione stressante specifica che desideri affrontare. Questa potrebbe essere una presentazione pubblica, un colloquio di lavoro, una discussione difficile o qualsiasi altra situazione che provoca ansia. Ad esempio, immagina di dover fare una presentazione importante davanti a un pubblico di colleghi e superiori.

2. Trova un Ambiente Rilassato e Confortevole

Per ottenere i migliori risultati dalla visualizzazione, scegli un luogo tranquillo e privo di distrazioni. Siediti comodamente o sdraiati, assicurandoti di essere in uno stato di relax fisico e mentale. Chiudi gli occhi e concentra la tua attenzione sul tuo respiro, facendo qualche respiro profondo per calmarlo e prepararlo.

3. Immagina la Situazione in Dettaglio

Visualizza la situazione stressante con il massimo dei dettagli possibile. Immagina te stesso mentre entri nell'ambiente in cui avverrà la situazione, percepisci l'atmosfera, i suoni e le sensazioni fisiche. Se stai preparando una presentazione, immagina la sala conferenze, il pubblico che ti guarda, e il tuo stato d'animo mentre ti prepari a parlare.

4. Visualizza Te Stesso Affrontare la Situazione con Successo

Ora, proietta nella tua mente un'immagine di te stesso che affronta la situazione con competenza e tranquillità. Immagina che tu stia parlando con chiarezza, sicurezza e convinzione. Vedi te stesso gestire eventuali imprevisti con calma e rispondere alle domande o alle obiezioni in modo efficace e professionale. Ad esempio, visualizza le tue mani che gesticolano in modo naturale e la tua voce che esprime sicurezza.

5. Concentra l'Attenzione sulle Emozioni Positive

Durante la visualizzazione, focalizzati sulle emozioni positive e sulle sensazioni di successo. Immagina come ti sentirai una volta superata la situazione, con un senso di soddisfazione e orgoglio per aver affrontato la sfida. Associando queste emozioni positive alla situazione stressante, rinforzi il tuo atteggiamento ottimista e riduci la percezione della paura.

6. Esercita la Risoluzione dei Problemi

Durante la visualizzazione, includi scenari di problemi o imprevisti e immagina come li risolverai. Per esempio, se durante la tua presentazione un problema tecnico interrompe la tua esposizione, visualizza te stesso che rimani calmo, trovi una soluzione temporanea, e continui con successo. Questa pratica ti aiuterà a prepararti mentalmente a gestire le difficoltà in modo efficace.

7. Ripeti e Rivedi l'Esercizio

La visualizzazione è più efficace quando viene ripetuta regolarmente. Dedica del tempo ogni giorno a praticare questo esercizio, rivedendo la situazione e migliorando i dettagli. Ogni volta, cerca di affinare le tue immagini mentali e le tue risposte, rendendole sempre più realistiche e coinvolgenti.

8. Integra la Visualizzazione nella Tua Routine

Per massimizzare i benefici dell'esercizio di visualizzazione, integralo nella tua routine quotidiana. Puoi fare una sessione di visualizzazione al mattino per prepararti alla giornata, o prima di un evento specifico per preparare la tua mente a gestire la situazione stressante. Associa l'esercizio a momenti di relax, come prima di andare a letto, per favorire un sonno più tranquillo.

9. Valuta e Adatta la Tua Tecnica

Dopo aver affrontato la situazione stressante, valuta come è andata. Rivedi la tua visualizzazione e considera se ci sono aspetti che potrebbero essere migliorati. Adatta la tua tecnica in base all'esperienza reale e alle tue osservazioni, per ottimizzare ulteriormente i tuoi risultati.

10. Utilizza il Feedback per Migliorare

Se possibile, chiedi feedback a colleghi, amici o mentori sull'andamento della situazione stressante. Usa questo feedback per perfezionare ulteriormente le tue sessioni di visualizzazione. Considera le aree di miglioramento e integra queste osservazioni nella tua pratica futura.

Incorporare questi passaggi nella tua pratica di visualizzazione ti aiuterà a prepararti mentalmente per affrontare situazioni stressanti con maggiore efficacia e sicurezza. La visualizzazione non solo migliora la tua capacità di gestire l'ansia, ma contribuisce anche a rafforzare la tua fiducia e a ottimizzare il tuo comportamento nelle situazioni critiche.

4. Utilizzare l'Immaginazione Guidata per Rafforzare la Resilienza

L'immaginazione guidata è una tecnica psicologica potente per sviluppare la resilienza, ossia la capacità di affrontare e superare le difficoltà. Attraverso la visualizzazione e l'immaginazione guidata, è possibile rafforzare il proprio spirito, prepararsi a situazioni difficili e costruire una base solida per la gestione dello stress e dei cambiamenti. Questo paragrafo esplorerà in dettaglio come utilizzare l'immaginazione guidata per migliorare la resilienza, fornendo esempi pratici e tecniche efficaci.

1. Comprendere il Ruolo dell'Immaginazione Guidata nella Resilienza

L'immaginazione guidata, o visualizzazione guidata, è un processo mentale che utilizza immagini e scenari per influenzare positivamente il comportamento e le emozioni. Essa aiuta a creare un "spazio sicuro" mentale, dove possiamo esplorare e preparare le risposte a situazioni stressanti. Questa tecnica permette di simulare mentalmente le sfide, praticare la risoluzione dei problemi e costruire una maggiore autostima, tutti elementi cruciali per la resilienza.

2. Creare uno Spazio Mentale di Resilienza

Inizia trovando un ambiente tranquillo dove puoi concentrarti senza distrazioni. Siediti comodamente e chiudi gli occhi. Immagina di trovarti in un luogo che ti trasmette sicurezza e calma. Questo spazio mentale può essere un luogo reale o un ambiente immaginario che rappresenta pace e tranquillità per te. Ad esempio, potresti visualizzare un giardino tranquillo, una spiaggia soleggiata o una montagna serena. Questo ambiente sarà la tua base per esercitare la resilienza.

3. Visualizzare Situazioni di Sfida e Superamento

Una volta stabilito il tuo spazio mentale di calma, inizia a visualizzare situazioni di sfida che potresti affrontare. Immagina scenari che provocano stress e incertezza, come un colloquio di lavoro, una presentazione importante o una situazione di conflitto interpersonale. Dettaglia ogni aspetto della situazione, inclusi gli stimoli ambientali, le emozioni che provi e le reazioni delle persone coinvolte. Questo ti permette di prepararti mentalmente e di esplorare varie risposte.

4. Simulare Risposte Efficaci e Soluzioni

Durante la visualizzazione, immagina di affrontare ogni situazione con successo. Visualizza te stesso che gestisci la situazione con calma e competenza. Pratica le risposte che desideri dare e le soluzioni che vuoi implementare. Per esempio, se stai immaginando un colloquio di lavoro, visualizza te stesso che risponde a domande con sicurezza, gestisce le obiezioni con astuzia e termina il colloquio con un'impressione positiva. Questo processo aiuta a costruire la fiducia nelle proprie capacità e a rafforzare la resilienza.

5. Affrontare l'Incertezza e le Difficoltà

Incorpora elementi di incertezza e difficoltà nella tua visualizzazione. Immagina di incontrare ostacoli imprevisti o sfide aggiuntive. Ad esempio, se durante una presentazione si verifica un problema tecnico, visualizza te stesso che affronta la situazione con prontezza e trova una soluzione. Allenare la mente a gestire l'incertezza aiuta a sviluppare una maggiore flessibilità mentale e a prepararsi meglio per le situazioni reali.

6. Rafforzare le Emozioni Positive

Durante l'immaginazione guidata, concentrati sulle emozioni positive che provi mentre superi le difficoltà. Immagina il senso di soddisfazione, orgoglio e sicurezza che sperimenti dopo aver affrontato con successo una sfida. Associando queste emozioni positive alle situazioni stressanti, rinforzi la tua capacità di affrontare situazioni reali con un atteggiamento positivo e resiliente.

7. Praticare Regolarmente e Valutare i Progressi

Per ottenere risultati ottimali, pratica l'immaginazione guidata regolarmente. Dedica alcuni minuti ogni giorno a esercitarti, rivedendo e affinando le tue visualizzazioni. Valuta i tuoi progressi e adatta le tue sessioni di visualizzazione in base alle esperienze e ai feedback ottenuti. Monitorare i tuoi miglioramenti ti aiuterà a perfezionare le tue tecniche e a mantenere alta la tua resilienza.

8. Integrare la Visualizzazione nella Vita Quotidiana

Incorpora la visualizzazione guidata nella tua routine quotidiana. Puoi fare una sessione di immaginazione guidata al mattino per prepararti alla giornata o alla sera per riflettere sugli eventi del giorno. Utilizza queste sessioni per rafforzare la resilienza e prepararti mentalmente ad affrontare le sfide quotidiane. Ad esempio, se prevedi una giornata particolarmente stressante, usa la visualizzazione per pianificare le tue risposte e ottenere una maggiore tranquillità mentale.

9. Utilizzare la Visualizzazione per Obiettivi a Lungo Termine

La visualizzazione guidata può essere usata anche per pianificare e preparare obiettivi a lungo termine. Immagina il successo nei tuoi obiettivi personali o professionali, visualizza il percorso necessario per raggiungerli e affronta le potenziali difficoltà che potresti incontrare. Questa preparazione mentale aiuta a mantenere alta la motivazione e a superare gli ostacoli lungo il cammino.

10. Condividere e Ricevere Supporto

Infine, considera di condividere le tue esperienze di visualizzazione con amici, familiari o colleghi di fiducia. Ricevere feedback e supporto può rafforzare ulteriormente la tua resilienza. Parla delle tue visualizzazioni e dei tuoi progressi con persone che possono offrirti incoraggiamento e consigli pratici. Questo scambio può arricchire la tua esperienza e migliorare ulteriormente la tua capacità di affrontare le sfide.

L'utilizzo dell'immaginazione guidata per rafforzare la resilienza è una tecnica potente che, se praticata regolarmente, può avere un impatto significativo sulla tua capacità di affrontare le difficoltà e di mantenere un atteggiamento positivo di fronte alle sfide.

5. Visualizzazione e Obiettivi: Creare una Visione Chiara e Motivante

La visualizzazione non è solo una tecnica per affrontare le sfide e migliorare la resilienza, ma è anche uno strumento potente per stabilire e raggiungere obiettivi personali e professionali. Creare una visione chiara e motivante attraverso la visualizzazione può trasformare i tuoi sogni in realtà, fornendo una guida concreta e un'ispirazione continua. Questo paragrafo esplorerà in dettaglio come utilizzare la visualizzazione per definire obiettivi, creare una visione potente e mantenere la motivazione necessaria per raggiungere il successo.

1. Definire Obiettivi Specifici e Misurabili

Il primo passo nella creazione di una visione chiara è definire obiettivi specifici e misurabili. Gli obiettivi devono essere chiari, concreti e ben definiti. Ad esempio, piuttosto che stabilire un obiettivo generico come "voglio migliorare la mia carriera", specifica un obiettivo misurabile come "voglio ottenere una promozione al termine dell'anno" o "desidero completare un corso di formazione professionale entro sei mesi". La chiarezza e la misurabilità dell'obiettivo ti aiutano a creare una visione più concreta e tangibile durante la visualizzazione.

2. Creare una Visione Dettagliata e Realistica

Una volta stabilito l'obiettivo, è importante creare una visione dettagliata e realistica del successo. Immagina in dettaglio come sarà il raggiungimento del tuo obiettivo. Visualizza ogni aspetto del processo: dal momento in cui inizi a lavorare verso l'obiettivo fino al momento in cui lo raggiungi. Ad esempio, se il tuo obiettivo è ottenere una promozione, visualizza il processo di candidatura, la preparazione per l'intervista, la celebrazione del successo con il tuo team e le nuove responsabilità che assumerai. Includere dettagli specifici, come gli ambienti, le persone coinvolte e le emozioni che provi, rende la tua visione più realistica e coinvolgente.

3. Immaginare i Benefici e le Ricompense

Per mantenere alta la motivazione, immagina non solo il processo di raggiungimento del tuo obiettivo, ma anche i benefici e le ricompense che ne derivano. Visualizza le emozioni positive e i vantaggi che otterrai una volta raggiunto l'obiettivo. Ad esempio, se stai lavorando per una promozione, immagina la soddisfazione di ottenere il riconoscimento dei tuoi sforzi, l'aumento di stipendio, le nuove opportunità professionali e il miglioramento della tua qualità della vita. Concentrarti sui benefici ti aiuterà a rimanere motivato e focalizzato, specialmente quando affronti le difficoltà.

4. Utilizzare la Visualizzazione per Superare Ostacoli

Durante il processo di visualizzazione, non limitarti a immaginare solo il successo. Includi anche le sfide e gli ostacoli che potresti incontrare lungo il percorso e come li supererai. Ad esempio, se prevedi di affrontare delle difficoltà nella tua carriera, visualizza come affronterai e risolverai problemi, come ti adatterai ai cambiamenti e come manterrai la tua determinazione nonostante le difficoltà. Questa preparazione mentale ti aiuta a essere proattivo e a sviluppare strategie per gestire eventuali imprevisti.

5. Creare Routine di Visualizzazione Quotidiane

Per massimizzare l'efficacia della visualizzazione, integra la pratica nella tua routine quotidiana. Dedica alcuni minuti ogni giorno a visualizzare il tuo obiettivo e la tua visione. La coerenza è fondamentale; praticare regolarmente aiuta a mantenere viva la tua motivazione e a rafforzare la tua determinazione. Puoi utilizzare tecniche diverse, come la meditazione visiva al mattino o una sessione di visualizzazione serale, per mantenere il focus sui tuoi obiettivi e prepararti mentalmente per le sfide del giorno successivo.

6. Monitorare i Progressi e Adattare la Visione

La visualizzazione deve essere un processo dinamico.
Monitorare i tuoi progressi verso l'obiettivo e adattare la tua
visione in base ai risultati ottenuti è essenziale per il successo a
lungo termine. Se noti che alcuni aspetti della tua visione
necessitano di modifiche o aggiustamenti, apporta le modifiche
necessarie. Ad esempio, se un obiettivo sembra troppo
ambizioso o poco realistico, rivedi e modifica la tua visione per
allinearla meglio alla realtà. Questo processo di adattamento ti
permette di rimanere flessibile e di affrontare eventuali
cambiamenti di rotta.

7. Incorporare Elementi di Gratitudine e Positività

Includi nella tua visualizzazione elementi di gratitudine e
positività. Immagina di esprimere gratitudine per il percorso
intrapreso e per le persone che ti hanno supportato lungo il
cammino. Sentire gratitudine e mantenere un atteggiamento
positivo ti aiuta a rinforzare la tua determinazione e a creare un
ambiente mentale favorevole al successo. La gratitudine
aumenta il tuo benessere psicologico e ti motiva a continuare a
lavorare verso i tuoi obiettivi.

8. Utilizzare la Visualizzazione come Strumento di Motivazione

La visualizzazione può fungere da potente strumento di
motivazione, specialmente nei momenti di stanchezza o
disillusione. Ogni volta che ti senti demotivato o frustrato,
torna alla tua visione e ricorda il motivo per cui stai lavorando
verso l'obiettivo. Rivisualizza i benefici e i risultati positivi,
rinfresca il tuo entusiasmo e riallinea la tua energia verso il
raggiungimento dell'obiettivo. Questo rinforzo positivo ti aiuta
a mantenere alta la motivazione e a perseverare anche nei
momenti difficili.

9. Condividere la Tua Visione con Altri

Condividere la tua visione e i tuoi obiettivi con amici, familiari o colleghi può fornire ulteriore supporto e incoraggiamento. La condivisione non solo crea una rete di supporto, ma ti offre anche opportunità per ricevere feedback e consigli utili. Parlare apertamente dei tuoi obiettivi con persone fidate può aumentare la tua responsabilità e fornire un'ulteriore spinta motivazionale.

10. Celebrare i Successi e Riflettere sul Percorso

Infine, non dimenticare di celebrare i tuoi successi e riflettere sul percorso intrapreso. Ogni volta che raggiungi un traguardo, anche piccolo, riconosci e celebra il tuo successo. Riflettere sui progressi ti permette di apprezzare il viaggio e di fare il punto su cosa ha funzionato e cosa può essere migliorato. Questa riflessione ti aiuta a consolidare i tuoi risultati e a prepararti per nuovi obiettivi futuri.

Creare una visione chiara e motivante attraverso la visualizzazione è un passo cruciale per raggiungere i tuoi obiettivi. Utilizzando queste tecniche, puoi costruire una base solida per il successo e mantenere alta la tua motivazione durante il percorso.

6. Esercizi di Visualizzazione per Migliorare le Prestazioni Sportive

La visualizzazione è una tecnica ampiamente utilizzata nel mondo dello sport per migliorare le prestazioni e ottenere risultati ottimali. Atleti di ogni livello, dai principianti ai professionisti, ricorrono a questa pratica per affinare le loro abilità, aumentare la fiducia in sé e gestire meglio la pressione competitiva. Questo paragrafo esplorerà vari esercizi di visualizzazione specifici per il miglioramento delle prestazioni sportive, fornendo dettagli su come implementarli e sfruttarli al massimo.

1. Creare una Routine di Visualizzazione Pre-Performance

Una routine di visualizzazione pre-performance è fondamentale
per preparare la mente e il corpo prima di una competizione o
di una sessione di allenamento. Inizia dedicando alcuni minuti
alla visualizzazione prima di iniziare l'attività sportiva. Trova
un luogo tranquillo dove puoi rilassarti senza distrazioni.
Chiudi gli occhi e immagina di essere nel contesto della
competizione o dell'allenamento. Visualizza ogni dettaglio: il
luogo, le persone, l'ambiente e, soprattutto, te stesso mentre
esegui le tue attività al massimo delle tue capacità. Ad esempio,
un corridore potrebbe visualizzarsi mentre corre lungo il
percorso, concentrandosi sulla forma, sul ritmo e sulla
sensazione di superare la linea di arrivo.

2. Tecnica del Video Mentale

La tecnica del video mentale consiste nel creare una
riproduzione mentale di una performance sportiva ideale.
Immagina di essere davanti a uno schermo e osserva te stesso
mentre esegui perfettamente le azioni necessarie. Per esempio,
se sei un giocatore di tennis, immagina di colpire la palla con
precisione, di muoverti agilmente in campo e di vincere il
punto decisivo. Questa tecnica aiuta a rafforzare la memoria
muscolare e a migliorare la coordinazione, facilitando
l'esecuzione delle azioni desiderate durante le competizioni
reali.

3. Visualizzazione di Successi Passati

Rivivere mentalmente i tuoi successi passati è un esercizio potente per costruire la fiducia in sé e motivarsi. Dedica alcuni minuti a ricordare i tuoi momenti di successo, sia durante le competizioni che durante gli allenamenti. Immagina come ti sentivi in quei momenti di vittoria, le sensazioni di gioia e soddisfazione. Questa pratica ti aiuterà a rafforzare la tua autostima e a ricordarti delle tue capacità, creando una base solida di sicurezza e determinazione per affrontare le sfide future.

4. Visualizzazione di Gestione della Pressione

Affrontare la pressione e l'ansia è cruciale per le prestazioni sportive. Usa la visualizzazione per prepararti mentalmente a gestire situazioni stressanti. Immagina di trovarti in una situazione competitiva ad alta pressione, come un momento decisivo di una partita. Visualizza te stesso mentre rimani calmo, concentrato e sicuro, affrontando la situazione con successo. Questo esercizio ti aiuterà a sviluppare una mentalità resiliente e a ridurre l'ansia, migliorando la tua performance sotto pressione.

5. Visualizzazione del Superamento degli Ostacoli

Durante la preparazione per una competizione, è utile immaginare come superare gli ostacoli che potrebbero presentarsi. Ad esempio, un maratoneta potrebbe visualizzare l'affrontare colline ripide o la fatica crescente durante la corsa. Immagina come reagirai e quali strategie utilizzerai per superare questi ostacoli. Visualizzare il superamento delle difficoltà ti prepara mentalmente ad affrontare le sfide in modo efficace e a mantenere la motivazione anche quando le cose si fanno difficili.

6. Tecnica della "Pratica Senza Errori"

La tecnica della "pratica senza errori" è un esercizio di visualizzazione che ti consente di immaginare te stesso mentre esegui ogni movimento con precisione e senza errori. Questo tipo di visualizzazione aiuta a migliorare la tecnica e a perfezionare le abilità. Ad esempio, se sei un nuotatore, immagina ogni bracciata e battito di gambe con la massima perfezione, visualizzando un'esecuzione fluida e senza sforzo. La ripetizione mentale di movimenti corretti aiuta a migliorare la memoria muscolare e a ridurre gli errori durante le performance reali.

7. Visualizzazione dell'Integrazione delle Strategie di Gara

Un esercizio utile è la visualizzazione dell'integrazione delle strategie di gara. Immagina di pianificare e mettere in pratica le tue strategie durante una competizione. Ad esempio, se hai preparato una strategia di gara specifica, come una tattica di sorpasso in una corsa, visualizza come la implementerai passo dopo passo. Questo tipo di visualizzazione ti aiuta a familiarizzare con le tue strategie e a migliorarne l'efficacia, preparandoti mentalmente ad applicarle in situazioni reali.

8. Uso di Ancore Visive e Sensoriali

Le ancore visive e sensoriali sono elementi che puoi associare a stati di prestazione ottimali. Durante la visualizzazione, utilizza ancore come il colore della tua uniforme, l'odore dell'erba del campo o il suono del pubblico. Associa queste ancore a sensazioni di concentrazione e successo. Ad esempio, immagina di essere nel tuo stadio preferito, ascolta il rumore della folla e senti l'odore del terreno. Queste ancore aiutano a rinforzare lo stato mentale positivo e a trasferire queste sensazioni durante la competizione.

9. Visualizzazione di Riflessione e Miglioramento

Dopo ogni gara o sessione di allenamento, utilizza la visualizzazione per riflettere sui tuoi punti di forza e sulle aree di miglioramento. Immagina di rivedere la tua performance, identificare le aree che necessitano di miglioramento e sviluppare piani per apportare le modifiche necessarie. Questo esercizio ti consente di apprendere dai tuoi risultati e di pianificare miglioramenti futuri, contribuendo così alla tua crescita continua come atleta.

10. Creare Routine di Visualizzazione Pre-Gara

Integra la visualizzazione nella tua routine pre-gara per prepararti mentalmente alla competizione. Dedica tempo a visualizzare l'intero processo, dalla preparazione all'esecuzione della gara. Immagina di eseguire ogni fase del tuo rituale pre-gara, dal riscaldamento alla concentrazione finale. Questa preparazione mentale aiuta a creare un senso di normalità e familiarità, riducendo l'ansia e migliorando la tua capacità di affrontare la gara con calma e fiducia.

Incorporare questi esercizi di visualizzazione nella tua routine di allenamento e preparazione ti aiuterà a migliorare le tue prestazioni sportive, a sviluppare una mentalità positiva e a raggiungere i tuoi obiettivi con maggiore efficacia. La visualizzazione è uno strumento potente che, se utilizzato correttamente, può fare la differenza tra un buon atleta e un grande atleta.

7. Tecniche di Visualizzazione per Superare le Ansie Sociali

L'ansia sociale può essere una barriera significativa per molti, impedendo alle persone di partecipare a eventi sociali, esprimere le proprie opinioni o costruire relazioni significative. Tuttavia, la visualizzazione è una tecnica potente che può essere utilizzata per ridurre e superare queste paure. Attraverso esercizi mirati di visualizzazione, è possibile preparare la mente e il corpo a gestire meglio le situazioni sociali e a costruire una maggiore fiducia in sé. In questo paragrafo, esploreremo diverse tecniche di visualizzazione specifiche per affrontare e superare l'ansia sociale.

1. Visualizzazione della Situazione Sociale

Inizia con la visualizzazione dettagliata delle situazioni sociali che ti causano ansia. Siediti in un luogo tranquillo e chiudi gli occhi. Immagina un evento sociale che ti spaventa, come una festa o una riunione di lavoro. Visualizza ogni dettaglio: l'ambiente, le persone presenti, i suoni e le interazioni. Non limitarti a immaginare solo l'evento, ma anche la tua partecipazione attiva. Visualizzati mentre ti senti a tuo agio, interagendo con gli altri, ridendo e conversando con naturalezza. Questa pratica aiuta a desensibilizzare la tua mente all'idea di partecipare a tali eventi, riducendo così il livello di ansia.

2. Visualizzazione di Risposte Sicure e Adeguate

Un'altra tecnica utile è la visualizzazione delle tue risposte a situazioni sociali. Immagina di trovarti in una conversazione difficile o imbarazzante e visualizza te stesso mentre rispondi con calma e sicurezza. Pensa a come esprimere i tuoi pensieri in modo chiaro e assertivo. Immagina di mantenere una postura rilassata e un tono di voce sicuro. Questa tecnica ti prepara mentalmente a gestire conversazioni reali, migliorando la tua capacità di rispondere in modo efficace e riducendo l'ansia associata all'interazione sociale.

3. Visualizzazione di Scenari di Successo

Visualizzare il successo in situazioni sociali può aumentare la tua autostima e prepararti meglio per affrontare eventi sociali. Immagina di partecipare a una festa o a una riunione e di avere un'esperienza positiva. Visualizza il momento in cui riesci a instaurare connessioni, a ricevere complimenti o a sentire approvazione da parte degli altri. Senti le emozioni positive associate a queste esperienze, come la gioia e il senso di realizzazione. Questa tecnica aiuta a creare aspettative positive e a costruire una mentalità orientata al successo.

4. Esercizi di Visualizzazione per il Controllo del Respiro

Integra la visualizzazione con tecniche di respirazione per gestire l'ansia sociale. Immagina di essere in una situazione sociale e di sentirti sopraffatto. Visualizza te stesso mentre utilizzi una respirazione profonda e calma per rilassarti. Immagina l'aria che entra nei tuoi polmoni e il respiro che ti aiuta a mantenere la calma e la lucidità. Associa questa tecnica a un senso di tranquillità e controllo. Praticare questa visualizzazione ti aiuterà a mantenere la calma in situazioni sociali reali e a gestire l'ansia in modo più efficace.

5. Creare una Routine di Visualizzazione Pre-Evento

Stabilisci una routine di visualizzazione pre-evento per prepararti mentalmente agli eventi sociali. Dedica alcuni minuti ogni giorno a visualizzare il prossimo incontro sociale, immaginandoti mentre partecipi senza stress. Concentrati su aspetti positivi, come il tuo comportamento sicuro e le interazioni piacevoli con gli altri. Questa pratica quotidiana rafforza la tua preparazione mentale e ti aiuta a entrare in situazioni sociali con maggiore fiducia e serenità.

6. Visualizzazione della Risoluzione dei Conflitti

Visualizzare la risoluzione positiva dei conflitti può essere particolarmente utile per coloro che temono le situazioni conflittuali. Immagina di trovarti in una discussione o in un confronto e visualizza te stesso mentre gestisci la situazione con diplomazia e rispetto. Visualizza il conflitto che si risolve positivamente e le persone coinvolte che si sentono soddisfatte della soluzione. Questa tecnica ti prepara mentalmente ad affrontare e risolvere i conflitti in modo costruttivo, riducendo l'ansia associata a tali situazioni.

7. Tecnica del "Dialogo Interiore Positivo"

Durante la visualizzazione, utilizza il dialogo interiore positivo per rinforzare la tua autostima. Immagina di parlarti mentalmente con affermazioni incoraggianti e motivanti. Ad esempio, visualizzati mentre ti dici: "Sono capace e sicuro di me" o "Posso affrontare qualsiasi situazione sociale con calma". Questo tipo di dialogo interiore aiuta a costruire una mentalità positiva e a rafforzare la tua autoconfidenza.

8. Visualizzazione della Resilienza dopo Errori

Immagina te stesso mentre affronti un errore o un imprevisto durante un'interazione sociale e visualizzati mentre gestisci la situazione con resilienza. Ad esempio, se fai un errore durante una conversazione, immagina di rimanere calmo, di scusarti e di continuare la conversazione senza stress. Visualizzare la gestione positiva degli errori ti aiuta a sviluppare una mentalità resiliente e ad affrontare le imperfezioni con maggiore facilità.

9. Utilizzare Immagini di Successo di Altri

Incorpora nella tua visualizzazione le immagini di persone che ammiri per la loro capacità di gestire situazioni sociali con disinvoltura. Immagina di emulare i loro comportamenti e atteggiamenti positivi. Ad esempio, se hai un amico che è molto socievole e sicuro di sé, visualizzati mentre adotti il suo modo di interagire e la sua fiducia. Questa tecnica ti fornisce modelli di comportamento e ti aiuta a interiorizzare strategie efficaci per affrontare le situazioni sociali.

10. Visualizzazione di Riflessione e Crescita

Infine, utilizza la visualizzazione per riflettere sulla tua crescita e sui progressi fatti. Dopo ogni evento sociale, immagina di rivedere la tua esperienza e di valutare i tuoi successi e le aree di miglioramento. Visualizzati mentre riconosci i tuoi punti di forza e pianifichi come migliorare ulteriormente. Questa riflessione ti aiuta a consolidare i progressi e a mantenere una mentalità orientata al miglioramento continuo.

Incorporare queste tecniche di visualizzazione nella tua routine può aiutarti a gestire e superare l'ansia sociale, migliorare le tue interazioni e costruire una maggiore fiducia in te stesso. La visualizzazione, se praticata regolarmente, può essere uno strumento potente per trasformare la tua esperienza sociale e renderti più sicuro e a tuo agio in qualsiasi contesto.

8. Immaginazione Guidata per il Relax e la Riduzione dello Stress

Nel contesto della gestione dello stress e del rilassamento, l'immaginazione guidata emerge come una delle tecniche più efficaci e accessibili. Questa pratica sfrutta il potere della mente per creare esperienze immersive e rilassanti che aiutano a ridurre il livello di stress e a promuovere il benessere. Attraverso esercizi mirati di immaginazione guidata, è possibile ottenere una sensazione di calma e tranquillità che contrasta gli effetti negativi dello stress sulla mente e sul corpo. In questo paragrafo, esploreremo come utilizzare l'immaginazione guidata per ottenere il massimo beneficio in termini di relax e riduzione dello stress.

1. Creazione di un Ambiente Rilassante Immaginario

Per iniziare un esercizio di immaginazione guidata, è fondamentale creare un ambiente rilassante nella tua mente. Trova un luogo tranquillo dove puoi sederti o sdraiarti comodamente. Chiudi gli occhi e inizia a immaginare un ambiente che ti trasmetta calma e serenità. Può essere una spiaggia tranquilla, una foresta verdeggiante o un rifugio accogliente in montagna. Visualizza ogni dettaglio di questo ambiente: i colori, i suoni, i profumi e le sensazioni tattili. Ad esempio, se immagini una spiaggia, immagina di sentire la brezza marina sulla pelle, di ascoltare il suono delle onde che si infrangono sulla riva e di percepire la sabbia sotto i tuoi piedi. Questo ambiente immaginario diventerà il tuo rifugio mentale, un luogo dove puoi recarti ogni volta che hai bisogno di rilassarti.

2. Utilizzare la Visualizzazione per Gestire le Emozioni

Una volta creato l'ambiente rilassante, focalizzati sulla gestione delle emozioni attraverso la visualizzazione. Immagina di raccogliere lo stress e le preoccupazioni come se fossero oggetti fisici. Ad esempio, visualizza il tuo stress come delle palline di colore scuro che tieni nella tua mano. Poi, immagina di lasciarle cadere in una borsa invisibile e di consegnarla a una persona di fiducia o di depositarla in un luogo sicuro. Questa immagine aiuta a prendere distanza dalle emozioni stressanti e a liberartele in modo simbolico. La visualizzazione di questo processo ti permette di sentirti più leggero e meno sopraffatto dalle preoccupazioni quotidiane.

3. Esercizio di Rilassamento Muscolare Guidato

Integra la visualizzazione con tecniche di rilassamento muscolare per ottenere un effetto ancora più profondo. Immagina di focalizzarti su ogni gruppo muscolare del tuo corpo, iniziando dalla testa e scendendo verso i piedi. Visualizzati mentre ogni muscolo si rilassa completamente. Ad esempio, immagina che una calda luce dorata scorra lentamente attraverso i tuoi muscoli, sciogliendo ogni tensione e lasciando una sensazione di leggerezza e rilassamento. Questo esercizio non solo aiuta a rilassare i muscoli tesi, ma anche a calmare la mente, creando uno stato di benessere fisico e mentale.

4. Visualizzazione di Respirazione Profonda e Calmante

La visualizzazione può essere combinata con tecniche di respirazione per migliorare ulteriormente il rilassamento. Immagina di respirare profondamente e lentamente, visualizzando l'aria come una luce calmante che entra nei tuoi polmoni e poi esce, portando via lo stress e le tensioni. Visualizza il tuo respiro come un'onda che si propaga dolcemente attraverso il tuo corpo, riempiendolo di tranquillità e serenità. Questa tecnica non solo aiuta a rallentare il ritmo del respiro, ma promuove anche una sensazione di calma profonda e rigenerante.

5. Tecniche di Visualizzazione per il Recupero e il Benessere

Immagina di dedicare del tempo al recupero e al rinnovamento attraverso la visualizzazione. Visualizzati mentre ricevi energia e vitalità da fonti naturali, come la luce del sole o l'acqua di una cascata. Immagina di assorbire questa energia vitale, che ristora e rinvigorisce il tuo corpo e la tua mente. Questo esercizio aiuta a ricaricare le tue riserve di energia, promuovendo un senso di rinvigorimento e ottimismo. Utilizzare questa tecnica regolarmente può migliorare il tuo stato d'animo e aiutarti a affrontare le sfide quotidiane con maggiore resilienza.

6. Immaginazione Guidata per la Preparazione a Situazioni Stressanti

La visualizzazione può anche essere utilizzata per prepararsi a situazioni stressanti. Immagina di dover affrontare un evento che ti provoca ansia, come una presentazione o una riunione importante. Visualizzati mentre affronti la situazione con calma e competenza, e immagina il risultato positivo. Questa pratica non solo riduce l'ansia associata a tali eventi, ma ti prepara anche mentalmente a gestirli con maggiore sicurezza e tranquillità. La preparazione mentale attraverso la visualizzazione aumenta la tua resilienza e ti consente di affrontare le sfide con una maggiore fiducia.

7. Creare Routine di Relax Quotidiane con l'Immaginazione

Stabilisci una routine quotidiana di visualizzazione per il relax e la riduzione dello stress. Dedica alcuni minuti ogni giorno alla pratica della visualizzazione, creando un rituale che ti permetta di recuperare e rilassarti. Questa routine può includere esercizi di visualizzazione dell'ambiente rilassante, la gestione delle emozioni e il rilassamento muscolare. Praticare regolarmente queste tecniche aiuta a mantenere uno stato di calma e serenità, migliorando il tuo benessere complessivo e riducendo l'impatto dello stress nella tua vita quotidiana.

8. Esercizi di Visualizzazione per il Benessere Emotivo

Incorpora esercizi di visualizzazione focalizzati sul benessere emotivo. Immagina situazioni e scenari che ti portano gioia e soddisfazione, come trascorrere del tempo con persone care o realizzare un progetto personale. Visualizzare momenti di felicità e successo non solo migliora il tuo stato d'animo, ma ti aiuta anche a mantenere una prospettiva positiva e ottimistica. Questa pratica contribuisce a bilanciare le emozioni e a creare uno stato mentale che favorisce la riduzione dello stress e il miglioramento del benessere generale.

9. Immaginazione Guidata per la Gestione del Dolore e del Disagio

L'immaginazione guidata può essere utilizzata anche per gestire il dolore e il disagio fisico. Visualizza il tuo corpo mentre si ripara e guarisce, immaginando un flusso di energia curativa che allevia il dolore e accelera il processo di recupero. Immagina questa energia come una luce calda e confortante che si diffonde attraverso le aree dolenti, riducendo la tensione e promuovendo il rilassamento. Questa tecnica non sostituisce il trattamento medico, ma può essere un complemento utile per migliorare il comfort e la qualità della vita.

10. Immaginazione Guidata per una Transizione Serenamente

Utilizza la visualizzazione per facilitare le transizioni nella tua vita, come il passaggio a nuovi ruoli o ambienti. Immagina di affrontare il cambiamento con fiducia e serenità, visualizzando te stesso mentre ti adatti con successo e senza stress. Visualizza il processo di transizione come un viaggio fluido e positivo, con esiti favorevoli e crescita personale. Questa pratica aiuta a ridurre l'ansia associata ai cambiamenti e a favorire un adattamento più sereno e positivo.

Incorporare l'immaginazione guidata nella tua routine quotidiana può portare numerosi benefici, dal rilassamento profondo alla gestione dello stress e del dolore. La chiave è la pratica costante e l'impegno nel creare visualizzazioni che siano reali e significative per te. Con il tempo, questi esercizi ti aiuteranno a vivere una vita più equilibrata, serena e soddisfacente.

9. Come Integrare la Visualizzazione nella Routine Quotidiana

Integrare la visualizzazione nella tua routine quotidiana può trasformare significativamente la tua vita, contribuendo a una maggiore autostima, coraggio e sicurezza. Questa pratica non è solo un esercizio mentale, ma una strategia potente per affrontare sfide, raggiungere obiettivi e migliorare il benessere generale. Ecco come puoi incorporare efficacemente la visualizzazione nella tua vita di tutti i giorni, con esempi pratici e tecniche che ti aiuteranno a capitalizzare sui benefici di questa pratica.

1. Stabilire Routine Giornaliera di Visualizzazione

Per ottenere il massimo dalla visualizzazione, è essenziale crearne una routine quotidiana. Scegli un momento specifico della giornata in cui dedicare tempo alla visualizzazione. Questo potrebbe essere al mattino appena svegli, durante la pausa pranzo o prima di andare a letto. La chiave è la costanza e la regolarità. Ad esempio, potresti impostare 10-15 minuti al giorno in cui ti siedi in un luogo tranquillo, chiudi gli occhi e ti concentri sulla visualizzazione dei tuoi obiettivi e desideri.

2. Creare Spazi e Tempi Specifici per la Visualizzazione

Crea un ambiente dedicato alla tua pratica di visualizzazione.
Può essere uno spazio tranquillo nella tua casa, magari decorato
con elementi che ti ispirano e rilassano. Se preferisci, puoi
utilizzare una sedia comoda o un cuscino da meditazione.
Assicurati che questo spazio sia libero da distrazioni e che tu
possa immergerti completamente nell'esperienza. Ad esempio,
se la tua visualizzazione riguarda una riunione importante,
immagina di prepararti mentalmente nella tua area dedicata,
magari con musica soft o suoni naturali di sottofondo.

3. Stabilire Obiettivi Chiari per la Visualizzazione

Quando ti prepari per la tua sessione di visualizzazione, è
fondamentale avere obiettivi chiari e specifici. Decidi su cosa
vuoi concentrarti: potrebbe essere il successo in un progetto
lavorativo, il miglioramento delle tue prestazioni sportive, o
semplicemente la gestione dello stress. Ad esempio, se il tuo
obiettivo è migliorare la tua prestazione in una presentazione,
visualizzati mentre parli con fiducia davanti a un pubblico,
gestendo ogni dettaglio con competenza e serenità.

4. Utilizzare Strumenti di Supporto

Per facilitare la tua pratica di visualizzazione, puoi utilizzare
strumenti di supporto come registrazioni guidate, app di
meditazione o immagini stimolanti. Le registrazioni guidate
possono guidarti attraverso scenari di visualizzazione,
aiutandoti a rimanere concentrato e a trarre il massimo dalla
pratica. Le app di meditazione possono offrire esercizi di
visualizzazione specifici e timer per monitorare il tempo
dedicato. Le immagini stimolanti, come fotografie o
illustrazioni che rappresentano i tuoi obiettivi, possono aiutarti
a mantenere la tua visione chiara e motivante.

5. Incorporare la Visualizzazione nella Routine di Esercizio

Integra la visualizzazione nella tua routine di esercizio fisico per migliorare le prestazioni e mantenere la motivazione alta. Prima o dopo l'allenamento, dedica alcuni minuti alla visualizzazione dei tuoi successi sportivi. Immagina di eseguire movimenti perfetti, di superare sfide fisiche e di raggiungere i tuoi obiettivi. Ad esempio, se sei un corridore, visualizzati mentre corri con fluidità e velocità, superando ogni ostacolo con facilità e godendo della sensazione di raggiungere il traguardo.

6. Utilizzare la Visualizzazione per la Preparazione e la Pianificazione

La visualizzazione può essere uno strumento potente per la preparazione e la pianificazione. Prima di affrontare una situazione stressante o un evento importante, come un colloquio di lavoro o una presentazione pubblica, dedica del tempo a visualizzare il successo e a prepararti mentalmente. Immagina ogni fase dell'evento, dalla preparazione all'esecuzione, e visualizza il risultato positivo. Questo non solo riduce l'ansia, ma ti prepara mentalmente per affrontare la situazione con maggiore fiducia e preparazione.

7. Monitorare e Riflettere sui Progressi

Includi la riflessione sui tuoi progressi come parte della tua routine di visualizzazione. Dopo ogni sessione, prenditi qualche minuto per riflettere su come ti sei sentito e su come la visualizzazione abbia influenzato il tuo stato d'animo e le tue prestazioni. Tieni un diario per annotare le tue esperienze e i risultati ottenuti. Ad esempio, potresti scrivere come la visualizzazione ti abbia aiutato a gestire lo stress di un evento recente o come ti abbia motivato a lavorare verso un obiettivo specifico.

8. Integrare la Visualizzazione nei Momenti di Stress

Utilizza la visualizzazione anche nei momenti di stress per aiutarti a mantenere la calma e la lucidità. Quando ti senti sopraffatto, chiudi gli occhi e immagina di essere in un luogo sereno e rilassante. Ad esempio, se sei bloccato nel traffico, immagina di essere in una spiaggia tranquilla, ascoltando il suono delle onde e respirando aria fresca. Questa tecnica ti aiuta a ridurre l'ansia e a ristabilire un senso di calma.

9. Condividere la Pratica con Altri

Considera di condividere la tua pratica di visualizzazione con amici, familiari o colleghi. Puoi organizzare sessioni di visualizzazione di gruppo o scambiare tecniche e suggerimenti. Ad esempio, potresti invitare amici a partecipare a una sessione di visualizzazione guidata, creando un ambiente di supporto e incoraggiamento reciproco. La condivisione della pratica può rafforzare l'impegno e offrire nuove prospettive e approcci alla visualizzazione.

10. Adattare la Visualizzazione alle Esigenze Individuali

Infine, adatta la visualizzazione alle tue esigenze individuali. Ogni persona è diversa, e ciò che funziona per una potrebbe non funzionare per un'altra. Esplora diverse tecniche e approcci fino a trovare quello che meglio si adatta alle tue preferenze e obiettivi. Ad esempio, se trovi che visualizzare scene naturali ti aiuta a rilassarti, concentrati su queste immagini. Se preferisci visualizzare il successo in situazioni specifiche, personalizza le tue sessioni per rispecchiare i tuoi obiettivi.

Integrare la visualizzazione nella tua routine quotidiana richiede pratica e impegno, ma i benefici a lungo termine per la tua autostima, coraggio e sicurezza possono essere significativi. Con una routine ben definita e l'uso consapevole di questa potente tecnica, potrai affrontare le sfide quotidiane con maggiore resilienza e successo.

10. Misurare l'Efficacia della Visualizzazione e Adattare le Tecniche

Misurare l'efficacia della visualizzazione e adattare le tecniche è un aspetto cruciale per garantire che la pratica sia veramente utile e risponda ai tuoi obiettivi personali. La visualizzazione, sebbene potente, deve essere monitorata e regolata per massimizzare i benefici e assicurarsi che continui a essere una risorsa efficace nella tua crescita personale. Ecco una guida dettagliata su come valutare l'efficacia della visualizzazione e fare le necessarie modifiche per ottenere risultati ottimali.

1. Stabilire Indicatori di Successo

Il primo passo per misurare l'efficacia della visualizzazione è stabilire indicatori di successo chiari. Questi indicatori devono essere specifici, misurabili e realistici. Ad esempio, se il tuo obiettivo è migliorare la performance in una presentazione pubblica, gli indicatori di successo potrebbero includere il miglioramento nella fiducia in te stesso, una riduzione dell'ansia pre-evento, e feedback positivi dal pubblico. Definisci chiaramente cosa consideri come segnale di successo e come valuterai i progressi.

2. Monitorare i Progressi Attraverso la Riflessività

Una volta stabiliti gli indicatori di successo, è essenziale
monitorare i tuoi progressi attraverso la riflessione e l'auto-
valutazione. Mantieni un diario di visualizzazione in cui
annotare le tue esperienze quotidiane, le emozioni provate
durante la visualizzazione e i risultati ottenuti. Ad esempio,
dopo ogni sessione di visualizzazione, scrivi se ti sei sentito più
sicuro e preparato rispetto a una settimana fa, e come la
visualizzazione ha influenzato le tue prestazioni in situazioni
reali.

3. Analizzare i Risultati e Identificare Tendenze

Dopo aver raccolto i dati attraverso il tuo diario e i feedback,
analizza i risultati per identificare eventuali tendenze. Osserva
se ci sono miglioramenti costanti o aree in cui la
visualizzazione sembra meno efficace. Ad esempio, se noti che
la tua ansia prima di una presentazione è diminuita ma la tua
fiducia rimane bassa, potrebbe essere necessario modificare
l'approccio alla visualizzazione per affrontare meglio la
questione della fiducia.

4. Regolare le Tecniche di Visualizzazione

Sulla base dell'analisi dei risultati, apporta le necessarie
regolazioni alle tecniche di visualizzazione. Adatta le sessioni
per focalizzarti su aspetti specifici che necessitano di
miglioramento. Ad esempio, se scopri che visualizzare solo il
successo non è sufficiente, puoi aggiungere elementi di
visualizzazione riguardanti il processo, come la gestione delle
sfide o la preparazione mentale per le difficoltà. Cambia
l'intensità e la durata della visualizzazione se necessario, e
sperimenta con diverse tecniche fino a trovare quella più
efficace per te.

5. Utilizzare il Feedback Esteriore

Incorpora feedback esterni per valutare l'efficacia della visualizzazione. Chiedi a colleghi, amici o un mentore di fornirti feedback sulla tua performance e sulla tua crescita. Questo feedback può offrirti prospettive preziose che potrebbero non essere evidenti solo dalla tua auto-valutazione. Ad esempio, il tuo mentore potrebbe osservare miglioramenti nella tua comunicazione o suggerire aree di ulteriore sviluppo che non avevi considerato.

6. Adattare la Frequenza e la Durata delle Sessioni

Regola la frequenza e la durata delle sessioni di visualizzazione in base ai risultati ottenuti. Se scopri che sessioni più brevi e più frequenti sono più efficaci rispetto a sessioni lunghe e rare, modifica il tuo piano di visualizzazione di conseguenza. Ad esempio, potresti scoprire che brevi sessioni di visualizzazione prima di eventi specifici sono più utili rispetto a sessioni generali e lunghe.

7. Integrare Nuove Tecniche e Approcci

Non esitare a integrare nuove tecniche e approcci nella tua pratica di visualizzazione. La ricerca di nuove strategie può offrire ulteriori miglioramenti e arricchire la tua pratica. Ad esempio, potresti sperimentare con la visualizzazione basata su obiettivi o con tecniche di visualizzazione immersive, come l'uso di realtà virtuale, se disponibili. Questo approccio ti permette di mantenere la pratica fresca e stimolante.

8. Valutare Periodicamente la Pratica

Valuta periodicamente l'efficacia della visualizzazione per assicurarti che rimanga allineata ai tuoi obiettivi. Imposta momenti specifici, ad esempio ogni mese o ogni trimestre, per rivedere la tua pratica e i risultati ottenuti. Durante queste valutazioni, considera se la visualizzazione sta ancora contribuendo ai tuoi progressi e se ci sono nuove aree di miglioramento che potrebbero richiedere attenzione.

9. Celebrare i Successi e Imparare dai Fallimenti

Celebra i tuoi successi ottenuti grazie alla visualizzazione e utilizza i fallimenti come opportunità di apprendimento. Riconoscere e celebrare i progressi raggiunti ti motiva a continuare la pratica e ti rinforza nella convinzione che la visualizzazione è una tecnica valida. Allo stesso tempo, affronta i fallimenti con un atteggiamento costruttivo, analizzando cosa non ha funzionato e come puoi adattare la tua tecnica per migliorare.

10. Continuare l'Apprendimento e la Crescita

Infine, continua a educarti e a crescere nella pratica della visualizzazione. Partecipa a workshop, leggi libri e articoli, e connettiti con esperti o gruppi di supporto per scoprire nuove tecniche e approfondire la tua conoscenza. L'apprendimento continuo ti aiuterà a mantenere la tua pratica aggiornata e a ottenere risultati sempre migliori.

Misurare l'efficacia della visualizzazione e adattare le tecniche è un processo dinamico e continuo. Con un approccio riflessivo e la volontà di adattarsi, potrai ottimizzare la tua pratica di visualizzazione e ottenere risultati significativi nella tua crescita personale e nel raggiungimento dei tuoi obiettivi.

VII. Costruire l'Autostima: Piccoli Passi per Grandi Risultati

1. Definire l'Autostima: Che Cos'è e Perché È Importante

L'autostima è un concetto fondamentale nella psicologia umana, rappresentando la valutazione complessiva che una persona ha di sé stessa. Non si tratta semplicemente di un sentimento di autosufficienza o di orgoglio, ma di una percezione profonda e intrinsecamente radicata del proprio valore e della propria competenza. Essa influisce su come ci relazioniamo con gli altri, come affrontiamo le sfide e come ci percepiamo in vari contesti della vita quotidiana.

Cos'è l'Autostima?

L'autostima può essere definita come la misura in cui una persona si sente sicura delle proprie capacità e merita di essere felice. È un mix di autoaccettazione, autoefficacia e autoregolazione. Quando parliamo di autostima, non ci riferiamo solo alla fiducia in sé stessa, ma anche a come si valuta il proprio valore intrinseco. Essa comprende due dimensioni principali:

1. **Autoefficacia:** La convinzione nella propria capacità di gestire e superare le sfide. È il sentimento che si può raggiungere gli obiettivi prefissati e affrontare le difficoltà quotidiane con successo.

2. **Autoaccettazione:** L'abilità di accettare e amare se stessi nonostante le imperfezioni e le debolezze. È il riconoscimento che, nonostante le difficoltà e i fallimenti, il proprio valore personale rimane intatto.

Perché È Importante l'Autostima?

L'importanza dell'autostima si riflette in numerosi aspetti della nostra vita e influisce profondamente sul nostro benessere psicologico e fisico. Ecco alcune ragioni chiave:

1. **Gestione delle Emozioni:** Un'alta autostima aiuta a gestire meglio le emozioni e a ridurre lo stress. Le persone con una sana autostima sono meno suscettibili alla depressione e all'ansia perché hanno una visione più equilibrata delle loro capacità e dei loro limiti.

2. **Relazioni Interpersonali:** Le persone con una buona autostima tendono a costruire relazioni più sane e soddisfacenti. La fiducia in sé facilita una comunicazione più aperta e onesta e permette di stabilire confini chiari senza sentirsi inadeguati.

3. **Motivazione e Obiettivi:** Un'alta autostima è spesso associata a una maggiore motivazione per raggiungere obiettivi personali e professionali. La convinzione nelle proprie capacità incoraggia a perseverare di fronte alle difficoltà e a prendere iniziative che altrimenti potrebbero sembrare intimidatorie.

4. **Resilienza:** L'autostima fornisce una base solida per la resilienza. Le persone che credono in se stesse e nel loro valore sono più inclini a superare le avversità e a recuperare rapidamente dai fallimenti.

5. **Benessere Generale:** Infine, una buona autostima contribuisce a un benessere generale migliore. Quando ci sentiamo bene con noi stessi, è più probabile che ci prendiamo cura della nostra salute fisica e mentale, migliorando la qualità della nostra vita.

Come Costruire e Mantenere una Sana Autostima

Per costruire e mantenere una sana autostima, è essenziale lavorare su diversi aspetti della propria vita quotidiana. Alcuni approcci pratici includono:

1. *Autoconsapevolezza:* Riflettere su quali sono i propri punti di forza e debolezze può aiutare a sviluppare una visione equilibrata di sé stessi. Utilizzare tecniche di autoanalisi, come tenere un diario dei successi e delle aree di miglioramento, può essere molto utile.

2. **Accettazione e Auto-compassione:** Imparare ad accettare le proprie imperfezioni e trattarsi con gentilezza è cruciale per una buona autostima. Tecniche di mindfulness e meditazione possono aiutare a sviluppare una maggiore auto-compassione.

3. **Obiettivi Realistici:** Stabilire obiettivi raggiungibili e misurabili può rafforzare la fiducia in sé stessi. Celebrare anche i piccoli successi contribuisce a un senso di realizzazione e auto-efficacia.

4. *Feedback Positivo:* Circondarsi di persone che offrono feedback costruttivo e positivo aiuta a rafforzare l'autostima. La critica costruttiva può essere una risorsa preziosa per il miglioramento, se viene accolta con la giusta mentalità.

5. **Pratiche di Auto-cura:** Investire tempo nella cura di sé, che comprende attività fisiche, mentali ed emotive, rinforza la propria autostima e migliora il benessere complessivo.

In sintesi, comprendere l'autostima e riconoscerne l'importanza è il primo passo per costruirla e mantenerla. Essa gioca un ruolo cruciale nella nostra vita e nel nostro successo personale e professionale. Imparare a coltivarla attraverso pratiche quotidiane e consapevoli può portare a cambiamenti positivi e duraturi.

2. Identificare e Superare le Critiche Interne: Affrontare i Pensieri Negativi

Le critiche interne, spesso radicate in pensieri negativi autoindotti, possono sabotare la nostra autostima e impedire il raggiungimento dei nostri obiettivi. Questi pensieri, che si manifestano sotto forma di auto-giudizi e dubbi, sono alimentati da convinzioni limitanti e aspettative irrealistiche. Comprendere come identificarli e superarli è fondamentale per costruire una sana autostima e per vivere una vita più soddisfacente e produttiva. Questo processo implica l'acquisizione di consapevolezza, la modifica delle credenze disfunzionali e l'adozione di strategie pratiche per promuovere un dialogo interno positivo.

1. Riconoscere le Critiche Interne

Il primo passo per affrontare le critiche interne è riconoscerle. Questi pensieri possono manifestarsi in vari modi, come auto-accuse, auto-svalutazione o dubbi costanti sulle proprie capacità. Per identificare queste critiche, è utile prestare attenzione ai segnali emotivi e cognitivi che ci avvertono di pensieri negativi. Ecco alcune forme comuni di critiche interne:

- **Pensieri di Auto-svalutazione:** "Non sono abbastanza bravo per questo lavoro."
- **Pensieri di Auto-accusa:** "Ho rovinato tutto, è tutta colpa mia."
- **Pensieri di Inadeguatezza:** "Non merito questo successo; è solo fortuna."

2. Analizzare l'Origine dei Pensieri Negativi

Una volta identificati i pensieri critici, è essenziale esaminare la loro origine. Questi pensieri spesso derivano da esperienze passate, influenze esterne o aspettative sociali. Alcuni passi per analizzare l'origine includono:

- **Riflettere su Esperienze Passate:** Identificare eventi passati che hanno contribuito alla formazione di queste credenze, come fallimenti o critiche ricevute in passato.

- **Esaminare le Influenze Esterne:** Considerare l'impatto di familiari, amici o colleghi sulle proprie convinzioni. Spesso, le critiche esterne si interiorizzano e diventano critiche interne.

- **Valutare le Aspettative Sociali:** Riconoscere se le aspettative culturali o sociali stiano influenzando la percezione di sé stessi.

3. Tecniche per Modificare i Pensieri Negativi

Modificare i pensieri negativi richiede un impegno consapevole e l'adozione di tecniche specifiche. Ecco alcuni approcci pratici per trasformare il dialogo interno negativo in uno positivo:

- **Ristrutturazione Cognitiva:** Questa tecnica implica identificare e sfidare le credenze disfunzionali. Per esempio, se si pensa "Non sono capace di parlare in pubblico," si può sostituire con "Ho fatto progressi nel parlare in pubblico e posso migliorare ulteriormente con la pratica."

- **Rilevamento dei Pensieri Distorti:** Imparare a riconoscere e correggere i pensieri distorti, come il pensiero tutto o niente, il catastrofismo o il filtro negativo. Ad esempio, se si pensa "Ho fallito in tutto," si può correggere a "Ho incontrato delle difficoltà, ma ho anche raggiunto alcuni successi."

- **Pratiche di Mindfulness:** Utilizzare tecniche di mindfulness per osservare i pensieri senza giudizio. La consapevolezza aiuta a distaccarsi dai pensieri negativi e a ridurre il loro impatto emotivo.

- **Affrontare le Critiche Interiorizzate:** Sfida i pensieri critici con prove oggettive. Se un pensiero negativo afferma "Non valgo niente," rispondi con esempi concreti di successi e competenze personali.

4. Esercizi Pratici per Promuovere Pensieri Positivi

Adottare esercizi pratici quotidiani può aiutare a rafforzare una mentalità positiva e a ridurre l'influenza delle critiche interne. Alcuni esercizi utili includono:

- **Scrivere un Diario di Gratitudine:** Annotare quotidianamente tre cose per cui si è grati. Questo esercizio aiuta a spostare l'attenzione su aspetti positivi della propria vita e a ridurre il peso delle critiche interne.

- **Creare Affermazioni Positivi:** Scrivere e ripetere affermazioni positive quotidianamente, come "Sono capace e merito successo," per rafforzare la fiducia in sé stessi.

- **Impostare Obiettivi Realistici e Misurabili:** Stabilire obiettivi piccoli e raggiungibili che permettano di costruire gradualmente la fiducia in sé stessi. Raggiungere questi obiettivi contribuisce a rafforzare una percezione positiva di sé.

5. Cercare Supporto e Feedback

Avere una rete di supporto è essenziale per superare le critiche interne. Parla con amici fidati, familiari o un terapeuta per ottenere feedback costruttivo e supporto emotivo. Questi interlocutori possono offrire una prospettiva esterna e aiutarti a vedere te stesso in una luce più positiva.

In sintesi, identificare e superare le critiche interne è un passo cruciale per costruire e mantenere una sana autostima. Attraverso l'auto-riflessione, la modifica dei pensieri negativi e l'adozione di tecniche pratiche, è possibile trasformare il dialogo interno e promuovere un'immagine di sé positiva e resiliente. Il cambiamento richiede tempo e pratica, ma con impegno costante è possibile ottenere risultati significativi e duraturi.

3. Stabilire Obiettivi Realistici e Raggiungibili: Il Primo Passo per Costruire l'Autostima

Stabilire obiettivi realistici e raggiungibili rappresenta un passo fondamentale nel processo di costruzione dell'autostima. Quando ci poniamo obiettivi concreti e attuabili, non solo miglioriamo la nostra motivazione e produttività, ma acquisiamo anche un senso di realizzazione e competenza che rafforza la nostra autostima. Gli obiettivi, se ben definiti, fungono da guida e stimolo, aiutandoci a monitorare i progressi e a mantenere un percorso di crescita coerente e sostenibile. In questo paragrafo, esploreremo come impostare obiettivi efficaci, suddividere grandi sfide in compiti gestibili e adottare tecniche per monitorare e celebrare i successi.

1. Definire Obiettivi Specifici e Misurabili

Un obiettivo efficace è specifico e misurabile. Questo significa che deve essere chiaramente definito e quantificabile, evitando vaghezze che potrebbero portare a confusione o frustrazione. Gli obiettivi specifici forniscono una direzione chiara e un punto di riferimento preciso per il successo. Per esempio, piuttosto che porsi l'obiettivo generico di "migliorare la forma fisica," è più utile stabilire un obiettivo specifico come "perdere 5 chili entro tre mesi attraverso una combinazione di esercizio fisico e dieta equilibrata."

2. Suddividere Obiettivi Grandi in Passi Minori

Un obiettivo grande e complesso può sembrare schiacciante se considerato tutto insieme. Per renderlo più gestibile, suddividilo in passi minori e azioni concrete. Ogni piccolo passo completato contribuisce a un senso di progresso e successo. Ad esempio, se il tuo obiettivo è completare un progetto di lavoro significativo, puoi suddividerlo in fasi come la ricerca iniziale, la creazione di una bozza, la revisione e la presentazione finale. Ogni fase raggiunta fornisce un'opportunità per riflettere sui progressi e celebrare i successi parziali.

3. Utilizzare la Metodologia SMART per Gli Obiettivi

La metodologia SMART è un approccio ampiamente riconosciuto per la definizione degli obiettivi che può aumentare l'efficacia e la chiarezza degli stessi. SMART è un acronimo che sta per:

- **Specifico:** L'obiettivo deve essere chiaro e preciso.
- **Misurabile:** Deve essere possibile quantificare i progressi.
- **Achievable (Raggiungibile):** L'obiettivo deve essere realistico e realizzabile.
- **Relevant (Rilevante):** Deve essere significativo e in linea con i tuoi valori e obiettivi a lungo termine.
- **Time-bound (Temporizzato):** Deve avere una scadenza o un termine specifico per il completamento.

Ad esempio, se il tuo obiettivo è "migliorare la tua presentazione in pubblico," un obiettivo SMART potrebbe essere "partecipare a un corso di public speaking e tenere almeno tre presentazioni di fronte a un gruppo entro sei mesi."

4. Stabilire Priorità e Gestire il Tempo

Quando hai più obiettivi, è essenziale stabilire delle priorità e gestire il tempo in modo efficace. Assegna una priorità a ciascun obiettivo in base alla sua importanza e urgenza. Usa strumenti di pianificazione, come liste di cose da fare e calendari, per organizzare e monitorare i tuoi progressi. Per esempio, se hai l'obiettivo di completare un progetto lavorativo e migliorare la tua forma fisica, pianifica il tempo dedicato a ciascuna attività settimanale, assicurandoti di bilanciare gli sforzi tra lavoro e benessere personale.

5. Monitorare i Progressi e Fare Adattamenti

Monitorare i progressi verso gli obiettivi ti aiuta a mantenere la motivazione e ad apportare eventuali modifiche necessarie. Regolarmente, verifica i tuoi progressi rispetto agli obiettivi stabiliti e rifletti sui successi ottenuti e sulle aree che potrebbero necessitare di miglioramenti. Se riscontri ostacoli o difficoltà, non esitare a fare aggiustamenti. Ad esempio, se un piano di esercizi non sta producendo i risultati sperati, potrebbe essere necessario rivedere il regime o cercare il parere di un esperto.

6. Celebrare i Successi e Riconoscere i Progressi

Celebrare i successi, anche quelli piccoli, è fondamentale per mantenere alta la motivazione e rinforzare l'autoefficacia. Ogni traguardo raggiunto rappresenta un passo avanti verso la realizzazione degli obiettivi più grandi. Premia te stesso per i risultati ottenuti e rifletti sui progressi fatti. Ad esempio, se hai raggiunto un obiettivo intermedio, concediti una ricompensa che ti motivi ulteriormente, come un'uscita speciale o un giorno di relax.

7. Affrontare e Superare le Sfide

Affrontare le sfide è parte integrante del percorso verso la costruzione dell'autostima. È inevitabile che sorgano difficoltà lungo il cammino verso il raggiungimento degli obiettivi. Sviluppa strategie per affrontare queste sfide, come mantenere una mentalità positiva, cercare soluzioni alternative e chiedere supporto se necessario. Ad esempio, se incontri difficoltà nell'ottenere un risultato previsto, valuta le cause, apporta modifiche al piano e persevera con determinazione.

In sintesi, stabilire obiettivi realistici e raggiungibili è il primo passo cruciale per costruire e mantenere una solida autostima. Definire obiettivi chiari, suddividerli in passi minori, utilizzare la metodologia SMART, gestire il tempo in modo efficace, monitorare i progressi e celebrare i successi sono tutti elementi chiave nel percorso verso una maggiore autoefficacia e autostima. Con un impegno costante e un approccio ben pianificato, è possibile realizzare significativi miglioramenti personali e professionali.

4. Creare una Routine di Successi Quotidiani: Piccole Vittorie, Grandi Cambiamenti

Costruire una solida autostima richiede un impegno quotidiano e una serie di abitudini che promuovano il successo e la crescita personale. Una delle strategie più efficaci per raggiungere questo obiettivo è creare una routine di successi quotidiani. Questa pratica si basa sull'idea che anche piccoli successi quotidiani possono accumularsi per produrre cambiamenti significativi e duraturi nella nostra vita. Concentrandosi su piccole vittorie giornaliere, possiamo migliorare gradualmente la nostra autostima, aumentare la nostra fiducia e realizzare obiettivi più ambiziosi. In questo paragrafo, esploreremo come stabilire una routine di successi quotidiani, quali abitudini adottare e come misurare e celebrare i progressi.

1. Definire Piccoli Obiettivi Giornalieri

Il primo passo per creare una routine di successi quotidiani è definire piccoli obiettivi che puoi raggiungere ogni giorno. Questi obiettivi dovrebbero essere specifici, realizzabili e pertinenti ai tuoi obiettivi a lungo termine. Ad esempio, se il tuo obiettivo principale è migliorare la tua salute, un piccolo obiettivo quotidiano potrebbe essere quello di fare una passeggiata di 20 minuti o di preparare un pasto salutare. Definire obiettivi piccoli e gestibili evita il rischio di sentirsi sopraffatti e rende più facile mantenere la motivazione.

2. Creare una Lista di Attività Quotidiane

Una volta definiti i tuoi obiettivi giornalieri, crea una lista di attività da completare ogni giorno. Questa lista ti aiuterà a mantenere la concentrazione e a organizzare il tuo tempo in modo efficace. Ogni volta che completi una delle attività sulla tua lista, spuntala. Questo semplice atto di spuntare le voci completate ti darà un senso di realizzazione e ti motiverà a continuare a lavorare sui tuoi obiettivi.

3. Stabilire Abitudini Positivi e Consistenti

Costruire una routine di successi quotidiani implica l'adozione di abitudini positive e la loro costante applicazione. Le abitudini, una volta consolidate, diventano parte integrante della tua vita quotidiana e contribuiscono in modo significativo ai tuoi successi. Ad esempio, se uno dei tuoi obiettivi è migliorare le tue abilità di comunicazione, potresti dedicare 15 minuti al giorno a leggere libri su tecniche di comunicazione o a praticare la tua abilità di parlare in pubblico. La chiave è la consistenza: mantenere queste abitudini ogni giorno rafforza il tuo impegno verso i tuoi obiettivi.

4. Monitorare i Progressi e Riflettere sui Successi

È essenziale monitorare i tuoi progressi per comprendere quanto stai avanzando verso i tuoi obiettivi. Puoi fare questo tenendo un diario o utilizzando un'app per il monitoraggio delle abitudini. Registra le tue piccole vittorie quotidiane e riflettici sopra. Questa pratica non solo ti permette di vedere chiaramente i tuoi progressi, ma ti aiuta anche a identificare eventuali aree che potrebbero necessitare di ulteriori miglioramenti o aggiustamenti. Ad esempio, se hai raggiunto un obiettivo giornaliero come completare un esercizio, annota come ti senti e quanto questo ti ha avvicinato al tuo obiettivo finale.

5. Celebrare Ogni Successo

Ogni piccolo successo merita di essere celebrato. Le celebrazioni non devono essere grandi o costose; anche i piccoli riconoscimenti possono fare una grande differenza. Festeggiare i tuoi successi quotidiani rinforza la tua autostima e ti incoraggia a continuare a lavorare verso i tuoi obiettivi. Ad esempio, dopo aver completato una settimana di obiettivi giornalieri, concediti una piccola ricompensa che ti piaccia, come una serata di relax o un trattamento speciale.

6. Adattare la Routine in Base ai Risultati

Man mano che procedi con la tua routine di successi quotidiani, potrebbe essere necessario adattare e modificare i tuoi obiettivi e le tue abitudini in base ai risultati ottenuti. Se ti accorgi che un determinato obiettivo è troppo facile o troppo difficile, fai le dovute regolazioni. Adattare la tua routine ti permette di mantenere la sfida e la motivazione alte, assicurando che il tuo percorso verso il successo rimanga stimolante e gratificante.

7. Utilizzare il Feedback per Migliorare

Il feedback, sia interno che esterno, è una risorsa preziosa per
migliorare la tua routine di successi quotidiani. Chiedi feedback
a mentori, amici o colleghi riguardo ai tuoi progressi e ascolta
le loro osservazioni. Inoltre, auto-valutati regolarmente per
riflettere su ciò che ha funzionato bene e su ciò che potrebbe
essere migliorato. L'uso del feedback ti aiuterà a perfezionare la
tua routine e a renderla più efficace.

8. Mantenere una Mentalità Positiva

Una mentalità positiva è fondamentale per il successo nella
costruzione di autostima. Anche quando affronti difficoltà o
fallimenti, cerca di mantenere un atteggiamento ottimista.
Concentrati sui progressi che hai fatto e sui piccoli successi,
piuttosto che sui fallimenti. Questa mentalità positiva ti aiuterà
a perseverare e a continuare a lavorare verso i tuoi obiettivi
nonostante le sfide.

9. Integrare le Piccole Vittorie nella Vita Quotidiana

Integra le tue piccole vittorie quotidiane nella tua vita abituale
per renderle parte del tuo stile di vita. Ad esempio, se hai
stabilito l'abitudine di dedicare del tempo alla lettura, fallo
diventare una parte naturale della tua giornata. Questa
integrazione aiuta a consolidare le tue abitudini e a far sì che
diventino una seconda natura, contribuendo a un miglioramento
continuo della tua autostima e del tuo benessere.

10. Rivedere e Aggiornare gli Obiettivi Periodicamente

Rivedere e aggiornare regolarmente i tuoi obiettivi è essenziale per assicurarti che rimangano pertinenti e stimolanti. Ogni mese o trimestre, valuta i tuoi progressi e apporta modifiche agli obiettivi e alle abitudini se necessario. Questo processo di revisione garantisce che la tua routine rimanga allineata con i tuoi obiettivi a lungo termine e ti aiuta a rimanere motivato e concentrato.

In conclusione, creare una routine di successi quotidiani implica definire piccoli obiettivi, stabilire abitudini positive, monitorare i progressi, celebrare i successi e adattare la routine in base ai risultati. Questo approccio ti permetterà di accumulare piccole vittorie quotidiane che, nel tempo, porteranno a grandi cambiamenti e a una solida costruzione dell'autostima.

5. Praticare l'Auto-compassione: Trattarsi con Gentilezza e Comprensione

Nel percorso verso una maggiore autostima, la pratica dell'auto-compassione gioca un ruolo cruciale. Spesso, siamo i nostri critici più severi e ci trattiamo con una durezza e una rigidità che non riserviamo nemmeno ai nostri peggiori nemici. Imparare a praticare l'auto-compassione significa trattarsi con la stessa gentilezza, comprensione e sostegno che offriremmo a un caro amico in difficoltà. Questo approccio non solo aiuta a superare le sfide quotidiane con maggiore resilienza, ma contribuisce anche a costruire una solida base di autostima, coraggio e sicurezza in se stessi.

1. Comprendere l'Auto-compassione

L'auto-compassione è la capacità di essere gentili con se stessi, soprattutto nei momenti di difficoltà, fallimento o insuccesso. Invece di giudicare o criticare severamente se stessi, l'auto-compassione incoraggia una risposta comprensiva e sostenitrice. Questo concetto si basa su tre elementi principali: la consapevolezza della propria sofferenza, la capacità di trattarsi con gentilezza e la consapevolezza di non essere soli nelle proprie esperienze. Per esempio, se fallisci in un compito importante, invece di pensare "Sono un completo disastro", potresti dirti "Tutti fanno errori e io posso imparare da questo".

2. Tecniche di Auto-compassione

Adottare tecniche di auto-compassione può trasformare il modo in cui ci relazioniamo con noi stessi. Ecco alcune tecniche pratiche che puoi integrare nella tua vita quotidiana:

- **Dialogo Interiore Positivo:** Sostituisci i pensieri critici con affermazioni positive. Quando ti sorprendi a pensare "Non sono all'altezza", riformula il pensiero in "Sto facendo del mio meglio e posso migliorare con il tempo e la pratica".

- **Esercizi di Auto-compassione:** Dedica qualche minuto ogni giorno a un esercizio di auto-compassione. Questo potrebbe includere la scrittura di una lettera a te stesso, esprimendo comprensione e supporto come faresti con un amico, oppure dedicare del tempo alla riflessione sui tuoi successi e progressi.

- **Meditazione di Auto-compassione:** La meditazione di auto-compassione è una pratica che coinvolge l'auto-riflessione e il rafforzamento dell'empatia verso se stessi. Durante la meditazione, focalizzati su pensieri di gentilezza e comprensione verso te stesso, riconoscendo le tue difficoltà e accettandole con amore e comprensione.

3. Affrontare la Critica Interiore con Compassione

Quando ci troviamo di fronte alla critica interiore, è fondamentale rispondere con compassione anziché con giudizio. Se, per esempio, ti critichi per non aver rispettato una scadenza, chiediti come risponderesti a un amico che si trova nella stessa situazione. Probabilmente lo conforteresti e lo incoraggeresti a non perdere la speranza. Applica la stessa gentilezza e comprensione a te stesso. Anziché scagliarti contro te stesso, riconosci che stai attraversando un momento difficile e che è umano fare errori.

4. L'Importanza della Consapevolezza

La consapevolezza gioca un ruolo fondamentale nella pratica dell'auto-compassione. Riconoscere i propri pensieri e sentimenti senza giudicarli è il primo passo per sviluppare una risposta compassionevole. Praticare la mindfulness ti aiuta a essere presente nel momento e ad accettare le tue emozioni senza lasciarti sopraffare da esse. Ad esempio, se ti accorgi di provare ansia per un progetto, pratica la consapevolezza osservando l'ansia senza cercare di sopprimerla o cambiarla, semplicemente accettandola come una parte normale della tua esperienza.

5. Esercizi di Auto-compassione in Situazioni di Stress

In situazioni di stress, applicare l'auto-compassione può essere particolarmente utile. Quando ti trovi a fronteggiare una situazione stressante, come un conflitto con un collega o una difficoltà personale, prendi un momento per respirare profondamente e concediti il permesso di non essere perfetto. Ricorda che è normale sentirsi sopraffatti e che la tua risposta compassionevole può alleviare la tensione e favorire un recupero più rapido e sano.

6. Auto-compassione e Relazioni Interpersonali

L'auto-compassione non solo migliora la relazione con te stesso, ma anche con gli altri. Quando tratti te stesso con gentilezza e comprensione, sei più incline a estendere la stessa comprensione verso gli altri. Questo crea relazioni più positive e empatiche, in cui la critica e il giudizio sono sostituiti dal supporto e dall'accettazione reciproca. Ad esempio, se tratti te stesso con compassione quando sbagli, sarai più capace di offrire lo stesso supporto agli amici e ai familiari in difficoltà.

7. Costruire una Mentalità di Crescita attraverso l'Auto-compassione

L'auto-compassione incoraggia una mentalità di crescita, in cui i fallimenti sono visti come opportunità di apprendimento piuttosto che come indicazioni della propria inadeguatezza. Adottare questa mentalità ti aiuta a vedere le sfide e gli errori come parte naturale del processo di sviluppo personale, e non come riflesso del tuo valore come persona. Ad esempio, se fallisci in un esame, invece di pensare "Non sono capace", considera l'esperienza come un'opportunità per migliorare le tue strategie di studio.

8. Integrare l'Auto-compassione nella Routine Quotidiana

Integrare l'auto-compassione nella tua routine quotidiana richiede pratica e consapevolezza. Dedica del tempo ogni giorno a riflettere sui tuoi successi e a riconoscere le tue qualità positive. Questo può includere la creazione di un diario dell'auto-compassione in cui annoti le tue esperienze quotidiane e le risposte compassionevoli a quelle esperienze. Ogni volta che affronti una difficoltà, applica consapevolmente le tecniche di auto-compassione per rinforzare la tua pratica e renderla una parte integrante della tua vita.

9. Riconoscere e Celebrare i Progressi

Anche se la pratica dell'auto-compassione è un processo continuo, è importante riconoscere e celebrare i progressi che fai. Ogni volta che riesci a trattarti con gentilezza in una situazione difficile o a rispondere alle tue critiche interne con compassione, celebra questi momenti come successi. Riconoscere i tuoi progressi ti motiva a continuare a lavorare su te stesso e rafforza la tua autostima.

10. Conclusione: L'Auto-compassione come Fondamento dell'Autostima

In conclusione, l'auto-compassione è un elemento fondamentale nella costruzione dell'autostima. Trattarsi con gentilezza e comprensione consente di affrontare le sfide della vita con maggiore resilienza e ottimismo. Adottando pratiche di auto-compassione, puoi migliorare la tua percezione di te stesso, rafforzare la tua autostima e sviluppare una mentalità positiva che ti aiuterà a raggiungere i tuoi obiettivi e a superare le tue paure.

6. Sviluppare e Mantenere Abitudini Positive: Costruire una Mentalità di Crescita

Sviluppare e mantenere abitudini positive è una delle chiavi principali per costruire e rafforzare una mentalità di crescita. Queste abitudini non solo promuovono il benessere e l'autoefficacia, ma contribuiscono anche a costruire una solida base di autostima e resilienza. Le abitudini positive sono quei comportamenti e pratiche quotidiane che, se adottati e mantenuti nel tempo, aiutano a sviluppare una mentalità orientata al miglioramento continuo e alla realizzazione personale.

1. Comprendere la Mentalità di Crescita

La mentalità di crescita è il concetto che le capacità e le competenze non sono fisse, ma possono essere sviluppate attraverso l'impegno, la pratica e l'apprendimento. Adottare questa mentalità implica vedere le sfide come opportunità di crescita e considerare i fallimenti come feedback preziosi piuttosto che come segni di inadeguatezza. Questa visione proattiva è essenziale per lo sviluppo personale e per la costruzione di una solida autostima.

2. Identificare Abitudini Positive

Per costruire una mentalità di crescita, è fondamentale identificare e integrare abitudini positive nella tua vita quotidiana. Ecco alcuni esempi pratici:

- **Pratica della Gratitudine:** Dedica ogni giorno qualche minuto per riflettere su ciò per cui sei grato. Puoi tenere un diario della gratitudine dove annoti tre cose positive che sono accadute nella giornata. Questo esercizio aiuta a focalizzarsi sugli aspetti positivi della vita e a migliorare il benessere emotivo.

- **Pianificazione e Organizzazione:** Stabilire una routine quotidiana che includa la pianificazione delle attività e la definizione di obiettivi a breve e lungo termine. L'uso di strumenti come agende, planner o applicazioni per la gestione del tempo può migliorare la tua produttività e ridurre lo stress.

- **Esercizio Fisico Regolare:** L'attività fisica non solo migliora la salute, ma contribuisce anche a un maggiore benessere psicologico. Programmare sessioni regolari di esercizio, che possono variare dalla semplice camminata alla partecipazione a sport, aiuta a mantenere alta l'energia e la motivazione.

- **Lettura e Apprendimento Continuo:** Investire tempo nell'apprendimento di nuove competenze o nella lettura di libri su argomenti che ti interessano. Questo non solo arricchisce la tua conoscenza, ma stimola anche la mente e favorisce lo sviluppo personale.

3. Creare una Routine di Abitudini Positive

Stabilire una routine quotidiana che includa le abitudini positive è cruciale per integrarle nella vita di tutti i giorni. Inizia con piccoli cambiamenti e aumenta gradualmente la complessità delle tue abitudini. Per esempio, se desideri iniziare a fare esercizio fisico, inizia con brevi passeggiate quotidiane e poi incrementa il tempo e l'intensità dell'attività fisica man mano che ti senti più a tuo agio.

4. Monitorare e Valutare i Progressi

È importante monitorare e valutare regolarmente i tuoi progressi per mantenere alta la motivazione e fare gli aggiustamenti necessari. Tieni un diario delle tue abitudini dove annoti le attività quotidiane, i progressi fatti e le difficoltà incontrate. Questa pratica ti aiuta a riflettere su ciò che funziona bene e su ciò che potrebbe essere migliorato.

5. Affrontare le Sfide e i Fallimenti con Resilienza

Le sfide e i fallimenti sono inevitabili nel percorso di sviluppo delle abitudini positive. È essenziale affrontarli con resilienza e una mentalità di crescita. Quando incontri difficoltà o non raggiungi un obiettivo, analizza la situazione per capire cosa è andato storto e cosa puoi fare di diverso la prossima volta. Usa questi momenti come opportunità di apprendimento e non come pretesti per abbandonare le tue abitudini positive.

6. Coltivare il Supporto Sociale

Avere una rete di supporto sociale può facilitare il mantenimento delle abitudini positive. Condividere i tuoi obiettivi e progressi con amici, familiari o gruppi di sostegno può offrire incoraggiamento e motivazione. Partecipare a gruppi di interesse comune o trovare un partner di allenamento può rendere il processo più piacevole e meno solitario.

7. Adattare le Abitudini ai Cambiamenti di Vita

La vita è dinamica e può portare cambiamenti che influenzano le tue abitudini. È importante essere flessibili e adattare le tue abitudini alle nuove circostanze. Se un cambiamento improvviso nel lavoro o nella tua vita personale influisce sulla tua routine, trova modi per adattare le tue abitudini in modo che possano essere integrate nelle nuove condizioni.

8. Celebrare i Successi e Riconoscere i Progressi

Celebrare i piccoli successi e riconoscere i progressi è cruciale per mantenere alta la motivazione. Ogni volta che raggiungi un obiettivo, prenditi del tempo per festeggiare e riflettere sui tuoi successi. Questo rinforza il comportamento positivo e ti motiva a continuare a perseguire i tuoi obiettivi.

9. Sostenere l'Auto-riflessione e la Crescita Personale

Dedica tempo all'auto-riflessione per valutare il tuo percorso di crescita personale. Chiediti cosa hai imparato, quali abilità hai sviluppato e come le tue abitudini positive stanno influenzando la tua vita. Questa pratica aiuta a mantenere la consapevolezza del tuo progresso e a rafforzare la tua mentalità di crescita.

10. Conclusione: L'Abitudine come Fondamento della Mentalità di Crescita

In conclusione, sviluppare e mantenere abitudini positive è fondamentale per costruire una mentalità di crescita solida e duratura. Le abitudini positive creano una base stabile per affrontare le sfide, migliorare l'autoefficacia e raggiungere i tuoi obiettivi personali. Con pazienza, perseveranza e un atteggiamento proattivo, puoi trasformare piccoli cambiamenti quotidiani in grandi risultati a lungo termine, rafforzando così la tua autostima e la tua sicurezza personale.

7. Affrontare le Sfide con Coraggio: Trasformare gli Ostacoli in Opportunità di Crescita

Affrontare le sfide con coraggio è un elemento cruciale nel percorso verso una maggiore autostima e forza personale. Le difficoltà e gli ostacoli, sebbene inizialmente percepiti come minacce, possono diventare opportunità di crescita se affrontati con una mentalità positiva e resiliente. Questo paragrafo esplorerà in dettaglio come trasformare gli ostacoli in occasioni di apprendimento e sviluppo, fornendo tecniche pratiche e strategie utili per costruire coraggio e autostima.

1. Comprendere il Ruolo delle Sfide nella Crescita Personale

Le sfide sono inevitabili nella vita e, piuttosto che evitarle, è importante riconoscerle come opportunità per crescere. Ogni difficoltà presenta un'occasione per sviluppare nuove competenze, rafforzare la resilienza e affinare la propria capacità di problem solving. Quando affrontiamo una sfida, ci troviamo di fronte a una prova che può dimostrare la nostra forza interiore e la nostra determinazione. Ad esempio, una persona che deve affrontare una presentazione pubblica temuta può usare questo evento come un'opportunità per migliorare le sue abilità comunicative e aumentare la propria fiducia in sé.

2. Tecniche per Affrontare le Sfide con Coraggio

Affrontare le sfide con coraggio richiede preparazione e una strategia ben definita. Ecco alcune tecniche pratiche che possono aiutare:

- **Accettare la Sfida:** Il primo passo per affrontare una sfida con coraggio è accettare la sua inevitabilità. Riconoscere che le difficoltà fanno parte del percorso di crescita personale e professionale ti permette di prepararti mentalmente e emotivamente ad affrontarle. Ad esempio, se ti viene offerta una nuova opportunità lavorativa che ti spaventa, accettare la sfida ti aiuterà a prepararti e a prendere misure concrete per gestirla.

- **Riformulare la Situazione:** La riformulazione è una tecnica che consiste nel cambiare il modo in cui percepisci una situazione difficile. Invece di vederla come una minaccia, considera la sfida come un'opportunità per apprendere e migliorare. Per esempio, se stai affrontando una critica costruttiva, prova a vederla come un feedback prezioso che può aiutarti a crescere professionalmente.

- **Stabilire Obiettivi Scomponibili:** Suddividere una grande sfida in obiettivi più piccoli e gestibili può rendere il processo meno intimidatorio e più affrontabile. Per esempio, se il tuo obiettivo è scrivere un libro, suddividilo in tappe come la ricerca, la stesura di capitoli e la revisione. Questo approccio ti consente di concentrarti su piccoli successi e mantenere alta la motivazione.

- **Adottare una Mentalità Positiva:** Mantenere una mentalità positiva è fondamentale per affrontare le sfide con coraggio. Cerca di focalizzarti sugli aspetti positivi della situazione e sulle opportunità di crescita. Ad esempio, se stai affrontando una malattia, invece di concentrarti solo sulle difficoltà, cerca di apprezzare le lezioni di vita che stai apprendendo e le nuove prospettive che stai acquisendo.

3. Esempi di Trasformazione degli Ostacoli in Opportunità

La storia è piena di esempi di persone che hanno trasformato ostacoli in opportunità di crescita. Ecco alcuni esempi che illustrano come le sfide possono portare a risultati positivi:

- **J.K. Rowling:** L'autrice della saga di Harry Potter ha affrontato numerosi rifiuti editoriali prima di trovare un editore. La sua perseveranza di fronte al rifiuto ha portato alla pubblicazione di uno dei libri di maggior successo di tutti i tempi. La sua esperienza dimostra che le difficoltà iniziali possono essere superate con coraggio e determinazione.

- **Thomas Edison:** Edison ha affrontato numerosi fallimenti nella sua invenzione della lampadina elettrica. Ogni errore è stato visto come un passo verso il successo finale. La sua tenacia e il suo approccio positivo gli hanno permesso di ottenere risultati straordinari, dimostrando che gli ostacoli possono diventare trampolini di lancio verso il successo.

4. Strategie per Sviluppare la Resilienza e il Coraggio

Per affrontare le sfide con coraggio, è utile sviluppare resilienza e forza interiore. Ecco alcune strategie pratiche:

- **Pratica del Pensiero Positivo:** Allenati a riconoscere e sfidare i pensieri negativi, sostituendoli con pensieri positivi e incoraggianti. La pratica del pensiero positivo ti aiuterà a mantenere la calma e a gestire meglio le sfide.

- **Tecniche di Mindfulness:** La mindfulness, attraverso la meditazione e la consapevolezza, ti aiuta a mantenere la calma e a focalizzarti sul presente. Questo approccio è utile per ridurre l'ansia e affrontare le sfide in modo più equilibrato.

- **Sviluppo di Competenze di Problem Solving:** Migliorare le tue competenze di problem solving ti permette di affrontare le sfide in modo più efficace. Pratica la risoluzione di problemi attraverso esercizi pratici e scenari simulati per migliorare la tua capacità di gestire situazioni difficili.

5. Concludere con un'Approccio di Crescita

In conclusione, affrontare le sfide con coraggio e trasformare gli ostacoli in opportunità di crescita è fondamentale per costruire una forte autostima e una mentalità di crescita. Utilizzare tecniche pratiche come la riformulazione della situazione, stabilire obiettivi scomponibili e adottare una mentalità positiva può aiutarti a superare le difficoltà e a trarre il massimo dalle tue esperienze. Ricorda che ogni ostacolo affrontato con determinazione e resilienza è un passo verso il raggiungimento del tuo potenziale.

8. Utilizzare il Feedback Costruttivo: Come Imparare dai Commenti e Migliorare

Il feedback costruttivo è uno strumento fondamentale per la crescita personale e professionale. Imparare a riceverlo e ad utilizzarlo in modo efficace può trasformare le critiche in opportunità di miglioramento e contribuire significativamente alla costruzione dell'autostima. Questo paragrafo esplorerà come interpretare e utilizzare il feedback per migliorare le proprie capacità, affrontare le debolezze e raggiungere gli obiettivi con maggiore successo.

1. Comprendere il Valore del Feedback Costruttivo

Il feedback costruttivo offre informazioni preziose su come migliorare le proprie prestazioni e competenze. Non si tratta solo di criticare, ma di fornire indicazioni specifiche su come fare meglio. Questa forma di feedback si distingue per il suo obiettivo di incoraggiare il miglioramento piuttosto che semplicemente evidenziare i difetti. Riconoscere il valore di questo tipo di feedback è il primo passo per utilizzarlo in modo produttivo. Per esempio, un supervisore che suggerisce di migliorare le tecniche di gestione del tempo non sta solo criticando il tuo lavoro, ma ti sta offrendo strumenti pratici per essere più efficace e organizzato.

2. Tecniche per Ricevere il Feedback con un'Attitudine Positiva

Accogliere il feedback in modo costruttivo richiede una mentalità aperta e la capacità di superare la difesa personale. Ecco alcune tecniche per ricevere il feedback con una mentalità positiva:

- **Ascolta Attentamente:** Quando ricevi feedback, ascolta attentamente senza interrompere. Concentrati sulle parole e sui suggerimenti dell'altra persona, cercando di comprendere il contesto e le motivazioni dietro i commenti. Per esempio, se un collega ti dice che dovresti migliorare le tue abilità di comunicazione, ascolta le specifiche osservazioni e chiedi chiarimenti se necessario.

- **Chiedi Esempi Concreti:** Per comprendere meglio come migliorare, chiedi esempi concreti e suggerimenti pratici. Chiedere chiarimenti può aiutarti a ottenere una visione più chiara di come applicare le raccomandazioni. Ad esempio, se ti viene detto che il tuo report è poco chiaro, chiedi esempi specifici di sezioni che potrebbero essere migliorate e come.

- **Prendi Nota:** Prendere appunti durante una sessione di feedback ti aiuterà a ricordare i punti principali e a riflettere su di essi successivamente. Annota le osservazioni, le raccomandazioni e le aree di miglioramento suggerite, e usa queste informazioni per sviluppare un piano di azione.

3. Utilizzare il Feedback per Stabilire Obiettivi di Miglioramento

Una volta ricevuto il feedback, è essenziale utilizzarlo per stabilire obiettivi di miglioramento concreti. Trasformare i commenti ricevuti in obiettivi specifici ti permette di lavorare su aree particolari e monitorare i tuoi progressi. Ecco come puoi fare:

- **Definisci Obiettivi Specifici:** Basandoti sul feedback ricevuto, definisci obiettivi chiari e specifici. Ad esempio, se il feedback indica che le tue presentazioni potrebbero essere più coinvolgenti, un obiettivo specifico potrebbe essere "migliorare le tecniche di coinvolgimento del pubblico attraverso l'uso di domande interattive".

- **Stabilisci Scadenze e Milestone:** Imposta scadenze per raggiungere i tuoi obiettivi e definisci milestone per monitorare i tuoi progressi. Questo ti aiuterà a rimanere motivato e a fare aggiustamenti tempestivi. Ad esempio, se devi migliorare le tue capacità di scrittura, stabilisci una scadenza per completare un corso di scrittura e pianifica di scrivere e revisionare articoli settimanalmente.

- **Richiedi Feedback Continuo:** Non limitarti a ricevere feedback solo una volta. Chiedi feedback periodico per monitorare i tuoi progressi e fare ulteriori miglioramenti. Ad esempio, dopo aver implementato le modifiche suggerite, richiedi una valutazione successiva per assicurarti che i cambiamenti siano stati efficaci.

4. Superare le Difficoltà e le Emozioni Negative

Ricevere feedback può talvolta scatenare emozioni negative, come la frustrazione o la delusione. È importante affrontare queste emozioni e superarle per poter trarre il massimo beneficio dal feedback. Ecco alcune strategie per gestire le difficoltà emotive:

- **Accetta le Emozioni:** Riconosci e accetta le emozioni che emergono dopo aver ricevuto feedback. Non ignorarle o reprimere i tuoi sentimenti. Concediti il tempo per elaborare le emozioni e riflettere su di esse.

- **Concentrati sui Benefici:** Ricorda che il feedback è un'opportunità di crescita e non una critica personale. Concentrati sui benefici a lungo termine e sull'opportunità di migliorare le tue competenze. Ad esempio, se ricevi un feedback negativo sulla tua leadership, considera come questo possa aiutarti a diventare un leader più efficace e apprezzato.

- **Cerca Supporto:** Se hai difficoltà a gestire le emozioni legate al feedback, cerca il supporto di un mentore, di un collega fidato o di un coach. Parlare con qualcuno che può offrirti una prospettiva esterna e incoraggiamento può aiutarti a mantenere una mentalità positiva.

5. Applicare il Feedback e Monitorare i Progressi

Dopo aver ricevuto e compreso il feedback, il passo successivo è applicarlo e monitorare i tuoi progressi. Implementare i cambiamenti suggeriti e valutare i risultati ti permette di verificare l'efficacia delle modifiche e apportare ulteriori miglioramenti.

- **Implementa i Cambiamenti:** Applica i suggerimenti e le modifiche suggerite nel tuo lavoro quotidiano. Se il feedback riguarda la tua comunicazione, ad esempio, inizia a utilizzare le tecniche consigliate nelle tue presentazioni e riunioni.

- **Monitora i Risultati:** Tieni traccia dei risultati ottenuti dopo aver applicato il feedback. Valuta se le modifiche hanno avuto l'effetto desiderato e se ci sono ulteriori aree da migliorare.

- **Fai Aggiustamenti:** Se necessario, apporta aggiustamenti basati sui risultati ottenuti e su ulteriori feedback ricevuti. Questo processo continuo di miglioramento ti aiuterà a crescere e a raggiungere i tuoi obiettivi.

Conclusione

Utilizzare il feedback costruttivo in modo efficace richiede una mentalità aperta, la capacità di superare le emozioni negative e una strategia chiara per applicare le raccomandazioni ricevute. Imparare dai commenti e utilizzarli per migliorare le proprie competenze è fondamentale per costruire l'autostima e raggiungere i propri obiettivi. Con l'approccio giusto, il feedback può diventare una risorsa potente per la crescita personale e professionale.

9. Circondarsi di Persone Positive: L'Impatto dell'Ambiente Sociale sull'Autostima

L'ambiente sociale in cui viviamo gioca un ruolo cruciale nella nostra autostima e nella nostra capacità di crescere e affrontare le sfide. Le persone con cui ci circondiamo possono influenzare profondamente il nostro stato d'animo, il nostro comportamento e, soprattutto, il nostro senso di valore personale. Questo paragrafo esplorerà come le relazioni positive contribuiscano alla costruzione dell'autostima e fornirà strategie pratiche per creare e mantenere un ambiente sociale che supporti la crescita personale.

1. Comprendere l'Influenza dell'Ambiente Sociale sull'Autostima

Le relazioni e l'ambiente sociale hanno un impatto significativo sulla percezione di sé e sull'autoefficacia. Essere circondati da persone positive e incoraggianti può rafforzare la nostra autostima e motivazione. Le interazioni sociali influenzano come ci vediamo e come reagiamo alle sfide. Ad esempio, se hai amici che ti sostengono e ti celebrano, è più probabile che tu sviluppi una visione positiva di te stesso e delle tue capacità. Al contrario, essere circondati da individui critici o negativi può erodere la tua autostima e aumentare il senso di insicurezza.

2. Identificare le Relazioni Positivi e Costruttivi

Il primo passo per creare un ambiente sociale positivo è identificare le persone che hanno un effetto benefico sulla tua vita. Questi individui possono essere amici, familiari, colleghi o membri della comunità che ti ispirano, ti supportano e ti incoraggiano a raggiungere i tuoi obiettivi. Ecco come riconoscerli:

- **Sostegno e Incoraggiamento:** Le persone che offrono sostegno emotivo e incoraggiamento sono fondamentali. Queste persone ti aiutano a vedere le tue potenzialità e a superare le difficoltà. Ad esempio, un amico che ti incoraggia a proseguire un progetto anche quando hai dubbi su te stesso è una risorsa preziosa.

- **Feedback Costruttivo:** Le persone positive non solo ti sostengono, ma ti offrono anche feedback costruttivo. Questo tipo di feedback è mirato a migliorare le tue abilità e a favorire la tua crescita personale senza criticare in modo distruttivo.

- **Esempio di Comportamento Positivo:** Circondarsi di persone che dimostrano comportamenti positivi, come ottimismo, determinazione e rispetto, ti ispira a sviluppare queste stesse qualità. Osservare come affrontano le sfide può fornirti modelli di comportamento efficaci.

3. Costruire e Mantenere Relazioni Positive

Dopo aver identificato le persone che influenzano positivamente la tua vita, è essenziale costruire e mantenere queste relazioni. Questo processo richiede impegno e cura. Ecco alcune strategie pratiche per farlo:

- **Coltivare Connessioni Autentiche:** Investi tempo e sforzi nelle relazioni che hanno un impatto positivo sulla tua vita. Partecipa ad attività e conversazioni che ti permettano di rafforzare questi legami. Ad esempio, organizza incontri regolari con amici che ti sostengono o partecipa a gruppi che condividono i tuoi interessi e obiettivi.

- **Comunicazione Aperta e Onesta:** Mantieni una comunicazione aperta e onesta con le persone a te care. Esprimi i tuoi pensieri e sentimenti e ascolta attivamente gli altri. La trasparenza nelle relazioni contribuisce a costruire fiducia e a rafforzare i legami. Se hai bisogno di supporto o se qualcosa ti preoccupa, comunicare chiaramente le tue esigenze può migliorare il supporto che ricevi.

- **Mostrare Gratitudine e Supporto:** Ricorda di mostrare gratitudine e offrire supporto a chi ti sostiene. Mostrare riconoscimento per il loro incoraggiamento e supporto crea un ambiente di reciprocità e rafforza le relazioni. Ad esempio, ringrazia sinceramente un collega che ti ha aiutato a raggiungere un obiettivo importante.

4. Affrontare le Relazioni Negative

Non tutte le relazioni sono positive e costruttive. È importante riconoscere e gestire le relazioni negative che possono minare la tua autostima e il tuo benessere. Ecco come affrontarle:

- **Riconoscere il Comportamento Tossico:** Identifica i segni di comportamenti tossici nelle tue relazioni. Critiche incessanti, manipolazioni emotive e mancanza di rispetto sono indicatori di una relazione negativa. Per esempio, un collega che continuamente sminuisce i tuoi sforzi potrebbe essere una fonte di stress e insicurezza.

- **Stabilire Confini Chiari:** Impara a stabilire confini chiari con le persone che esercitano un'influenza negativa su di te. Comunica le tue esigenze e stabilisci limiti per proteggere il tuo benessere emotivo. Ad esempio, se un amico tende a criticarti in modo costante, potresti dover limitare il tempo trascorso insieme e chiarire che non accetti commenti distruttivi.

- **Considerare la Distanza:** Se una relazione negativa non migliora nonostante gli sforzi per affrontarla, potrebbe essere necessario prendere una distanza. Allontanarsi da persone che hanno un impatto dannoso sulla tua autostima può essere difficile, ma è essenziale per il tuo benessere. Ad esempio, se un familiare è costantemente critico e non supporta il tuo percorso di crescita, potrebbe essere utile limitare il contatto per preservare la tua autostima.

5. Creare una Rete di Supporto Positiva

Una rete di supporto positiva è composta da individui che ti aiutano a raggiungere i tuoi obiettivi e a mantenere una visione positiva di te stesso. Ecco come costruire e mantenere una rete di supporto efficace:

- **Partecipare a Gruppi e Comunità:** Unirsi a gruppi o comunità che condividono i tuoi interessi e valori può fornirti un forte supporto sociale. Questi gruppi possono offrire incoraggiamento, ispirazione e opportunità di crescita. Ad esempio, partecipare a un gruppo di supporto professionale può aiutarti a sviluppare competenze e ottenere feedback positivo.

- **Sostenere Gli Altri:** La reciprocità è fondamentale per costruire una rete di supporto efficace. Offrendo il tuo sostegno e aiuto agli altri, crei relazioni basate sulla fiducia e sulla reciproca assistenza. Ad esempio, aiutare un amico a raggiungere i suoi obiettivi può rafforzare il legame e garantire che il supporto sia bilanciato.

Conclusione

Circondarsi di persone positive e mantenere un ambiente sociale che incoraggia la crescita personale è essenziale per costruire e mantenere una solida autostima. Identificare e nutrire le relazioni che influenzano positivamente la tua vita, affrontare e gestire le relazioni negative, e costruire una rete di supporto efficace ti aiuterà a superare le sfide e a raggiungere i tuoi obiettivi con maggiore fiducia e sicurezza.

10. Celebrare i Propri Successi: Riconoscere e Festeggiare i Progressi e i Traguardi

Celebrare i propri successi è un aspetto cruciale per il rafforzamento dell'autostima e per il mantenimento di una mentalità positiva e motivata. Riconoscere e festeggiare i progressi, grandi o piccoli, non solo aiuta a consolidare i risultati raggiunti, ma contribuisce anche a costruire una maggiore fiducia in se stessi. Questo paragrafo esplorerà l'importanza di celebrare i propri successi, fornirà strategie pratiche per farlo in modo efficace e presenterà esempi concreti di come le celebrazioni possano essere integrate nella vita quotidiana.

1. L'Importanza di Celebrare i Successi

Celebrare i successi non è solo una questione di riconoscimento esteriore; è fondamentale per il benessere psicologico e per la motivazione a lungo termine. Le celebrazioni servono a convalidare i tuoi sforzi, a rafforzare il senso di autoefficacia e a creare un ciclo positivo di comportamento e rinforzo. Quando festeggi un successo, invii un messaggio positivo al tuo subconscio: i tuoi sforzi sono riconosciuti e apprezzati, e questo incoraggia ulteriori azioni produttive.

Ad esempio, uno studio condotto dalla psicologa Barbara Fredrickson ha dimostrato che le emozioni positive, come la gioia e la gratitudine, sono correlate a una maggiore resilienza e a una migliore capacità di affrontare le sfide. Celebrando i tuoi successi, amplifichi queste emozioni positive, che a loro volta rafforzano la tua resilienza e la tua autostima.

2. Strategie per Celebrare i Successi

a. Definire i Successi da Celebrare

Non è necessario aspettare di raggiungere traguardi enormi per celebrare. Ogni piccolo passo verso i tuoi obiettivi merita riconoscimento. Definisci chiaramente quali sono i tuoi successi, che si tratti di raggiungere un obiettivo a breve termine, completare un progetto o superare una difficoltà personale. Ad esempio, se il tuo obiettivo è migliorare la tua condizione fisica, ogni settimana in cui rispetti il tuo piano di allenamento è un successo che merita di essere celebrato.

b. Creare Rituali di Celebrazione

Sviluppa rituali personali che ti permettano di celebrare i tuoi successi. Questi rituali possono variare a seconda delle tue preferenze e del contesto. Alcuni esempi possono includere:

- **Premi Personali:** Concediti un premio per ogni successo. Questo può essere un piccolo regalo a te stesso, come un libro che desideravi leggere o una cena in un ristorante che ti piace.

- **Celebrazioni con gli Altri:** Condividi i tuoi successi con amici, familiari o colleghi. Organizza una piccola festa, un incontro o una semplice cena per festeggiare insieme. Questo non solo rinforza il legame con le persone a te care, ma rende anche il successo più significativo.

- **Diario dei Successi:** Tieni un diario in cui annoti i tuoi successi e come ti senti al riguardo. Rileggere queste annotazioni può fornire una fonte continua di motivazione e gratificazione.

c. Utilizzare la Visualizzazione per Consolidare il Successo

La visualizzazione non è utile solo per prepararsi a raggiungere obiettivi; è anche uno strumento potente per consolidare e celebrare i successi. Dedica qualche minuto ogni giorno a immaginare te stesso mentre festeggi i tuoi successi. Immagina i dettagli del momento della celebrazione: come ti senti, chi è con te, quali emozioni provi. Questo rinforza la tua gratificazione e ti aiuta a mantenere la motivazione alta.

d. Riflettere sui Successi

Prenditi il tempo per riflettere sui tuoi successi e sul percorso che ti ha portato a raggiungerli. Chiediti quali competenze hai utilizzato, quali ostacoli hai superato e come hai affrontato le sfide. Questa riflessione non solo ti aiuta a capire meglio il valore dei tuoi successi, ma ti permette anche di trarre insegnamenti utili per future sfide.

3. Esempi Concreti di Celebrazione

a. Celebrazione Professionale

Immagina di aver appena completato con successo un progetto importante al lavoro. Dopo aver ricevuto complimenti dal tuo capo e dai tuoi colleghi, organizza un piccolo evento per festeggiare il traguardo. Potresti organizzare un pranzo o una cena con il tuo team per riconoscere il lavoro di tutti e per celebrare il successo collettivo.

b. Celebrazione Personale

Supponiamo che tu abbia raggiunto un obiettivo personale, come completare un corso di formazione o raggiungere un traguardo nella tua routine di fitness. Puoi festeggiare concedendoti un trattamento speciale, come una giornata di relax in una spa o un'escursione in un luogo che desideri visitare. Oppure, puoi preparare un pasto speciale per te stesso e riflettere sul percorso che hai intrapreso.

c. Celebrazione di una Nuova Abitudine

Hai sviluppato una nuova abitudine positiva, come una routine di meditazione quotidiana o un'abitudine di lettura. Festeggia questo nuovo inizio creando un rituale che rafforzi il cambiamento. Ad esempio, puoi acquistare un libro che ti ispira, un oggetto decorativo per il tuo spazio di meditazione, o semplicemente concederti una serata di relax per celebrare il tuo impegno verso una vita migliore.

Conclusione

Celebrare i propri successi è un elemento fondamentale per costruire e mantenere un'autostima solida. Riconoscere e festeggiare i progressi, grandi e piccoli, rinforza la tua motivazione e il tuo senso di autoefficacia. Utilizzando strategie pratiche come definire successi, creare rituali di celebrazione, riflettere sui traguardi e utilizzare la visualizzazione, puoi rendere le celebrazioni una parte integrante della tua vita. Questi piccoli passi contribuiranno a costruire una mentalità positiva e a rafforzare il tuo percorso verso una crescita personale duratura.

VIII. Sviluppare il Coraggio Attraverso l'Azione

1. Comprendere il Coraggio: Cos'è e Come si Manifesta

Il coraggio è una delle qualità più ammirate e, al contempo, fraintese nella crescita personale. Non si tratta solo di affrontare pericoli fisici o situazioni estreme; il coraggio è una forza interiore che ci spinge a superare le nostre paure, ad affrontare l'ignoto e a prendere azioni anche quando il rischio di fallimento è elevato. Comprendere il coraggio implica esplorare non solo la sua definizione, ma anche il modo in cui si manifesta nel nostro quotidiano.

Definizione e Natura del Coraggio

Il coraggio, nella sua forma più pura, è la capacità di affrontare le avversità con determinazione e resilienza, nonostante la presenza di paura. Non è l'assenza di paura, ma piuttosto la decisione di agire nonostante essa. Aristotele, nella sua "Etica Nicomachea", definiva il coraggio come la virtù che sta tra la paura e la temerarietà, suggerendo che il vero coraggio è quello che affronta la paura con prudenza e saggezza. È importante sottolineare che il coraggio non è solo una reazione a situazioni estreme; è anche la forza che ci permette di fare piccoli passi verso il cambiamento e l'auto-miglioramento.

Manifestazioni del Coraggio nella Vita Quotidiana

Il coraggio si manifesta in molteplici forme nella vita quotidiana, spesso in situazioni che possono sembrare insignificanti, ma che hanno un impatto profondo sul nostro benessere e sulla nostra autostima. Ad esempio, può manifestarsi nel momento in cui ci si decide a parlare in pubblico, affrontare una discussione difficile o esprimere le proprie opinioni, nonostante il timore di essere giudicati. Il coraggio è evidente anche quando ci si confronta con una malattia, si decide di cambiare carriera o si affronta una situazione di conflitto.

Un esempio concreto è quello di Maria, una giovane professionista che, nonostante la paura di non essere all'altezza, decide di presentare un progetto innovativo al suo team. La sua decisione di andare avanti, nonostante il timore di fallire, è un atto di coraggio. Qui, il coraggio non è la mancanza di paura, ma la volontà di agire e di esporsi a un possibile insuccesso per raggiungere un obiettivo importante.

Il Coraggio come Abilità Sviluppabile

Il coraggio non è una qualità innata che possiedono solo alcuni fortunati; è un'abilità che può essere sviluppata e affinata attraverso pratiche e abitudini quotidiane. Attraverso l'esposizione graduale a situazioni che ci mettono a disagio, possiamo ampliare la nostra zona di comfort e costruire una resilienza duratura. Esercizi come la visualizzazione del successo, la riflessione sulle proprie esperienze passate e l'adozione di una mentalità positiva sono strumenti efficaci per coltivare il coraggio. Ad esempio, immaginare di superare una situazione difficile e di conseguire un successo può preparare mentalmente a fronteggiare la realtà con maggiore determinazione.

Conclusione

In sintesi, comprendere il coraggio significa riconoscerne le manifestazioni quotidiane e adottare strategie per svilupparlo. Il coraggio non è solo una reazione a situazioni di grande rischio, ma una forza interiore che ci spinge a superare le nostre paure e a prendere azioni decisive. Con la giusta mentalità e le tecniche appropriate, ogni individuo può coltivare e manifestare il coraggio nella propria vita, rendendolo una risorsa preziosa per il successo personale e professionale.

2. L'Importanza dell'Azione nel Rafforzare il Coraggio

Nel viaggio verso il rafforzamento del coraggio, l'azione gioca un ruolo cruciale e insostituibile. La teoria può fornirci una comprensione concettuale del coraggio, ma è attraverso l'azione che possiamo veramente svilupparlo e interiorizzarlo. L'atto di mettersi in gioco, di affrontare direttamente le proprie paure e di superare le sfide è essenziale per costruire una resistenza e una forza interiore duratura. Esploriamo come e perché l'azione sia così fondamentale nel processo di costruzione del coraggio.

Azione come Catalizzatore di Cambiamento

L'azione è il catalizzatore che trasforma le intenzioni in risultati concreti. Quando ci confrontiamo con una paura o un ostacolo, la nostra risposta iniziale potrebbe essere quella di evitarlo o procrastinare. Tuttavia, il coraggio non si sviluppa evitando il problema, ma affrontandolo. L'azione, anche se inizialmente spaventosa, avvia un processo di cambiamento che ci consente di affrontare e superare gradualmente le nostre paure.

Per esempio, se una persona ha paura di parlare in pubblico, semplicemente pensare a come sarebbe parlare davanti a un gruppo non sarà sufficiente per sviluppare il coraggio necessario. È solo attraverso l'azione – ad esempio, partecipando a un corso di public speaking, presentando in piccoli gruppi o facendo esercitazioni di esposizione – che questa paura può essere affrontata e superata. Ogni volta che l'individuo si espone a queste situazioni, acquisisce esperienza e costruisce fiducia in sé, rafforzando così il proprio coraggio.

L'Azioni Ripetute e la Costruzione della Resilienza

Quando si intraprendono azioni ripetute per affrontare situazioni difficili, si costruisce una resilienza psicologica. Ogni esperienza, anche se piccola, contribuisce a sviluppare una maggiore capacità di affrontare le difficoltà future. La resilienza si costruisce attraverso la pratica e la ripetizione, e l'azione continua serve a dimostrare a noi stessi che siamo in grado di gestire le sfide. Ad esempio, un imprenditore che affronta una serie di difficoltà nel lanciare un nuovo prodotto può sperimentare un aumento della fiducia e del coraggio con ogni ostacolo superato, nonostante le difficoltà iniziali.

Un esempio pratico può essere quello di Giulia, una giovane che ha sempre sognato di aprire un proprio ristorante ma temeva il fallimento. Inizialmente, ha iniziato con piccoli passi, come partecipare a eventi di networking, prendere lezioni di cucina e lavorare in ristoranti per acquisire esperienza. Ogni passo rappresentava un'azione concreta che, sebbene spaventosa, le ha permesso di costruire il coraggio necessario per avviare il suo ristorante. Ogni successo parziale ha rafforzato la sua autostima e il suo coraggio, dimostrando che l'azione ripetuta è fondamentale per affrontare e superare le paure.

Il Ciclo di Azione e Feedback

Un altro aspetto cruciale dell'azione è il ciclo di feedback che essa genera. Quando agiamo, otteniamo riscontri che ci permettono di capire quali strategie funzionano e quali necessitano di aggiustamenti. Questo feedback è essenziale per migliorare e adattare le nostre azioni, affinando il nostro coraggio attraverso esperienze dirette. Per esempio, se qualcuno affronta una paura sociale e riceve un riscontro positivo o costruttivo, questo rinforza la sua fiducia e la motivazione a continuare a sfidare le proprie paure.

Inoltre, il ciclo di azione e feedback aiuta a superare l'auto-sabotaggio e i pensieri negativi. Affrontare attivamente le sfide e ricevere risposte positive può spostare la nostra attenzione dai timori alla realizzazione dei nostri obiettivi, rendendo il processo di costruzione del coraggio più gestibile e gratificante.

Conclusione

In sintesi, l'azione è il cuore del processo di sviluppo del coraggio. Non è sufficiente comprendere teoricamente cosa sia il coraggio; è necessario metterlo in pratica affrontando direttamente le proprie paure e sfide. Attraverso l'azione ripetuta e il feedback continuo, possiamo costruire una resilienza duratura e rafforzare la nostra forza interiore. Ogni passo, anche se piccolo, contribuisce a un accumulo di esperienze che ci rendono più forti e più coraggiosi, dimostrando che l'azione è una componente essenziale nel percorso verso una maggiore autostima e coraggio.

3. Superare il Paura del Fallimento: Tecniche e Strategie

La paura del fallimento è una delle barriere più comuni che impediscono alle persone di prendere iniziative e perseguire i loro obiettivi. Questa paura può manifestarsi come un blocco che impedisce di provare nuove esperienze, di rischiare o di fare cambiamenti significativi nella propria vita. Tuttavia, affrontare e superare questa paura è essenziale per lo sviluppo del coraggio e per il raggiungimento del successo. In questo paragrafo, esploreremo tecniche e strategie pratiche per superare la paura del fallimento, rendendola un trampolino di lancio piuttosto che un ostacolo.

Riformulare la Prospettiva sul Fallimento

Uno dei primi passi per superare la paura del fallimento è riformulare la propria prospettiva su di esso. Invece di considerare il fallimento come un segno di incapacità o come una sconfitta definitiva, è utile vederlo come un'opportunità di apprendimento e crescita. La maggior parte delle persone di successo ha incontrato fallimenti lungo il percorso, ma ciò che li distingue è la loro capacità di vedere i fallimenti come esperienze formative piuttosto che come fine della strada.

Esempio pratico: Thomas Edison, l'inventore della lampadina, ha fallito migliaia di volte prima di trovare il giusto materiale per il filamento. Invece di vedere questi tentativi come insuccessi, Edison li considerava come passaggi necessari verso il successo. Ogni fallimento era un'opportunità per migliorare e affinare il suo approccio.

Tecnica pratica: Quando ti confronti con una potenziale delusione, chiediti: "Cosa posso imparare da questa esperienza? Come posso utilizzare queste informazioni per migliorare e avvicinarmi al mio obiettivo?"

Stabilire Obiettivi Graduali e Realistici

Un'altra strategia utile per affrontare la paura del fallimento è stabilire obiettivi graduali e realistici. Suddividere un grande obiettivo in passi più piccoli e gestibili può ridurre il senso di sopraffazione e il rischio percepito di fallimento. Ogni piccolo traguardo raggiunto diventa una conferma delle proprie capacità e costruisce gradualmente la fiducia necessaria per affrontare sfide più grandi.

Esempio pratico: Se il tuo obiettivo è migliorare le tue competenze in una lingua straniera, inizia con obiettivi giornalieri o settimanali come completare un modulo di un corso online o partecipare a una conversazione di base. Ogni successo parziale ti aiuterà a sentirti più sicuro e a prepararti per traguardi più complessi.

Tecnica pratica: Utilizza una lista di controllo per tracciare i tuoi progressi verso obiettivi più piccoli. Ogni volta che completi un passaggio, prenditi un momento per riconoscere e celebrare il tuo successo, rafforzando così la tua motivazione e fiducia.

Imparare dalla Critica e dal Feedback

La paura del fallimento spesso è accentuata dalla paura della critica. È importante imparare a ricevere e utilizzare il feedback in modo costruttivo. Il feedback, sebbene possa sembrare inizialmente negativo, offre spunti preziosi su come migliorare. Accettare la critica come un'opportunità di crescita piuttosto che come una conferma del fallimento è cruciale per superare questa paura.

Esempio pratico: Un autore che riceve recensioni critiche sul suo libro può utilizzare queste osservazioni per affinare il suo stile di scrittura o per migliorare la trama nei suoi futuri lavori. La critica diventa così uno strumento per il perfezionamento piuttosto che una fonte di dissuasione.

Tecnica pratica: Quando ricevi feedback, prova a separare l'aspetto emotivo dalla valutazione oggettiva. Chiediti: "Quali aspetti del feedback sono utili per il mio miglioramento? Come posso applicare queste indicazioni per crescere e migliorare nella mia area di interesse?"

Affrontare il Fallimento con Resilienza e Adattamento

Essere resilienti e adattabili di fronte al fallimento è una competenza fondamentale. Resilienza significa essere in grado di recuperare rapidamente dalle difficoltà e continuare a progredire nonostante gli ostacoli. L'adattamento implica modificare le strategie e approcci in base alle esperienze di fallimento per migliorare le possibilità di successo futuro.

Esempio pratico: Se una startup affronta difficoltà nel lanciare un prodotto, potrebbe essere necessario adattare il piano di marketing o rivedere le strategie di distribuzione. La capacità di apportare modifiche basate sull'esperienza è essenziale per superare il fallimento e raggiungere gli obiettivi.

Tecnica pratica: Dopo un insuccesso, fai una riflessione approfondita su ciò che è andato storto e sviluppa un piano d'azione per correggere i problemi. Usa questo piano come guida per le tue prossime azioni, migliorando così la tua capacità di affrontare sfide future con maggiore preparazione e determinazione.

Praticare l'Auto-compassione e la Pazienza

Infine, è fondamentale trattarsi con auto-compassione e pazienza. La paura del fallimento spesso è amplificata da una critica interna severa. Essere gentili con se stessi e riconoscere che il fallimento è una parte naturale del processo di crescita può alleviare parte di questa paura. L'auto-compassione aiuta a mantenere la motivazione e a prevenire l'auto-sabotaggio.

Esempio pratico: Se non raggiungi un obiettivo come previsto, concediti una pausa e rifocalizzati sui tuoi punti di forza e sui successi già ottenuti. Ricorda che il percorso verso il successo è spesso irto di sfide e che ogni passo avanti, anche piccolo, è un progresso.

Tecnica pratica: Implementa una pratica di riflessione positiva quotidiana, dove ti prendi del tempo per riconoscere i tuoi successi e le tue qualità. Questo esercizio può aiutarti a mantenere una prospettiva equilibrata e a trattarti con la gentilezza che meriti.

Conclusione

Superare la paura del fallimento richiede un approccio multifaceted che includa una riformulazione della propria prospettiva, la definizione di obiettivi graduali, l'accettazione del feedback, la resilienza, e l'auto-compassione. Applicare queste tecniche in modo pratico e coerente non solo aiuterà a ridurre l'ansia legata al fallimento, ma contribuirà anche a costruire una base solida di coraggio e determinazione. Ogni passo verso il superamento della paura del fallimento è un passo verso una maggiore autostima e successo.

4. Esercizi Pratici per Affrontare le Situazioni Spaventose

Affrontare situazioni spaventose richiede una preparazione strategica e una pratica costante. Gli esercizi pratici possono fornire un approccio sistematico per costruire il coraggio e gestire l'ansia associata a tali situazioni. Questo paragrafo esplorerà una serie di esercizi che possono essere implementati per affrontare gradualmente e con successo le proprie paure, fornendo un metodo strutturato e dettagliato per promuovere l'autoefficacia e il coraggio.

1. L'Esposizione Graduale: Costruire la Resilienza

L'esposizione graduale è una tecnica fondamentale per affrontare le paure in modo sistematico. Consiste nell'affrontare la propria paura passo dopo passo, iniziando con situazioni meno minacciose e progredendo verso quelle più spaventose. Questo approccio permette di abituarsi progressivamente alla fonte della paura e di ridurre l'ansia nel tempo.

Esempio pratico: Se la tua paura è parlare in pubblico, inizia con piccole esposizioni, come parlare davanti a un amico fidato, proseguendo poi con gruppi più ampi. Puoi preparare un breve discorso e presentarlo a un familiare, poi passare a una riunione di lavoro con pochi colleghi prima di affrontare un pubblico più grande.

Tecnica pratica: Crea una lista delle situazioni che ti spaventano e classificale in base al grado di ansia che provocano. Inizia con la situazione meno angosciante e, dopo aver ottenuto successo in quella, passa gradualmente a situazioni più impegnative. Mantieni un diario per monitorare i tuoi progressi e annotare le tue sensazioni e miglioramenti.

2. La Tecnica del Rilassamento: Ridurre la Tensione

La tensione fisica può amplificare la paura. Utilizzare tecniche di rilassamento, come la respirazione profonda, il rilassamento muscolare progressivo e la meditazione, può aiutare a controllare la risposta fisiologica alla paura e a mantenere la calma durante le situazioni spaventose.

Esempio pratico: Quando ti prepari ad affrontare una situazione che ti spaventa, dedica alcuni minuti alla respirazione profonda. Inspira lentamente contando fino a quattro, trattieni il respiro per un paio di secondi e poi espira contando fino a sei. Questo aiuta a ridurre il battito cardiaco e a calmare il sistema nervoso.

Tecnica pratica: Integra brevi sessioni di rilassamento nella tua routine quotidiana. Esegui esercizi di rilassamento muscolare progressivo in cui contrai e rilassi ogni gruppo muscolare, partendo dai piedi fino alla testa, per aiutare a liberarti dalla tensione accumulata. Usa queste tecniche prima di affrontare situazioni spaventose per migliorare la tua calma e concentrazione.

3. La Visualizzazione Positiva: Immaginare il Successo

La visualizzazione positiva è un esercizio potente per affrontare le situazioni spaventose. Consiste nel creare nella mente una rappresentazione vivida del successo in una situazione temuta. Immaginare di affrontare e superare una paura può migliorare la tua preparazione mentale e ridurre l'ansia.

Esempio pratico: Se hai paura di fare una presentazione, chiudi gli occhi e immagina te stesso mentre parli con sicurezza davanti a un pubblico. Visualizza ogni dettaglio, dal tuo linguaggio del corpo alla reazione positiva del pubblico. Immagina te stesso completare la presentazione con successo e sentire una sensazione di soddisfazione.

Tecnica pratica: Dedica ogni giorno qualche minuto alla visualizzazione. Trova un luogo tranquillo, chiudi gli occhi e crea un'immagine mentale dettagliata del tuo successo in una situazione temuta. Ripeti questo esercizio regolarmente per rafforzare la tua autoefficacia e aumentare la tua fiducia.

4. Il Diario delle Paure: Monitorare e Riflettere

Tenere un diario delle paure è uno strumento utile per analizzare le situazioni spaventose e monitorare i progressi. Scrivere le tue esperienze, reazioni e successi ti aiuta a riflettere sulle tue paure e a identificare schemi ricorrenti, migliorando così la tua comprensione e gestione delle stesse.

Esempio pratico: Dopo ogni esposizione a una situazione spaventosa, annota nel tuo diario come ti sei sentito, cosa ha funzionato e cosa potresti fare diversamente la prossima volta. Rileggi periodicamente queste annotazioni per osservare i tuoi progressi e identificare aree di miglioramento.

Tecnica pratica: Stabilire una routine giornaliera o settimanale per scrivere nel diario. Utilizza domande guida come: "Quale situazione ho affrontato oggi? Come mi sono sentito prima, durante e dopo? Quali tecniche hanno funzionato meglio per me?" Questo esercizio ti aiuterà a rafforzare la consapevolezza e a mantenere una mentalità positiva.

5. Creare un Piano di Azione: Prepararsi e Organizzarsi

Un piano di azione dettagliato è essenziale per affrontare situazioni spaventose in modo organizzato e mirato. Pianificare i passaggi necessari per affrontare una paura ti aiuta a sentirti preparato e a ridurre l'ansia associata all'incertezza.

Esempio pratico: Se la tua paura è partecipare a una riunione di lavoro importante, crea un piano che includa la preparazione dei materiali necessari, la pratica del tuo intervento e la gestione delle tue domande. Scomponi ogni fase del processo in compiti più piccoli e gestibili.

Tecnica pratica: Redigi un piano di azione che delinei i passaggi specifici per affrontare la tua paura. Assicurati di includere dettagli come le date di scadenza, le risorse necessarie e le strategie di coping. Rivedi e aggiorna il piano regolarmente per adattarlo alle tue esperienze e progressi.

Conclusione

Affrontare situazioni spaventose richiede un approccio strutturato e pratico. Attraverso esercizi come l'esposizione graduale, il rilassamento, la visualizzazione positiva, il diario delle paure e la creazione di un piano d'azione, puoi sviluppare il coraggio e la resilienza necessari per superare le tue paure. Applicare questi esercizi in modo coerente ti aiuterà a costruire una base solida per affrontare le sfide e raggiungere i tuoi obiettivi con maggiore fiducia e determinazione.

5. Costruire la Resilienza: Come le Sfide Incrementano il Coraggio

Il concetto di resilienza è centrale nel percorso di sviluppo del coraggio. La resilienza si riferisce alla capacità di affrontare e superare le difficoltà, adattandosi positivamente agli eventi stressanti e alle avversità. È una qualità fondamentale per costruire il coraggio e si sviluppa attraverso l'esperienza diretta delle sfide. Questo paragrafo esplorerà come le sfide incrementano la resilienza e come puoi utilizzare le difficoltà per rafforzare il tuo coraggio.

1. Il Ruolo delle Sfide nel Rafforzare la Resilienza

Le sfide e le difficoltà sono inevitabili nella vita, ma rappresentano anche opportunità preziose per sviluppare resilienza. Affrontare le avversità ti costringe a uscire dalla tua zona di comfort e a confrontarti con le tue paure e limitazioni. Questo processo di confronto e adattamento ti aiuta a costruire una maggiore capacità di affrontare future difficoltà con maggiore sicurezza e determinazione.

Esempio pratico: Immagina di avere una difficoltà sul lavoro, come un progetto particolarmente complesso con una scadenza imminente. Questo scenario potrebbe inizialmente causare ansia e stress. Tuttavia, affrontare e completare con successo il progetto non solo dimostra la tua competenza, ma anche rafforza la tua capacità di gestire situazioni simili in futuro. Ogni volta che superi una sfida, aumenti la tua fiducia nelle tue capacità e costruisci una base solida di resilienza.

Tecnica pratica: Affronta intenzionalmente piccole sfide quotidiane che ti spingono al di fuori della tua zona di comfort. Queste sfide possono includere parlare in pubblico, apprendere una nuova competenza o assumere un ruolo di leadership in un progetto di gruppo. Ogni volta che superi una di queste sfide, rifletti sui tuoi successi e utilizza queste esperienze come base per affrontare difficoltà più grandi in futuro.

2. Imparare dai Fallimenti: Trasformare gli Errori in Opportunità di Crescita

I fallimenti sono spesso visti come esperienze negative, ma possono essere fondamentali per costruire resilienza e coraggio. Ogni errore offre una lezione e un'opportunità per apprendere e migliorare. Adottare una mentalità di crescita ti aiuta a vedere i fallimenti non come battute d'arresto, ma come occasioni per apprendere e rafforzare la tua determinazione.

Esempio pratico: Se hai lavorato su un progetto e non è andato come previsto, invece di concentrarti sul fallimento, analizza cosa è andato storto e cosa puoi fare diversamente la prossima volta. Utilizza questi insegnamenti per migliorare le tue strategie e approcci futuri. Questo processo di riflessione e adattamento è cruciale per sviluppare la resilienza e costruire un coraggio duraturo.

Tecnica pratica: Dopo ogni esperienza di fallimento, dedica del tempo alla riflessione. Scrivi nel tuo diario cosa è successo, perché pensi che sia successo e cosa hai imparato da essa. Usa queste informazioni per creare un piano d'azione per affrontare situazioni simili in futuro con una maggiore preparazione e fiducia.

3. Stabilire Obiettivi Sfida e Raggiungibili: Incrementare il Coraggio Attraverso la Progressione

Stabilire obiettivi sfidanti ma raggiungibili è essenziale per costruire resilienza e coraggio. Gli obiettivi devono essere abbastanza impegnativi da stimolare la crescita personale, ma realizzabili con impegno e preparazione. Raggiungere questi obiettivi ti fornisce un senso di realizzazione e rafforza la tua fiducia nelle tue capacità.

Esempio pratico: Se il tuo obiettivo è migliorare le tue capacità di leadership, potresti iniziare con la guida di piccoli gruppi o progetti. Una volta acquisita fiducia e competenza, potresti assumere ruoli di leadership più complessi. Ogni obiettivo raggiunto ti fornisce una base solida per affrontare sfide più grandi e sviluppare ulteriormente il tuo coraggio.

Tecnica pratica: Definisci i tuoi obiettivi in modo specifico, misurabile, raggiungibile, realistico e temporizzato (SMART). Dividi gli obiettivi complessi in passaggi più piccoli e gestibili, e celebra ogni successo parziale. Monitorando i tuoi progressi e adattando le tue strategie in base ai risultati, puoi mantenere alta la motivazione e sviluppare gradualmente una maggiore resilienza.

4. La Riflessione e la Celebrrazione dei Successi: Consolidare le Vittorie

La riflessione e la celebrazione dei successi sono cruciali per consolidare i progressi e rafforzare il coraggio. Riconoscere i tuoi successi e i progressi fatti ti aiuta a mantenere alta la motivazione e a costruire una base solida di resilienza. Celebrare i successi, grandi e piccoli, ti permette di riconoscere i tuoi sforzi e di costruire una mentalità positiva e orientata al successo.

Esempio pratico: Dopo aver completato un progetto impegnativo o aver superato una difficoltà significativa, prenditi del tempo per riflettere sui tuoi successi. Riconosci i tuoi sforzi e celebra i risultati con una piccola ricompensa o una celebrazione personale. Questo rinforza il comportamento positivo e ti incoraggia a continuare a affrontare le sfide con determinazione.

Tecnica pratica: Stabilisci un rituale di riflessione e celebrazione dopo aver raggiunto un obiettivo. Dedica del tempo a rivedere i tuoi successi, annotare cosa hai imparato e pianificare i tuoi prossimi passi. Condividi i tuoi successi con amici o familiari per ottenere supporto e rinforzo positivo.

Conclusione

Costruire la resilienza attraverso l'affrontare le sfide è un processo dinamico che richiede impegno e riflessione. Le difficoltà offrono opportunità uniche per sviluppare il coraggio, imparare dai fallimenti e stabilire obiettivi significativi. Implementando tecniche come il superamento degli errori, la definizione di obiettivi sfidanti e la celebrazione dei successi, puoi incrementare il tuo coraggio e costruire una resilienza duratura. Affrontare e superare le sfide non solo rafforza la tua autostima, ma ti prepara anche a gestire future difficoltà con maggiore sicurezza e determinazione.

6. Azione Graduale: Come Affrontare i Paesi più Difficili Passo dopo Passo

Affrontare le sfide più grandi può sembrare un compito insormontabile, specialmente quando ci troviamo di fronte a situazioni che evocano una forte risposta emotiva o paura. Tuttavia, l'approccio dell'azione graduale, che implica affrontare le difficoltà passo dopo passo, è una tecnica estremamente efficace per costruire il coraggio e superare le paure più radicate. Questo paragrafo esplorerà come applicare l'azione graduale per gestire le situazioni difficili, fornendo esempi pratici e tecniche che possono aiutarti a progredire in modo sicuro e controllato.

1. Definire e Pianificare i Passi Graduali

Il primo passo nell'affrontare una sfida complessa è scomporre il compito in piccoli passi gestibili. Questo approccio non solo rende l'obiettivo più raggiungibile, ma riduce anche l'ansia associata alla grandezza del compito. Ogni piccolo passo rappresenta una conquista e contribuisce a costruire la tua fiducia e resilienza.

Esempio pratico: Supponiamo che il tuo obiettivo sia parlare in pubblico. Invece di lanciarti subito in una presentazione davanti a una grande audience, inizia con passi più piccoli. Potresti iniziare parlando davanti a un gruppo di amici fidati, poi passare a presentare a un piccolo gruppo di colleghi, e infine, prepararti per una presentazione più ampia. Ogni fase ti permetterà di adattarti e migliorare le tue capacità comunicative senza sentirti sopraffatto.

Tecnica pratica: Stabilisci un piano di azione dettagliato suddividendo il tuo obiettivo finale in tappe più piccole e specifiche. Assegna a ciascun passo un periodo di tempo realistico per il completamento e monitora i tuoi progressi regolarmente. La chiave è muoversi avanti a un ritmo che ti permetta di sentirti progressivamente più sicuro.

2. Affrontare i Tempi di Paura e Incertezza: Tecniche di Supporto

Durante il processo di azione graduale, è normale sperimentare paura e incertezza. Affrontare questi sentimenti in modo proattivo è essenziale per mantenere il progresso. Le tecniche di supporto possono aiutarti a gestire l'ansia e a rimanere motivato anche quando le cose si fanno difficili.

Esempio pratico: Se stai preparando una grande presentazione, potresti sentirti ansioso e insicuro riguardo al tuo pubblico. Per affrontare questa paura, prova a utilizzare tecniche di rilassamento come la respirazione profonda o la meditazione prima di ogni sessione di pratica. Inoltre, visualizzare il successo della tua presentazione e immaginare un pubblico positivo può ridurre l'ansia e aumentare la tua fiducia.

Tecnica pratica: Crea una routine di preparazione che includa tecniche di gestione dello stress, come la respirazione controllata, il rilassamento muscolare progressivo o la meditazione. Utilizza anche il diario per annotare le tue preoccupazioni e pensieri, e poi riscrivi queste preoccupazioni in una prospettiva positiva per trasformare il loro impatto emotivo.

3. Monitorare e Adattare il Piano: Imparare dai Feedback

Mentre segui il piano di azione graduale, è cruciale monitorare i tuoi progressi e adattare il piano in base ai feedback ricevuti. Questa riflessione continua ti permette di riconoscere i tuoi successi, identificare le aree che necessitano di miglioramento e fare aggiustamenti necessari per raggiungere il tuo obiettivo finale.

Esempio pratico: Durante il processo di preparazione per una maratona, puoi iniziare con allenamenti brevi e incrementare gradualmente la distanza. Se noti che un particolare tipo di allenamento ti causa disagio o stress eccessivo, apporta modifiche al piano, come includere più giorni di riposo o cambiare il tipo di esercizio, per adattarti meglio alle tue esigenze fisiche e mentali.

Tecnica pratica: Tieni un registro dettagliato dei tuoi progressi e delle tue esperienze. Dopo ogni fase, rivedi ciò che è andato bene e ciò che potrebbe essere migliorato. Usa queste informazioni per fare aggiustamenti al piano e per continuare a sviluppare le tue capacità in modo più efficace.

4. Celebrare le Piccole Vittorie: Rinforzare la Motivazione e il Coraggio

Ogni passo avanti, anche se piccolo, è una vittoria e merita di essere celebrato. Riconoscere e festeggiare questi successi incrementa la tua motivazione e rinforza la tua fiducia. La celebrazione delle piccole vittorie ti aiuta a mantenere una mentalità positiva e a perseverare nel processo.

Esempio pratico: Se hai completato con successo un passaggio del tuo piano graduale, come un allenamento o una prova, concediti una piccola ricompensa. Questo potrebbe essere un momento di relax, un trattamento speciale o una celebrazione con amici. Questa ricompensa rinforza il comportamento positivo e ti incoraggia a continuare a progredire.

Tecnica pratica: Dopo aver completato ciascun passo del tuo piano, dedica del tempo a riflettere sul successo ottenuto. Scrivi una breve nota di gratitudine a te stesso, celebra il risultato e pianifica il prossimo passo con rinnovata energia. Questo processo di riflessione e celebrazione aiuta a mantenere alta la motivazione e a costruire un atteggiamento di successo continuo.

Conclusione

L'azione graduale è una strategia potente per affrontare le difficoltà e costruire il coraggio. Scomponendo le sfide in passi gestibili, affrontando la paura e l'incertezza con tecniche di supporto, monitorando e adattando il piano e celebrando le piccole vittorie, puoi affrontare anche le sfide più difficili con sicurezza e determinazione. Questo approccio non solo ti aiuta a superare gli ostacoli ma ti prepara anche a gestire le future sfide con una maggiore resilienza e coraggio.

7. Affrontare le Critiche e i Giudizi: Strategie per Restare Motivati

Le critiche e i giudizi esterni possono rappresentare uno degli aspetti più difficili da affrontare durante il percorso di crescita personale. Che provengano da colleghi, amici, familiari o persino sconosciuti, queste valutazioni possono mettere in discussione la nostra fiducia e motivazione. Tuttavia, è possibile gestire e superare queste sfide attraverso tecniche e strategie mirate che non solo aiutano a mantenere la motivazione, ma rinforzano anche il nostro coraggio e resilienza. Questo paragrafo esplorerà come affrontare le critiche e i giudizi in modo costruttivo, utilizzando esempi pratici e strategie dettagliate per restare motivati e continuare a progredire verso i propri obiettivi.

1. Distinguere tra Critiche Costruttive e Distruttive

Non tutte le critiche sono uguali: alcune possono essere costruttive e offrirti spunti utili per migliorare, mentre altre possono essere distruttive e mirare a minare la tua autostima. È essenziale sviluppare la capacità di distinguere tra i due tipi di critiche per poterle affrontare in modo appropriato.

Esempio pratico: Immagina di aver presentato un progetto e di ricevere feedback negativo da un collega. Se il feedback è specifico e offre suggerimenti pratici su come migliorare, può essere considerato costruttivo. Ad esempio, "Il tuo rapporto era ben strutturato, ma potresti includere più dati per rendere le tue conclusioni più solide." Al contrario, un commento generico come "Non mi piace come hai fatto questo" può essere considerato distruttivo e non particolarmente utile.

Tecnica pratica: Quando ricevi una critica, fai uno sforzo consapevole per separare il contenuto dal tono. Concentrati sui suggerimenti pratici e sulle osservazioni specifiche, e ignora commenti generali o non costruttivi. Se necessario, chiedi chiarimenti per comprendere meglio la critica e come puoi utilizzarla per il tuo miglioramento.

2. Utilizzare le Critiche Costruttive per il Miglioramento

Le critiche costruttive, se gestite correttamente, possono essere una risorsa preziosa per il miglioramento personale e professionale. Imparare a ricevere e applicare il feedback in modo produttivo è fondamentale per la crescita.

Esempio pratico: Supponiamo che un mentore ti dia un feedback costruttivo sul tuo modo di comunicare durante le riunioni. Ti suggerisce di fare domande più mirate per stimolare la discussione. Utilizza questo consiglio per migliorare il tuo approccio: prepara domande più specifiche per le prossime riunioni e pratica il tuo nuovo approccio.

Tecnica pratica: Dopo aver ricevuto una critica costruttiva, crea un piano d'azione dettagliato basato sui suggerimenti ricevuti. Scomponi il feedback in passaggi concreti e applicabili e monitora i tuoi progressi nel tempo. Documenta le modifiche apportate e valuta il loro impatto sui tuoi risultati.

3. Gestire le Critiche Distruttive con Resilienza

Le critiche distruttive, che possono includere commenti non costruttivi o giudizi personali, richiedono un approccio diverso. La resilienza è cruciale per affrontare questi attacchi senza compromettere la tua autostima.

Esempio pratico: Se un collega esprime un giudizio negativo e personale sul tuo lavoro senza offrire suggerimenti utili, è importante mantenere la calma e non prendere il commento sul personale. Ad esempio, se qualcuno dice "Non sei abbastanza bravo per questo progetto," rispondi in modo professionale e evita di reagire emotivamente.

Tecnica pratica: Per gestire le critiche distruttive, utilizza tecniche di controllo dello stress, come la respirazione profonda o la meditazione, per mantenere la calma. Inoltre, cerca di mantenere una mentalità distaccata e obiettiva: non permettere che commenti negativi non costruttivi influenzino la tua percezione di te stesso e del tuo lavoro.

4. Reindirizzare l'energia verso gli Obiettivi

Le critiche e i giudizi possono essere demoralizzanti, ma è fondamentale reindirizzare l'energia verso il raggiungimento dei tuoi obiettivi. Concentrati su ciò che puoi controllare e lavora per migliorare le tue competenze e risultati.

Esempio pratico: Se hai ricevuto critiche sul tuo ultimo progetto e questo ti ha abbattuto, invece di focalizzarti sulle critiche, dedica il tuo tempo e la tua energia a preparare un nuovo progetto o a migliorare le tue competenze. Utilizza il feedback ricevuto come stimolo per affinare ulteriormente il tuo lavoro.

Tecnica pratica: Stabilisci obiettivi chiari e concreti per il miglioramento basato sulle critiche ricevute. Pianifica le azioni necessarie per raggiungere questi obiettivi e assicurati di monitorare i tuoi progressi regolarmente. Adatta il tuo piano di azione in base ai risultati ottenuti e continua a lavorare verso il tuo successo.

5. Cercare Supporto e Consigli Positivi

Non affrontare le critiche da solo. Circondati di persone che ti sostengono e che possono offrirti supporto e consigli positivi. Questo supporto sociale è cruciale per mantenere la motivazione e il benessere emotivo.

Esempio pratico: Dopo aver ricevuto critiche, parla con un mentore, un amico fidato o un collega di fiducia. Chiedi il loro parere sul feedback ricevuto e come puoi gestirlo al meglio. Il loro punto di vista esterno può fornire un equilibrio e aiutarti a vedere le cose in una luce diversa.

Tecnica pratica: Costruisci una rete di supporto composta da persone che ti incoraggiano e che ti offrono feedback onesto e costruttivo. Pianifica incontri regolari con queste persone per discutere dei tuoi progressi, ricevere supporto emotivo e ottenere ulteriori suggerimenti per affrontare le critiche.

Conclusione

Affrontare le critiche e i giudizi è una parte inevitabile del percorso di crescita personale e professionale. Imparare a distinguere tra feedback costruttivi e distruttivi, utilizzare le critiche per migliorare, gestire gli attacchi distruttivi con resilienza, reindirizzare l'energia verso gli obiettivi e cercare supporto positivo sono strategie chiave per mantenere la motivazione e continuare a progredire. Implementando queste tecniche, puoi trasformare le critiche in opportunità di crescita e rinforzare il tuo coraggio e la tua autostima.

8. Sfruttare il Coraggio per Stabilire e Raggiungere Obiettivi Ambiziosi

Stabilire e raggiungere obiettivi ambiziosi richiede una combinazione di visione, pianificazione e, soprattutto, coraggio. Senza il coraggio necessario per affrontare le sfide e superare le difficoltà, è facile scoraggiarsi e abbandonare i propri sogni. Il coraggio non è semplicemente l'assenza di paura, ma la determinazione e la forza di affrontare le paure e le incertezze per raggiungere obiettivi significativi. Questo paragrafo esplorerà come sfruttare il coraggio per stabilire e realizzare obiettivi ambiziosi, fornendo tecniche dettagliate e esempi pratici che possono aiutare a trasformare i tuoi sogni in realtà concrete.

1. Definire Obiettivi Ambiziosi e Significativi

Il primo passo per sfruttare il coraggio è definire chiaramente gli obiettivi ambiziosi che vuoi raggiungere. Gli obiettivi dovrebbero essere specifici, misurabili, raggiungibili, rilevanti e temporali (SMART). Stabilire obiettivi chiari non solo fornisce una direzione, ma stimola anche la motivazione necessaria per affrontare le sfide.

Esempio pratico: Immagina di voler avviare una tua azienda. Un obiettivo ambizioso potrebbe essere "Lanciare un'attività di consulenza nel settore tecnologico entro 12 mesi." Questo obiettivo è specifico, ha una scadenza chiara e implica un piano dettagliato di azioni per raggiungerlo.

Tecnica pratica: Inizia con una sessione di brainstorming per identificare i tuoi obiettivi più ambiziosi. Scrivi ogni obiettivo in modo chiaro e dettagliato, e poi suddividilo in passaggi più piccoli e gestibili. Assegna scadenze per ciascun passaggio e crea un piano d'azione dettagliato per mantenere la tua direzione.

2. Affrontare le Paure e le Incertezze

L'inizio di un progetto ambizioso spesso porta con sé paure e incertezze riguardo al successo. È cruciale affrontare queste paure per evitare che diventino ostacoli insormontabili. Il coraggio di confrontarsi con le proprie paure è essenziale per continuare a progredire.

Esempio pratico: Se hai paura di fallire nel tuo nuovo business, inizia a identificare e analizzare le fonti di questa paura. Può essere utile fare una lista delle possibili conseguenze del fallimento e considerare come affrontarle. Ad esempio, se temi di perdere denaro, esplora opzioni per ridurre il rischio finanziario, come il crowdfunding o i prestiti.

Tecnica pratica: Utilizza la tecnica della visualizzazione per affrontare le tue paure. Immagina te stesso mentre affronti e superi le difficoltà associate al tuo obiettivo. Questo esercizio può aiutarti a costruire fiducia e prepararti mentalmente per le sfide reali.

3. Stabilire una Strategia di Pianificazione e Azione

Una volta definiti gli obiettivi e affrontate le paure, è importante avere una strategia di pianificazione e azione ben definita. La pianificazione dettagliata aiuta a mantenere il focus e a gestire le risorse in modo efficace.

Esempio pratico: Se il tuo obiettivo è avviare una startup, crea un piano d'azione che includa ricerca di mercato, sviluppo del prodotto, strategie di marketing e pianificazione finanziaria. Suddividi il piano in fasi e assegna scadenze specifiche per ciascuna fase.

Tecnica pratica: Utilizza strumenti di gestione del progetto, come software di pianificazione e liste di controllo, per organizzare le tue attività. Monitora regolarmente i tuoi progressi e fai aggiustamenti al piano se necessario. La flessibilità è fondamentale per adattarsi ai cambiamenti e superare le difficoltà.

4. Mantenere la Motivazione e la Determinazione

Il percorso verso obiettivi ambiziosi può essere lungo e impegnativo. Mantenere la motivazione e la determinazione è essenziale per superare le difficoltà e continuare a fare progressi.

Esempio pratico: Crea un sistema di ricompense per celebrare i tuoi successi parziali. Ogni volta che raggiungi una tappa importante del tuo obiettivo, concediti una ricompensa, come una giornata di relax o una cena speciale. Questo ti aiuterà a mantenere alta la motivazione e a riconoscere i tuoi progressi.

Tecnica pratica: Mantieni un diario di progressi per monitorare le tue realizzazioni e riflettere sui tuoi successi. Annotare i tuoi successi e le sfide superate ti aiuterà a rimanere motivato e a ricordare quanto sei vicino al raggiungimento dei tuoi obiettivi.

5. Superare le Avversità e Continuare a Progredire

Durante il percorso verso obiettivi ambiziosi, è inevitabile incontrare avversità e ostacoli. Il coraggio di perseverare di fronte a queste difficoltà è ciò che distingue chi raggiunge il successo da chi si arrende.

Esempio pratico: Se affronti un fallimento temporaneo, come una campagna di marketing che non ha avuto successo, considera il fallimento come un'opportunità di apprendimento. Analizza cosa non ha funzionato, apporta le modifiche necessarie e riprova con un approccio migliorato.

Tecnica pratica: Adotta una mentalità di crescita, che ti consente di vedere le avversità come opportunità di apprendimento piuttosto che come fallimenti. Cerca feedback, impara dagli errori e continua a fare piccoli passi verso il tuo obiettivo, mantenendo il coraggio e la determinazione.

Conclusione

Sfruttare il coraggio per stabilire e raggiungere obiettivi ambiziosi richiede una pianificazione strategica, la gestione delle paure, e una costante motivazione e determinazione. Affrontare le sfide con coraggio, pianificare dettagliatamente, mantenere alta la motivazione e superare le avversità sono le chiavi per trasformare i tuoi sogni ambiziosi in realtà. Applicando queste tecniche e strategie, potrai non solo raggiungere i tuoi obiettivi, ma anche sviluppare una resilienza e un coraggio che ti accompagneranno in tutti gli aspetti della tua vita.

9. Utilizzare il Feedback per Migliorare e Crescere: Come Imparare dagli Errori

Il feedback, sebbene spesso trascurato, è una delle risorse più preziose per il miglioramento personale e professionale. Imparare a utilizzare il feedback in modo costruttivo non solo aiuta a correggere gli errori, ma anche a rafforzare il coraggio e a promuovere una crescita continua. Questo paragrafo esplorerà come sfruttare efficacemente il feedback per migliorare e crescere, utilizzando tecniche pratiche ed esempi dettagliati per facilitare questo processo.

1. Accogliere il Feedback con un'Attitudine Positiva

Il primo passo per utilizzare il feedback in modo efficace è accoglierlo con un atteggiamento positivo. Spesso, le persone percepiscono il feedback come una critica personale, ma è essenziale capire che si tratta di un'opportunità di apprendimento. Il coraggio di accettare il feedback senza difendersi è fondamentale per il miglioramento.

Esempio pratico: Immagina di ricevere feedback negativo sulla tua presentazione a una riunione di lavoro. Invece di sentirti abbattuto o di difendere le tue scelte, considera il feedback come una possibilità per migliorare. Chiedi chiarimenti sui punti specifici che potrebbero essere migliorati e utilizza queste informazioni per preparare meglio la tua prossima presentazione.

Tecnica pratica: Adotta una mentalità di crescita e pratica l'ascolto attivo quando ricevi feedback. Annota i punti salienti del feedback senza interrompere o giustificarti. Dopo averlo ricevuto, riflettici sopra e valuta come puoi applicare i suggerimenti per migliorare le tue performance.

2. Analizzare e Interpretare il Feedback

Una volta ricevuto il feedback, è importante analizzarlo e interpretarlo correttamente. Non tutti i feedback sono uguali, e alcuni potrebbero essere più utili di altri. Imparare a distinguere tra feedback costruttivo e critiche non costruttive è essenziale per un'efficace crescita personale.

Esempio pratico: Se ricevi feedback misto su un progetto, ad esempio lodi su alcuni aspetti e critiche su altri, analizza attentamente ciascun elemento. Chiediti quali aspetti del feedback sono oggettivi e possono portare a miglioramenti concreti e quali sono invece opinioni personali che potrebbero non essere applicabili a tutti i contesti.

Tecnica pratica: Utilizza la tecnica delle 5 "Perché" per esaminare le cause profonde del feedback ricevuto. Se, per esempio, il feedback indica che il tuo lavoro non è stato all'altezza delle aspettative, chiediti perché ciò è successo e cosa puoi fare per evitarlo in futuro.

3. Applicare il Feedback nella Pratica

Applicare il feedback significa tradurre le informazioni ricevute in azioni concrete e misurabili. Questo processo richiede di elaborare un piano d'azione che includa passi specifici per apportare modifiche e miglioramenti. Implementare questi cambiamenti è essenziale per il progresso e la crescita continua.

Esempio pratico: Se il feedback su una tua proposta indica che dovresti migliorare la tua capacità di gestione del tempo, crea un piano per implementare tecniche di gestione del tempo, come l'uso di un'agenda dettagliata, la suddivisione delle attività in blocchi di tempo e la revisione regolare dei tuoi progressi.

Tecnica pratica: Dopo aver ricevuto il feedback, stila un piano d'azione dettagliato con obiettivi chiari e scadenze specifiche. Monitora i tuoi progressi regolarmente e fai aggiustamenti basati su ulteriori feedback o nuove osservazioni. Utilizza strumenti come le check-list o i software di gestione dei progetti per facilitare l'applicazione e il monitoraggio delle modifiche.

4. Imparare dagli Errori e Adattarsi

Gli errori sono inevitabili, ma è la capacità di imparare da essi e adattarsi che determina il successo a lungo termine. Utilizzare il feedback per identificare e comprendere i tuoi errori è essenziale per la crescita e il miglioramento. Adattare le tue strategie in base a queste lezioni apprese ti aiuterà a evitare di ripetere gli stessi errori.

Esempio pratico: Se durante un progetto scopri di aver trascurato un aspetto cruciale a causa di una cattiva pianificazione, riflettici sopra e cerca di capire come evitare questo errore in futuro. Potresti scoprire che un'analisi preliminare più approfondita o una revisione da parte di un collega potrebbe prevenire simili problemi in futuro.

Tecnica pratica: Conduci una sessione di riflessione post-progetto o post-esperienza per analizzare cosa è andato storto e cosa è andato bene. Documenta questi appunti e crea un elenco di best practices basato su questa riflessione. Utilizza questo elenco come guida per progetti futuri.

5. Chiedere e Dare Feedback in Maniera Costruttiva

Per massimizzare il valore del feedback, è cruciale non solo riceverlo ma anche saperlo dare in modo costruttivo. Quando fornisci feedback ad altri, assicurati che sia chiaro, specifico e orientato al miglioramento. Questo crea un ambiente di apprendimento reciproco che favorisce la crescita continua.

Esempio pratico: Se devi fornire feedback a un membro del team su una presentazione, invece di limitarti a dire "Non mi è piaciuta," cerca di essere specifico. Ad esempio, "Ho notato che la sezione sui dati non era ben sviluppata. Potresti includere grafici e tendenze per rendere la tua presentazione più chiara e persuasiva."

Tecnica pratica: Quando fornisci feedback, utilizza il modello "SBI" (Situation-Behavior-Impact). Descrivi la situazione, il comportamento osservato e l'impatto che ha avuto. Questo metodo aiuta a mantenere il feedback obiettivo e costruttivo, riducendo il rischio di offendere o demotivare il destinatario.

Conclusione

Utilizzare il feedback per migliorare e crescere richiede una mentalità aperta e una strategia ben definita. Accogliere il feedback con un atteggiamento positivo, analizzarlo e applicarlo in modo pratico, e adattarsi basandosi sugli errori sono tutti aspetti cruciali per sfruttare al massimo questa risorsa preziosa. Chiedere e dare feedback in modo costruttivo non solo promuove la crescita personale e professionale, ma rafforza anche il coraggio necessario per affrontare le sfide e raggiungere gli obiettivi ambiziosi. Con queste tecniche e strategie, sarai in grado di trasformare il feedback in uno strumento potente per il tuo sviluppo continuo e il raggiungimento dei tuoi sogni.

10. Celebrare i Successi nel Percorso di Crescita: Riconoscere i Progressi Fatti

Nel viaggio verso la crescita personale e lo sviluppo del coraggio, riconoscere e celebrare i successi è tanto cruciale quanto affrontare le sfide. Spesso, le persone tendono a concentrarsi solo sulle difficoltà e sui fallimenti, trascurando i progressi compiuti e i successi raggiunti. Questo atteggiamento può influire negativamente sull'autoefficacia e sull'autostima. Celebrare i successi non solo rinforza la motivazione, ma consolida anche la fiducia in se stessi e favorisce un senso di realizzazione. Questo paragrafo esplorerà come riconoscere e celebrare i tuoi successi nel percorso di crescita personale con tecniche pratiche e esempi concreti.

1. Riconoscere i Successi: L'Importanza di Un'Auto-Riflessione

Il primo passo per celebrare i successi è riconoscerli consapevolmente. Questo richiede un'attenta auto-riflessione per identificare e apprezzare i traguardi raggiunti. Spesso, nella frenesia quotidiana, tendiamo a dimenticare quanto lontano siamo arrivati e quanto duro abbiamo lavorato per raggiungere i nostri obiettivi. Dedica del tempo a riflettere sui tuoi successi, grandi e piccoli, e a riconoscere il tuo impegno e le tue conquiste.

Esempio pratico: Immagina di aver recentemente completato con successo un corso di formazione che ti ha permesso di acquisire nuove competenze professionali. Anche se il risultato potrebbe sembrare una tappa normale nel tuo percorso di carriera, prenditi un momento per riflettere su quanto hai investito in termini di tempo e sforzi. Considera come questo risultato ti ha avvicinato ai tuoi obiettivi professionali e personali.

Tecnica pratica: Utilizza un diario dei successi per registrare e riflettere sui tuoi traguardi. Ogni volta che raggiungi un obiettivo o superi una sfida, annota i dettagli del successo, comprese le difficoltà superate e le lezioni apprese. Questo ti aiuterà a visualizzare il tuo progresso e a mantenere alta la tua motivazione.

2. Celebrare i Successi in Modo Consapevole

Celebrare i successi in modo consapevole implica dare valore ai risultati ottenuti e riconoscerli come tappe importanti del tuo percorso. Questo non significa solo festeggiare grandi traguardi, ma anche celebrare i piccoli successi quotidiani. Ogni passo avanti è un'opportunità per rafforzare il tuo coraggio e la tua autostima.

Esempio pratico: Se hai completato una settimana di lavoro produttivo, concediti una piccola ricompensa, come una serata fuori con amici o una giornata di relax. Non aspettare solo grandi successi per festeggiare; anche le piccole vittorie meritano riconoscimento.

Tecnica pratica: Stabilizza dei momenti di celebrazione regolari nella tua routine. Ad esempio, alla fine di ogni mese, rivedi i tuoi successi e celebra i risultati ottenuti con un piccolo gesto di gratificazione. Può essere utile anche condividere i tuoi successi con amici e familiari, per ricevere supporto e incoraggiamento.

3. Utilizzare le Celebrazioni come Motivazione

Le celebrazioni non devono essere viste come un punto di arrivo, ma come una fonte di motivazione per continuare a progredire. Usale come strumento per rafforzare la tua determinazione e per spingerti verso nuovi obiettivi. Il riconoscimento dei tuoi successi ti aiuterà a mantenere alta la tua energia e a rimanere focalizzato sui tuoi obiettivi futuri.

Esempio pratico: Dopo aver completato un progetto importante con successo, invece di fermarti a festeggiare senza pensare al futuro, usa l'energia positiva derivante dalla celebrazione per pianificare il tuo prossimo obiettivo. Ad esempio, se hai concluso un progetto, inizia a progettare il prossimo passo della tua carriera o un nuovo obiettivo personale.

Tecnica pratica: Imposta dei "rituali di celebrazione" che ti aiutino a riconoscere e a utilizzare le celebrazioni come carburante per il futuro. Questo potrebbe includere creare una lista di obiettivi a lungo termine e stabilire come ogni successo celebrato contribuisce al raggiungimento di tali obiettivi.

4. Condividere i Successi con Gli Altri

Condividere i tuoi successi con gli altri non solo amplifica il senso di realizzazione, ma costruisce anche relazioni più forti e supporto reciproco. Quando esprimi la tua gratitudine e il tuo entusiasmo con amici, familiari o colleghi, crei un ambiente di supporto che può aumentare ulteriormente il tuo coraggio e la tua autostima.

Esempio pratico: Dopo aver raggiunto un traguardo importante, come una promozione sul lavoro, organizza una piccola celebrazione con i tuoi colleghi o invita amici e familiari per condividere il momento. Questo non solo rafforza i legami sociali, ma ti fornisce anche ulteriore incoraggiamento e supporto.

Tecnica pratica: Prepara dei brevi aggiornamenti o dei discorsi che puoi condividere con gli altri sui tuoi successi. Questo può avvenire attraverso un messaggio personale, una pubblicazione sui social media o un incontro informale. La condivisione dei tuoi successi rinforza l'aspetto positivo del tuo percorso e ti aiuta a ricevere il riconoscimento che meriti.

5. Riconoscere il Ruolo delle Piccole Vittorie

Le piccole vittorie sono essenziali nel percorso di crescita, anche se a volte possono sembrare insignificanti rispetto ai grandi traguardi. Riconoscerle e celebrarle è fondamentale per mantenere la motivazione e per costruire un senso di progresso continuo. Ogni piccolo successo contribuisce a creare una base solida per ulteriori conquiste.

Esempio pratico: Se hai deciso di migliorare le tue abitudini quotidiane e hai fatto progressi, come ad esempio iniziare a meditare ogni giorno o migliorare la tua alimentazione, riconosci questi piccoli cambiamenti come vittorie. Anche se non sembrano grandi risultati, sono passi significativi verso una vita migliore e più equilibrata.

Tecnica pratica: Crea un "tabellone delle vittorie" dove puoi visualizzare e tracciare i tuoi successi quotidiani. Ogni volta che raggiungi un obiettivo o fai progressi, aggiungi una nota o un simbolo al tabellone. Questo ti aiuterà a vedere chiaramente il tuo progresso e a mantenere alta la tua motivazione.

6. Analizzare i Successi per Comprendere le Strategie Efficaci

Analizzare i successi ottenuti è un passaggio cruciale per capire quali strategie hanno funzionato meglio e come puoi replicare questi successi in futuro. Questo processo ti permette di apprendere dalle tue esperienze e di applicare queste lezioni a nuove sfide.

Esempio pratico: Dopo aver completato con successo un progetto importante, rivedi i passaggi che ti hanno portato al successo. Identifica le strategie che hanno funzionato meglio, come la pianificazione dettagliata o la collaborazione efficace con il team, e rifletti su come puoi applicarle ad altri progetti o obiettivi.

Tecnica pratica: Utilizza la tecnica del "post-mortem" per analizzare i tuoi successi. Organizza una sessione di riflessione in cui esamini i dettagli del progetto o dell'obiettivo raggiunto, identifica le best practices e documenta le lezioni apprese. Questo ti aiuterà a migliorare continuamente le tue strategie e a raggiungere ulteriori successi.

7. Creare un Ritual di Celebrazione Personalizzato

Creare un rituale di celebrazione personalizzato ti aiuta a rendere il riconoscimento dei tuoi successi una parte integrale della tua routine. Questo rituale può essere un semplice gesto o una celebrazione elaborata, ma deve riflettere il tuo stile e le tue preferenze.

Esempio pratico: Potresti decidere di concederti una giornata di relax in un centro benessere ogni volta che raggiungi un obiettivo importante, oppure organizzare una cena speciale con le persone care. Questo rituale diventa una ricompensa attesa e apprezzata che rende il successo ancora più gratificante.

Tecnica pratica: Definisci un rituale che ti entusiasmi e che sia praticabile. Può includere attività che ti piacciono, come un hobby, un viaggio o un'esperienza che desideravi da tempo. Assicurati che questo rituale sia coerente con i tuoi valori e preferenze personali.

8. Utilizzare il Successo per Potenziare la Fiducia in Se Stessi

Ogni successo raggiunto contribuisce a costruire e potenziare la fiducia in se stessi. Utilizzare i successi come prova delle tue capacità rinforza la tua autostima e il tuo coraggio per affrontare future sfide. Riconoscere e celebrare i tuoi successi ti aiuta a credere di più nelle tue capacità e a mantenere alta la tua motivazione.

Esempio pratico: Dopo aver completato un progetto complesso, rifletti sui tuoi successi e utilizza queste esperienze per rafforzare la tua fiducia. Quando affronti una nuova sfida, ricorda i successi passati e come sei riuscito a superarli. Questo ti darà la sicurezza necessaria per affrontare nuove difficoltà.

Tecnica pratica: Crea una "mappa dei successi" dove registri e visualizzi tutti i tuoi traguardi e successi passati. Rivedere regolarmente questa mappa ti aiuterà a rinforzare la tua fiducia e a ricordare le tue capacità ogni volta che affronti nuove sfide.

9. Integrare il Riconoscimento dei Successi nel Processo di Crescita

Integrare il riconoscimento dei successi nel processo di crescita è essenziale per mantenere un ciclo positivo di motivazione e progresso. Ogni volta che raggiungi un traguardo, utilizzalo come un'opportunità per pianificare il passo successivo e per continuare a crescere.

Esempio pratico: Dopo aver raggiunto un obiettivo intermedio, utilizza il momento per fissare nuovi obiettivi o per rivedere e aggiornare il tuo piano di crescita. Questo ti aiuterà a mantenere il focus e a continuare a progredire nel tuo percorso di sviluppo personale.

Tecnica pratica: Stabilisci un piano di crescita che includa tappe intermedie e obiettivi a lungo termine. Ogni volta che raggiungi una tappa, utilizza il successo come punto di partenza per rifocalizzare i tuoi obiettivi e per pianificare i prossimi passi del tuo percorso.

10. Sostenere il Successo con una Mentalità di Gratitudine

Infine, sostenere il successo con una mentalità di gratitudine è fondamentale per mantenere una visione positiva e per rafforzare il tuo percorso di crescita. La gratitudine per i tuoi successi e per il supporto ricevuto ti aiuta a mantenere una prospettiva equilibrata e ad apprezzare il tuo percorso.

Esempio pratico: Dopo aver completato un progetto con successo, esprimi la tua gratitudine verso le persone che ti hanno supportato, come colleghi, mentori o amici. Questo non solo rafforza i legami con gli altri, ma ti aiuta anche a mantenere una visione positiva e a riconoscere il valore del supporto ricevuto.

Tecnica pratica: Adotta una pratica quotidiana di gratitudine, come tenere un diario dove annoti le cose per cui sei grato. Includi i successi ottenuti e il supporto ricevuto nel tuo diario. Questo ti aiuterà a mantenere una mentalità positiva e a rafforzare la tua motivazione e autostima.

Conclusione

Celebrare i successi nel percorso di crescita è essenziale per mantenere alta la motivazione e per rinforzare la fiducia in se stessi. Riconoscere e celebrare i tuoi progressi, grandi e piccoli, ti aiuta a consolidare le tue conquiste e a prepararti per future sfide. Utilizza il riconoscimento dei successi come un'opportunità per rifocalizzare i tuoi obiettivi e per mantenere una mentalità di gratitudine. Con queste pratiche, sarai in grado di trasformare ogni successo in un ulteriore passo verso il tuo continuo miglioramento e sviluppo personale.

IX. Gestire lo Stress e l'Ansia Quotidiana

1. Riconoscere i Sintomi dello Stress e dell'Ansia: Segnali da Non Sottovalutare

Lo stress e l'ansia sono reazioni naturali del corpo a situazioni percepite come minacciose o impegnative, ma è fondamentale riconoscerne i sintomi per poterli gestire adeguatamente. Ignorare questi segnali può portare a un deterioramento significativo della qualità della vita, influenzando negativamente il benessere psicologico e fisico. Questo paragrafo esplorerà i vari segnali di stress e ansia, offrendo indicazioni pratiche su come identificarli e monitorarli.

Sintomi Fisici

Lo stress e l'ansia si manifestano frequentemente attraverso sintomi fisici. Questi includono tensione muscolare, mal di testa, dolori e contratture muscolari. I muscoli, specialmente quelli del collo, delle spalle e della schiena, possono diventare rigidi a causa della tensione costante. Altri sintomi fisici comuni includono palpitazioni cardiache, sudorazione eccessiva, tremori e vertigini. È essenziale riconoscere questi sintomi come indicatori di uno stato di stress o ansia, piuttosto che semplici disturbi fisici, per adottare strategie di gestione adeguate.

Esempio pratico: Se ti accorgi di avere frequentemente dolori al collo o alle spalle, insieme a un battito cardiaco accelerato anche quando sei a riposo, è utile considerare se questi sintomi possano essere legati a situazioni stressanti o ansiose nella tua vita. In tal caso, è consigliabile consultare un medico per escludere altre cause e iniziare a lavorare su tecniche di rilassamento.

Sintomi Psicologici

Dal punto di vista psicologico, lo stress e l'ansia possono manifestarsi come irritabilità, difficoltà di concentrazione, sensazione di sopraffazione e preoccupazioni eccessive. Le persone possono sperimentare un senso di allerta costante, ansia anticipatoria o una paura persistente che può interferire con la capacità di prendere decisioni. Un sintomo psicologico frequente è la sensazione di non avere il controllo della propria vita, che può portare a sentimenti di impotenza e disperazione.

Esempio pratico: Se ti accorgi di essere facilmente irritabile, di avere difficoltà a concentrarti su compiti quotidiani o di essere sopraffatto da preoccupazioni ricorrenti, potrebbe essere il momento di riflettere su eventuali fonti di stress o ansia nella tua vita. Prendere nota di questi sintomi ti aiuterà a capire meglio le tue reazioni e a cercare soluzioni adeguate.

Sintomi Comportamentali

I sintomi comportamentali dello stress e dell'ansia includono cambiamenti nei modelli di sonno, come insonnia o sonno eccessivo, e variazioni nelle abitudini alimentari, come mangiare eccessivamente o perdere l'appetito. Inoltre, le persone possono tendere a evitare situazioni che percepiscono come stressanti, risultando in un comportamento di isolamento sociale o in difficoltà nel mantenere relazioni interpersonali.

Esempio pratico: Se noti un cambiamento significativo nel tuo schema di sonno o alimentazione, oppure se ti senti inclinado ad evitare impegni sociali che normalmente non ti creano problemi, è importante valutare se questi cambiamenti sono legati a livelli elevati di stress o ansia. Lavorare su abitudini di sonno e alimentazione sane, insieme a tecniche di gestione dello stress, può contribuire a migliorare la tua situazione.

Monitoraggio e Azione

Monitorare i sintomi di stress e ansia è cruciale per prevenire che diventino cronici. Utilizzare un diario del benessere per annotare i sintomi fisici, psicologici e comportamentali può aiutare a identificare i modelli e le cause dello stress. Questo diario può anche servire come strumento per riflessioni personali e per discutere con professionisti della salute mentale.

Esempio pratico: Tieni un diario dove registri quotidianamente i tuoi sintomi di stress e ansia, insieme agli eventi della giornata e ai tuoi sentimenti. Analizzando queste note, potrai scoprire se ci sono fattori scatenanti specifici e adottare strategie più mirate per gestire il tuo stress.

In sintesi, riconoscere i sintomi dello stress e dell'ansia è il primo passo cruciale per una gestione efficace. Identificare i segnali fisici, psicologici e comportamentali ti permette di intervenire tempestivamente e di adottare tecniche e strategie per migliorare il tuo benessere complessivo.

2. Tecniche di Respirazione per Ridurre l'Ansia Immediata: Strategie Efficaci

La respirazione è una delle tecniche più potenti e immediate per gestire l'ansia. Quando l'ansia colpisce, il nostro respiro tende a diventare rapido e superficiale, il che può amplificare la sensazione di panico. Imparare a controllare il proprio respiro può non solo ridurre i sintomi dell'ansia, ma anche favorire uno stato di calma e chiarezza mentale. In questo paragrafo, esploreremo diverse tecniche di respirazione che possono essere applicate in situazioni di ansia immediata, fornendo istruzioni dettagliate e consigli pratici per una loro efficace implementazione.

Respirazione Diaframmatica

La respirazione diaframmatica, nota anche come respirazione addominale, è una tecnica fondamentale per calmare il sistema nervoso e ridurre l'ansia. Questa tecnica implica l'uso del diaframma, un muscolo situato sotto i polmoni, per respirare in modo più profondo e lento.

Come praticare la respirazione diaframmatica:

1. **Trova una posizione comoda:** Siediti o sdraiati in un luogo tranquillo. Chiudi gli occhi se ti senti più a tuo agio.

2. **Posiziona una mano sullo stomaco:** Questo ti aiuterà a sentire i movimenti del diaframma e a garantire che stai respirando correttamente.

3. **Inspira profondamente attraverso il naso:** Conta fino a quattro mentre inspiri, assicurandoti che l'aria riempia completamente il tuo addome e sollevi la mano posta sullo stomaco.

4. **Espira lentamente attraverso la bocca:** Conta fino a sei mentre espiri, svuotando completamente i polmoni e permettendo al tuo addome di ritornare alla posizione iniziale.

5. **Ripeti per 5-10 minuti:** Pratica questa tecnica più volte al giorno, soprattutto quando ti senti ansioso.

Esempio pratico: Se ti trovi in una situazione stressante, come un colloquio di lavoro, applica questa tecnica per alcuni minuti prima dell'incontro. Questo ti aiuterà a ridurre la tensione e a migliorare la tua concentrazione.

Respirazione a 4-7-8

La tecnica di respirazione 4-7-8 è progettata per calmare la mente e ridurre l'ansia rapidamente. Questa tecnica si basa su un ciclo di respirazione controllata che aumenta l'ossigenazione e favorisce il rilassamento.

Come praticare la respirazione 4-7-8:

1. **Inizia con una posizione comoda:** Siediti o sdraiati in un ambiente tranquillo.

2. **Chiudi gli occhi e respira normalmente:** Fai un paio di respiri profondi per prepararti alla tecnica.

3. **Inspira lentamente attraverso il naso per 4 secondi:**
   Conta mentalmente mentre inspiri, assicurandoti di fare
   entrare aria nei polmoni in modo profondo.

4. **Trattieni il respiro per 7 secondi:** Questo permette
   all'ossigeno di diffondersi nel corpo e di calmarlo.

5. **Espira completamente attraverso la bocca per 8
   secondi:** Svuota i polmoni in modo lento e controllato,
   lasciando andare la tensione accumulata.

6. **Ripeti per 4-5 volte:** Utilizza questa tecnica quando ti
   senti sopraffatto o ansioso.

Esempio pratico: Se ti svegli nel mezzo della notte con
pensieri ansiosi, applica la tecnica 4-7-8 per ritrovare il sonno e
ridurre l'ansia notturna.

Respirazione Alternata (Nadi Shodhana)

La respirazione alternata, o Nadi Shodhana, è una tecnica di
respirazione yogica che aiuta a bilanciare il sistema nervoso e a
calmare la mente. Questa tecnica comporta la respirazione
attraverso una narice alla volta, favorendo un equilibrio tra i
due emisferi del cervello.

Come praticare la respirazione alternata:

1. **Siediti in una posizione comoda:** Mantieni la schiena
   dritta e rilassata.

2. **Chiudi la narice destra con il pollice:** Inspira
   profondamente attraverso la narice sinistra.

3. **Chiudi la narice sinistra con l'anulare:** Rilascia la narice destra ed espira lentamente attraverso di essa.

4. **Inspira attraverso la narice destra:** Poi chiudi la narice destra con il pollice e rilascia la narice sinistra, espirando attraverso di essa.

5. **Ripeti il ciclo:** Continua alternando la respirazione tra le due narici per 5-10 minuti.

Esempio pratico: Usa questa tecnica prima di affrontare situazioni sociali stressanti o presentazioni pubbliche per migliorare il tuo stato di calma e concentrazione.

Tecniche di Integrazione e Pratica

Integrare queste tecniche di respirazione nella tua routine quotidiana può aiutarti a gestire l'ansia in modo più efficace. Ecco alcuni suggerimenti pratici:

1. **Pratica regolarmente:** Dedica 5-10 minuti al giorno a queste tecniche per mantenere la tua mente calma e preparata a gestire lo stress.

2. **Crea un ambiente favorevole:** Trova un luogo tranquillo dove puoi concentrarti senza distrazioni durante la pratica della respirazione.

3. **Usa tecniche di respirazione in momenti di bisogno:** Ricorri a queste tecniche ogni volta che ti senti ansioso o sopraffatto.

Esempio pratico: Inserisci una breve sessione di respirazione diaframmatica o 4-7-8 nella tua routine mattutina e serale. Questo non solo migliorerà la tua capacità di affrontare lo stress, ma anche il tuo benessere generale.

In conclusione, le tecniche di respirazione sono strumenti potenti e facilmente accessibili per gestire l'ansia e lo stress quotidiani. Praticandole regolarmente e applicandole in situazioni di stress, puoi migliorare la tua risposta emotiva e favorire uno stato di calma e benessere.

3. Mindfulness e Meditazione: Pratiche per una Mente Serena e Focalizzata

Nel contesto odierno, caratterizzato da ritmi frenetici e costante bombardamento di stimoli, la mindfulness e la meditazione sono diventate tecniche sempre più riconosciute per migliorare il benessere mentale e gestire lo stress e l'ansia. Entrambe le pratiche offrono strumenti efficaci per sviluppare una maggiore consapevolezza del presente, ridurre l'overthinking e migliorare la capacità di concentrazione. Questo paragrafo esplorerà in dettaglio cosa sono la mindfulness e la meditazione, come si praticano e come possono essere utilizzate per creare una mente più serena e focalizzata.

Che Cos'è la Mindfulness?

La mindfulness, o consapevolezza, è la pratica di portare l'attenzione al momento presente in modo intenzionale e non giudicante. Essa implica essere pienamente consapevoli di ciò che si sta vivendo in ogni istante, senza lasciarsi distrarre da pensieri riguardanti il passato o il futuro. Questa pratica aiuta a sviluppare una maggiore consapevolezza dei propri pensieri, emozioni e sensazioni corporee, promuovendo una risposta più equilibrata agli stressori quotidiani.

Benefici della mindfulness:

- **Riduzione dello Stress:** La mindfulness aiuta a diminuire i livelli di cortisolo, l'ormone dello stress, e a migliorare la gestione delle reazioni allo stress.

- **Miglioramento della Concentrazione:** Essere presenti nel momento migliora la capacità di concentrazione e riduce la tendenza a distrarsi.

- **Regolazione Emotiva:** La consapevolezza favorisce una maggiore comprensione delle proprie emozioni e migliora la capacità di rispondere in modo equilibrato.

Come praticare la mindfulness:

1. **Trova un Posto Tranquillo:** Siediti in un luogo comodo e tranquillo dove puoi concentrarti senza distrazioni.

2. **Adotta una Posizione Comoda:** Puoi sederti su una sedia con i piedi appoggiati a terra o incrociare le gambe a terra. Mantieni la schiena dritta ma non rigida.

3. **Focalizzati sul Respiro:** Inizia a concentrarti sul tuo respiro. Osserva l'aria che entra e esce dal tuo corpo. Non cercare di modificare il tuo respiro; semplicemente osserva.

4. **Nota i Pensieri e le Sensazioni:** Mentre pratichi, potresti notare che la tua mente si distrae con pensieri. Riconosci questi pensieri senza giudicarli e riporta delicatamente la tua attenzione al respiro.

5. **Inizia con Sessioni Brevi:** Inizia con 5-10 minuti al giorno e aumenta gradualmente il tempo man mano che ti senti più a tuo agio.

Esempio pratico: Durante una pausa pranzo stressante al lavoro, siediti per 5 minuti in una sala tranquilla e pratica la mindfulness concentrandoti sul tuo respiro. Questo ti aiuterà a rilassarti e a rientrare al lavoro con una mente più fresca.

Che Cos'è la Meditazione?

La meditazione è una pratica che coinvolge tecniche di focalizzazione e rilassamento per migliorare la consapevolezza e la tranquillità mentale. Ci sono vari tipi di meditazione, ciascuno con approcci e obiettivi differenti, ma tutte condividono il comune scopo di sviluppare una mente più serena e concentrata.

Tipi di meditazione:

- **Meditazione di Consapevolezza (Mindfulness Meditation):** Focus sull'osservazione dei pensieri e delle sensazioni senza giudizio, simile alla pratica di mindfulness descritta sopra.

- **Meditazione di Concentramento:** Concentrarsi su un singolo punto di attenzione, come una parola (mantra) o un oggetto, per migliorare la concentrazione e ridurre il rumore mentale.

- **Meditazione di Visualizzazione:** Immaginare scenari positivi o rilassanti per promuovere il rilassamento e una mentalità positiva.

Benefici della meditazione:

- **Riduzione dell'Ansia:** La meditazione aiuta a calmare la mente e a ridurre l'ansia attraverso la focalizzazione e il rilassamento.

- **Miglioramento del Benessere Emotivo:** Promuove un maggiore equilibrio emotivo e una maggiore resilienza.

- **Aumento della Consapevolezza:** Migliora la consapevolezza e la presenza mentale, contribuendo a una migliore gestione dello stress.

Come praticare la meditazione:

1. *Scegli un Ambiente Adatto:* Trova un posto tranquillo dove puoi sederti comodamente senza interruzioni.

2. *Scegli un Metodo di Meditazione:* Puoi scegliere tra meditazione di consapevolezza, concentramento o visualizzazione, a seconda delle tue preferenze e obiettivi.

3. *Stabilisci un Tempo:* Inizia con sessioni brevi di 5-10 minuti e aumenta gradualmente la durata.

4. *Mantieni una Posizione Comoda:* Siediti con la schiena dritta ma rilassata. Puoi sederti su una sedia, sul pavimento o in una posizione a gambe incrociate.

5. **Concentrati sull'Obiettivo della Meditazione:** Se stai praticando la meditazione di concentrazione, focalizzati su un mantra o un oggetto. Se stai praticando la meditazione di consapevolezza, osserva semplicemente i tuoi pensieri e sensazioni senza giudizio.

Esempio pratico: Dedica 10 minuti al mattino alla meditazione di consapevolezza prima di iniziare la giornata. Questo ti aiuterà a prepararti mentalmente e a gestire lo stress in modo più efficace durante il giorno.

Integrazione della Mindfulness e della Meditazione nella Vita Quotidiana

Integrare la mindfulness e la meditazione nella tua routine quotidiana può migliorare significativamente il tuo benessere generale e la gestione dello stress. Ecco alcuni suggerimenti pratici per incorporare queste pratiche nella tua vita:

1. **Stabilisci una Routine:** Dedica specifici momenti della giornata alla mindfulness e alla meditazione. La coerenza è fondamentale per ottenere benefici duraturi.

2. **Utilizza App e Risorse:** Molte applicazioni e risorse online offrono sessioni guidate di meditazione e mindfulness che possono aiutarti a mantenere la pratica regolarmente.

3. **Integra la Mindfulness nelle Attività Quotidiane:** Applica la consapevolezza durante le attività quotidiane, come mangiare, camminare o lavarsi i denti. Questo aiuta a mantenere la mente presente e a ridurre lo stress.

4. **Pratica la Gratitudine:** Include momenti di riflessione e gratitudine nella tua routine di mindfulness. Riconoscere e apprezzare le cose positive nella tua vita può aumentare il tuo stato d'animo e ridurre l'ansia.

Esempio pratico: Se hai difficoltà a trovare tempo per la meditazione, prova a dedicare 1-2 minuti di mindfulness mentre sei in fila o aspetti un appuntamento. Ogni momento può diventare un'opportunità per praticare la consapevolezza.

In sintesi, la mindfulness e la meditazione offrono pratiche efficaci per sviluppare una mente più serena e focalizzata. Integrare queste tecniche nella tua vita quotidiana non solo aiuta a gestire lo stress e l'ansia, ma promuove anche un maggiore benessere e una maggiore consapevolezza.

4. Gestire il Tempo Efficacemente: Come Organizzare le Attività per Ridurre lo Stress

Gestire il tempo in modo efficace è una competenza cruciale per ridurre lo stress e migliorare il benessere generale. La sensazione di essere sopraffatti da una lista interminabile di compiti e scadenze può amplificare l'ansia e compromettere la produttività. Al contrario, una buona organizzazione del tempo può portare a una maggiore chiarezza mentale, riduzione del carico di lavoro percepito e un miglior equilibrio tra vita professionale e personale. Questo paragrafo esplorerà strategie dettagliate per gestire il tempo in modo efficiente, con esempi pratici e tecniche utili per aiutarti a ridurre lo stress.

1. Pianificazione e Prioritizzazione

La Pianificazione è il primo passo per una gestione efficace del tempo. Una pianificazione accurata ti aiuta a visualizzare il carico di lavoro, assegnare priorità alle attività e allocare il tempo in modo strategico.

Tecniche di Pianificazione:

- **Creazione di una Lista di Attività:** Comincia creando una lista dettagliata di tutte le attività che devi completare. Questo aiuta a visualizzare tutto ciò che deve essere fatto e a ridurre il senso di sovraccarico.

- **Uso della Matrice di Eisenhower:** Questa matrice ti aiuta a classificare le attività in quattro categorie:

  1. **Urgente e Importante:** Compiti da fare subito.

  2. **Importante ma Non Urgente:** Compiti da pianificare per un momento successivo.

  3. **Urgente ma Non Importante:** Compiti da delegare se possibile.

  4. **Non Urgente e Non Importante:** Attività che possono essere eliminate o rimandate.

Esempio pratico: Supponiamo che tu abbia un progetto di lavoro, una presentazione da preparare, e un incontro sociale. Usa la matrice per classificare questi compiti e focalizzati prima su quelli che sono sia urgenti che importanti, come la preparazione della presentazione, e poi pianifica il tempo per gli altri compiti in base alla loro importanza e urgenza.

2. Tecnica del Time Blocking

Il **Time Blocking** è una tecnica in cui dividi la tua giornata in blocchi di tempo dedicati a compiti specifici. Questo metodo riduce le distrazioni e migliora la concentrazione.

Come Applicare il Time Blocking:

1. **Definisci le Attività e le Durate:** Assegna blocchi di tempo specifici a ciascuna attività. Ad esempio, puoi decidere di dedicare 1 ora alla lettura delle email e 2 ore alla scrittura di un report.

2. **Crea un Calendario Dettagliato:** Usa un calendario o un'app per pianificare questi blocchi di tempo. Assicurati di includere anche pause e momenti di riposo.

3. **Segui e Adatta:** Durante il giorno, segui il piano e adatta se necessario. Se un'attività richiede più tempo del previsto, modifica il piano per includere il tempo extra.

Esempio pratico: Se lavori su un progetto complesso, crea blocchi di 90 minuti dedicati a parti specifiche del progetto, alternandoli con brevi pause di 15 minuti. Questo aiuta a mantenere alta la produttività e a prevenire l'affaticamento.

3. Tecnica del Pomodoro

La **Tecnica del Pomodoro** è un metodo di gestione del tempo che prevede di lavorare in intervalli di 25 minuti seguiti da una pausa breve di 5 minuti. Dopo quattro intervalli, prendi una pausa più lunga di 15-30 minuti.

Passaggi per Utilizzare la Tecnica del Pomodoro:

1. **Scegli un Compito:** Identifica un'attività su cui concentrarti.

2. **Imposta un Timer:** Lavora sul compito per 25 minuti senza interruzioni.

3. **Fai una Pausa Breve:** Dopo i 25 minuti, prendi una pausa di 5 minuti. Rilassati, fai stretching o prendi una bevanda.

4. **Ripeti:** Dopo quattro pomodori, fai una pausa più lunga di 15-30 minuti.

Esempio pratico: Se hai una presentazione da preparare, usa la Tecnica del Pomodoro per lavorare su diverse sezioni della presentazione, come la ricerca, la scrittura e la creazione di diapositive, mantenendo alta la concentrazione e prevenendo il burnout.

4. Eliminare le Distrazioni

Eliminare le distrazioni è fondamentale per una gestione efficace del tempo. Le distrazioni possono ridurre significativamente la produttività e aumentare il livello di stress.

Strategie per Eliminare le Distrazioni:

- **Ambiente di Lavoro:** Crea un ambiente di lavoro che minimizzi le distrazioni. Mantieni la tua area di lavoro pulita e organizzata.

- **Gestione delle Notifiche:** Disattiva le notifiche non essenziali su smartphone e computer. Dedica momenti specifici della giornata per controllare le email e i messaggi.

- **Tecniche di Focalizzazione:** Usa tecniche come l'uso di cuffie antirumore o app per bloccare siti web distraenti.

Esempio pratico: Se sei facilmente distratto dalle notifiche sui social media, considera l'uso di app come Freedom o Cold Turkey per bloccare l'accesso a questi siti durante le ore di lavoro.

5. Delegare e Richiedere Aiuto

Delegare attività a colleghi o collaboratori è una tecnica importante per gestire il carico di lavoro e ridurre lo stress. Non esitare a chiedere aiuto quando necessario.

Come Delegare Efficacemente:

1. **Identifica le Attività Delegabili:** Determina quali compiti possono essere svolti da altre persone e che non richiedono la tua attenzione diretta.

2. **Assegna Compiti e Risorse:** Comunica chiaramente le
tue aspettative e fornisci le risorse necessarie per
completare il compito.

3. **Monitora i Progressi:** Segui l'avanzamento delle
attività delegate e offri supporto se necessario.

Esempio pratico: Se lavori su un progetto di gruppo, delega
compiti specifici a membri del team, come la ricerca, la
preparazione di documenti o la gestione di riunioni. Questo non
solo alleggerisce il tuo carico di lavoro, ma migliora anche
l'efficienza complessiva del gruppo.

6. Gestire le Scadenze e le Urgenze

Gestire le scadenze e le urgenze è essenziale per mantenere il
controllo sulle tue attività e ridurre lo stress. Pianificare e
organizzare le scadenze ti aiuta a evitare la pressione
dell'ultimo minuto.

Tecniche per Gestire le Scadenze:

- **Creazione di Scadenze Intermedie:** Suddividi progetti
  complessi in fasi più piccole con scadenze intermedie.
  Questo rende il compito meno opprimente e facilita il
  monitoraggio dei progressi.

- **Uso di Strumenti di Pianificazione:** Utilizza strumenti
  di pianificazione come calendari e applicazioni di
  gestione del tempo per tenere traccia delle scadenze e
  delle attività.

- **Prioritizzazione delle Urgenze:** Affronta prima le attività urgenti e importanti. Utilizza la Matrice di Eisenhower per aiutarti a decidere quali compiti trattare immediatamente.

Esempio pratico: Se hai un progetto con una scadenza imminente, suddividi il lavoro in compiti giornalieri e assegna delle scadenze intermedie per ogni fase. Utilizza un'app come Trello o Asana per monitorare e gestire i tuoi compiti.

7. Fare Pausa e Ricaricare

Le pause regolari sono essenziali per mantenere alti i livelli di produttività e ridurre lo stress. Senza pause, il lavoro continuo può portare all'affaticamento e alla diminuzione della qualità del lavoro.

Strategie per Fare Pause Efficaci:

- **Tecnica delle Pause Regolari:** Utilizza tecniche come il metodo Pomodoro per incorporare pause brevi durante il lavoro.

- **Pause Attive:** Durante le pause, fai attività fisica leggera come una passeggiata o esercizi di stretching. Questo aiuta a migliorare la circolazione e a ridurre la tensione.

- **Pause Mentali:** Dedica tempo a rilassarti mentalmente durante le pause. Pratica tecniche di mindfulness o semplicemente staccati dal lavoro per alcuni minuti.

Esempio pratico: Se lavori per lunghe ore al computer, imposta un timer per ricordarti di fare una pausa di 5 minuti ogni 30 minuti. Utilizza questo tempo per alzarti, fare stretching e rilassare gli occhi.

8. Stabilire Limiti e Confini

Stabilire limiti e confini aiuta a proteggere il tuo tempo e a prevenire il burnout. Impostare confini chiari tra lavoro e vita privata è essenziale per mantenere un equilibrio sano.

Come Stabilire Confini Efficaci:

- **Orari di Lavoro Fissi:** Definisci chiaramente gli orari di lavoro e rispetta questi confini. Evita di controllare le email di lavoro al di fuori dell'orario lavorativo.

- **Comunicazione dei Limiti:** Comunica i tuoi limiti ai colleghi e ai familiari. Spiega quando sei disponibile per lavoro e quando preferisci non essere disturbato.

- **Spazio Dedicato al Lavoro:** Se possibile, crea uno spazio di lavoro separato a casa. Questo aiuta a distinguere il tempo di lavoro dal tempo personale.

Esempio pratico: Se lavori da casa, designa una stanza o un angolo specifico come ufficio e limita l'accesso a quest'area durante le ore non lavorative. Comunica ai tuoi familiari il tuo orario di lavoro e chiedi loro di rispettare questi confini.

9. Gestione delle Attività Multiple

Gestire più attività simultaneamente può essere stressante e difficile. L'organizzazione e la gestione delle priorità sono fondamentali per affrontare con successo compiti multipli.

Strategie per Gestire Attività Multiple:

- **Pianificazione e Suddivisione:** Pianifica e suddividi grandi progetti in attività più piccole e gestibili. Assegna priorità alle attività in base all'urgenza e all'importanza.

- **Uso di Liste di Controllo:** Crea liste di controllo per tenere traccia delle attività e dei progressi. Le liste aiutano a mantenere l'organizzazione e a prevenire dimenticanze.

- **Delegazione e Collaborazione:** Quando possibile, delega compiti e collabora con altri per distribuire il carico di lavoro e migliorare l'efficienza.

Esempio pratico: Se devi gestire un progetto di lavoro e una serie di appuntamenti personali, utilizza una lista di controllo per ogni area e pianifica il tempo in base alle priorità. Delegando alcune attività e collaborando con colleghi, puoi gestire meglio i tuoi impegni.

10. Rivedere e Adattare il Piano

Rivedere e adattare il piano di gestione del tempo è essenziale per mantenere l'efficacia e rispondere ai cambiamenti imprevisti. La flessibilità e la riflessione regolare aiutano a ottimizzare la gestione del tempo e a migliorare continuamente.

Come Rivedere e Adattare il Piano:

- **Analisi delle Prestazioni:** Periodicamente, valuta come stai gestendo il tuo tempo e identifica le aree di miglioramento.

- **Flessibilità e Adattamento:** Sii flessibile e pronto ad adattare il piano in base ai cambiamenti delle priorità o alle nuove sfide.

- **Feedback e Miglioramento:** Chiedi feedback a colleghi e supervisori su come puoi migliorare la tua gestione del tempo e apporta le modifiche necessarie.

Esempio pratico: Alla fine di ogni settimana, rivedi il tuo piano di lavoro e valuta quali attività sono state completate con successo e quali no. Adatta il piano per la settimana successiva in base ai risultati e alle nuove priorità.

In sintesi, una gestione efficace del tempo è fondamentale per ridurre lo stress e migliorare la produttività. Utilizzando tecniche di pianificazione, organizzazione e delega, puoi gestire meglio le tue attività quotidiane e creare un equilibrio più sano tra lavoro e vita personale.

5. L'Importanza dell'Esercizio Fisico nella Riduzione dello Stress e dell'Ansia

L'esercizio fisico è un potente strumento per la gestione dello stress e dell'ansia, con effetti profondi e duraturi sul benessere mentale e fisico. Le ricerche dimostrano che l'attività fisica regolare non solo migliora la salute fisica, ma contribuisce anche a una mente più serena e a una maggiore resilienza emotiva. Questo paragrafo esplorerà in dettaglio come l'esercizio fisico può aiutare a ridurre lo stress e l'ansia, fornendo esempi pratici e strategie per integrare l'attività fisica nella vita quotidiana.

1. Effetti Biologici dell'Esercizio sul Corpo e sulla Mente

Quando ci alleniamo, il corpo produce una serie di cambiamenti chimici che contribuiscono a ridurre lo stress e migliorare l'umore. Questi includono:

- **Produzione di Endorfine:** Durante l'esercizio, il corpo rilascia endorfine, neurotrasmettitori noti come "ormoni della felicità." Le endorfine agiscono come analgesici naturali e hanno un effetto positivo sull'umore, contribuendo a una sensazione di benessere e riducendo la percezione del dolore.

- **Riduzione dei Livelli di Cortisolo:** L'esercizio fisico regolare può contribuire a ridurre i livelli di cortisolo, l'ormone dello stress. Livelli elevati di cortisolo sono associati a problemi di salute come ansia, depressione e disturbi del sonno. Attraverso l'esercizio, il corpo diventa più efficiente nel gestire e ridurre i livelli di cortisolo.

- **Aumento della Neuroplasticità:** L'attività fisica stimola la neuroplasticità, cioè la capacità del cervello di adattarsi e ristrutturarsi. Questo processo migliora la memoria, l'apprendimento e la capacità di affrontare lo stress.

Esempio pratico: Una sessione di esercizio di 30 minuti, come una corsa leggera o una lezione di yoga, può provocare un notevole rilascio di endorfine, portando a una riduzione immediata dei sintomi di ansia e a un miglioramento dell'umore.

2. Esercizio e Regolazione dell'Umore

L'esercizio fisico regolare non solo migliora l'umore nel breve termine, ma contribuisce anche a una stabilità emotiva a lungo termine. Alcuni dei benefici includono:

- **Miglioramento della Qualità del Sonno:** L'attività fisica aiuta a regolare i ritmi circadiani e a migliorare la qualità del sonno. Un sonno migliore è essenziale per la gestione dello stress e per una mente sana.

- **Aumento dell'Autoefficacia:** L'esercizio fisico può migliorare l'autoefficacia, cioè la fiducia nelle proprie capacità di gestire e affrontare le sfide. Superare una sessione di allenamento impegnativa può incrementare la fiducia in sé e migliorare la percezione di controllo sulla propria vita.

- **Rafforzamento del Sistema Nervoso:** L'esercizio regolare migliora il funzionamento del sistema nervoso autonomo, che regola le risposte automatiche del corpo allo stress. Questo aiuta a mantenere la calma e la lucidità anche in situazioni di alta pressione.

Esempio pratico: Partecipare a una lezione di danza o a un gruppo di corsa settimanale può non solo migliorare il tono dell'umore grazie all'aumento delle endorfine, ma anche fornire un senso di realizzazione e di appartenenza, contribuendo a una maggiore stabilità emotiva.

3. Esercizi Fisici Adatti per Ridurre lo Stress e l'Ansia

Non tutti gli esercizi sono uguali quando si tratta di ridurre lo stress e l'ansia. Alcuni tipi di esercizio sono particolarmente efficaci per questi scopi:

- **Esercizi Cardiovascolari:** Attività come corsa, nuoto, ciclismo e camminata veloce sono eccellenti per migliorare la salute cardiovascolare e ridurre lo stress. L'intensità di questi esercizi stimola il rilascio di endorfine e migliora la funzione cerebrale.

- **Yoga e Tai Chi:** Queste pratiche combinate di movimento e respirazione promuovono il rilassamento e la consapevolezza. Il yoga, in particolare, aiuta a migliorare la flessibilità, la forza e la respirazione, riducendo i sintomi di ansia e migliorando il benessere mentale.

- **Esercizi di Forza:** Sollevare pesi o fare esercizi di resistenza può contribuire a migliorare l'umore e a ridurre lo stress attraverso la produzione di endorfine e il miglioramento dell'autoefficacia.

Esempio pratico: Una routine settimanale che include due sessioni di corsa di 30 minuti, una lezione di yoga e un allenamento di forza può offrire un equilibrio ottimale di benefici fisici e mentali, contribuendo a una riduzione globale dello stress.

4. Integrare l'Esercizio nella Routine Quotidiana

Integrare l'esercizio fisico nella routine quotidiana può sembrare una sfida, ma con alcune strategie pratiche, è possibile renderlo una parte naturale della vita.

- **Programma il Tempo per l'Esercizio:** Inserisci l'esercizio fisico nel tuo calendario come faresti con qualsiasi altro impegno. Scegli orari che ti sono comodi e sii coerente.

- **Trova Attività che Ti Piacciono:** Scegli esercizi che ti divertano. Che si tratti di ballare, nuotare o fare escursioni, l'importante è che l'attività ti piaccia e ti motivi a continuare.

- **Sfrutta le Pausa e il Tempo Libero:** Usa il tempo libero durante la giornata per fare una passeggiata veloce o per fare stretching. Anche brevi sessioni di esercizio possono avere un impatto positivo sul tuo stato d'animo.

Esempio pratico: Se hai una giornata lavorativa impegnativa, programma una passeggiata veloce durante la pausa pranzo e partecipa a una lezione di yoga due volte a settimana. Questo non solo aiuta a ridurre lo stress, ma migliora anche la tua produttività e concentrazione durante il giorno.

5. Monitorare e Adattare l'Attività Fisica

Monitorare il tuo progresso e adattare l'attività fisica alle tue esigenze è essenziale per ottenere risultati duraturi.

- **Tieni un Diario dell'Esercizio:** Annota i tuoi allenamenti, i tuoi sentimenti e i tuoi progressi. Questo ti aiuterà a identificare quali attività ti fanno sentire meglio e a mantenere la motivazione.

- **Adatta l'Esercizio alle Tua Vita:** Modifica il tuo piano di esercizio in base ai cambiamenti nella tua routine o alle tue preferenze. Se una certa attività diventa noiosa o non adatta più, esplora nuove opzioni.

- **Ascolta il Tuo Corpo:** Prestare attenzione ai segnali del tuo corpo è fondamentale. Se ti senti affaticato o stressato, potrebbe essere il momento di fare una pausa o di modificare l'intensità dell'esercizio.

Esempio pratico: Se noti che un'attività fisica specifica ti aiuta a sentirti meno ansioso e stressato, continua a integrarla nella tua routine. Se dopo un po' non ti sembra più stimolante, prova nuove attività o varia la tua routine per mantenerla interessante e motivante.

In sintesi, l'esercizio fisico rappresenta una strategia efficace e naturale per la riduzione dello stress e dell'ansia. Attraverso la comprensione dei benefici biologici, la scelta degli esercizi giusti e l'integrazione dell'attività fisica nella routine quotidiana, puoi migliorare significativamente il tuo benessere mentale e fisico.

6. Alimentazione e Stress: Cibi che Aiutano e Cibi che Peggiorano l'Ansia

La relazione tra alimentazione e stress è complessa e di grande importanza per il nostro benessere. Gli alimenti che consumiamo possono influenzare significativamente i nostri livelli di stress e ansia. Una dieta equilibrata non solo promuove la salute fisica, ma può anche giocare un ruolo cruciale nel migliorare l'umore e ridurre l'ansia. In questo paragrafo esploreremo i cibi che possono alleviare lo stress e l'ansia, e quelli che, al contrario, possono peggiorare la situazione, offrendo indicazioni pratiche per ottimizzare la tua dieta quotidiana.

1. Cibi che Aiutano a Ridurre lo Stress e l'Ansia

Certaini alimenti possono contribuire a ridurre i livelli di stress e ansia grazie ai loro effetti positivi sul cervello e sul sistema nervoso. Ecco alcuni esempi pratici di cibi che possono aiutare:

- **Pesce Grasso:** Pesci come salmone, sgombro e sardine sono ricchi di acidi grassi omega-3, che sono noti per le loro proprietà anti-infiammatorie e per la loro capacità di migliorare la salute mentale. Gli omega-3 possono aiutare a ridurre i sintomi di depressione e ansia, favorendo un miglior equilibrio dell'umore.

  Esempio pratico: Consuma una porzione di salmone grigliato due volte alla settimana per beneficiare degli omega-3 e migliorare il tuo benessere mentale.

- **Noci e Semi:** Noci, semi di lino e semi di chia sono ricchi di magnesio e zinco, due minerali essenziali per la funzione cerebrale e la regolazione dell'umore. Il magnesio, in particolare, aiuta a rilassare i muscoli e a regolare il sistema nervoso, mentre lo zinco supporta la produzione di neurotrasmettitori che influenzano l'umore.

  Esempio pratico: Aggiungi una manciata di noci o semi di chia alla tua colazione o come spuntino pomeridiano per una dose di magnesio e zinco.

- **Frutta e Verdura:** Frutti come le bacche, le arance e le mele, così come verdure a foglia verde come spinaci e cavolo riccio, sono ricchi di antiossidanti, vitamine e minerali che aiutano a combattere lo stress ossidativo e a migliorare la funzione cerebrale. La vitamina C, presente in molti frutti, è particolarmente utile per ridurre i livelli di cortisolo, l'ormone dello stress.

  Esempio pratico: Includi una porzione di frutta fresca e una di verdura a ogni pasto per garantire un apporto sufficiente di antiossidanti e vitamine.

- **Tè Verde:** Il tè verde contiene L-teanina, un aminoacido che promuove il rilassamento e riduce l'ansia senza causare sonnolenza. La L-teanina agisce aumentando la produzione di serotonina e dopamina, neurotrasmettitori che migliorano l'umore e il benessere mentale.

  Esempio pratico: Bevi una tazza di tè verde al mattino o nel pomeriggio come alternativa al caffè, per sfruttare i suoi effetti calmanti.

- **Cibi Integrali:** Gli alimenti integrali come avena, riso integrale e quinoa forniscono carboidrati complessi che aiutano a stabilizzare i livelli di zucchero nel sangue. Livelli stabili di zucchero nel sangue sono importanti per mantenere un umore equilibrato e per ridurre l'irritabilità e l'ansia.

  Esempio pratico: Sostituisci i cereali raffinati con cereali integrali nei tuoi pasti principali per un rilascio di energia costante e una maggiore stabilità emotiva.

2. Cibi che Possono Peggiorare lo Stress e l'Ansia

Alcuni cibi possono avere un effetto negativo sui livelli di stress e ansia. È importante riconoscere questi alimenti e limitare il loro consumo per mantenere un equilibrio sano:

- **Zuccheri Raffinati e Dolci:** Alimenti ricchi di zuccheri raffinati, come dolci, bevande zuccherate e snack confezionati, possono causare picchi e cadute nei livelli di zucchero nel sangue, portando a sbalzi d'umore e irritabilità. Inoltre, il consumo eccessivo di zucchero può aumentare la produzione di adrenalina e cortisolo, ormoni associati allo stress.

  Esempio pratico: Riduci il consumo di bevande zuccherate e dolci, sostituendoli con frutta fresca o spuntini a base di noci e semi.

- **Caffeina:** Sebbene la caffeina possa migliorare temporaneamente l'energia e la concentrazione, un consumo eccessivo può provocare nervosismo, ansia e palpitazioni. La caffeina stimola il sistema nervoso e può interferire con il sonno, aggravando ulteriormente i sintomi di ansia e stress.

  Esempio pratico: Limita il consumo di caffè e tè nero a una o due tazze al giorno e opta per bevande senza caffeina come tisane o tè verde.

- **Cibi Processati e Grassi Saturi:** Alimenti altamente processati e ricchi di grassi saturi, come fast food e snack confezionati, possono contribuire a infiammazioni nel corpo e a squilibri nei neurotrasmettitori. Questi cibi possono anche influenzare negativamente la qualità del sonno e il benessere mentale.

Esempio pratico: Riduci il consumo di cibi processati e preferisci pasti preparati con ingredienti freschi e non raffinati.

- **Alcol:** Sebbene l'alcol possa inizialmente dare una sensazione di rilassamento, a lungo termine può influire negativamente sull'umore e sul sonno, contribuendo a una maggiore ansia e depressione. L'alcol altera i livelli di neurotrasmettitori e può causare sbalzi d'umore.

  Esempio pratico: Limita il consumo di alcol e cerca di sostituirlo con bevande salutari come acqua frizzante o tisane senza caffeina.

- **Sale in Eccesso:** Un alto consumo di sodio può portare a ritenzione idrica e aumentare la pressione sanguigna, entrambi fattori che possono contribuire allo stress. Alti livelli di sodio sono spesso associati a diete ricche di cibi processati e fast food.

  Esempio pratico: Usa erbe e spezie per insaporire i tuoi piatti al posto del sale e cerca di evitare cibi ad alto contenuto di sodio.

3. Strategie per una Dieta Equilibrata

Integrare questi principi nella tua dieta quotidiana può aiutarti a gestire lo stress e l'ansia in modo più efficace. Ecco alcune strategie per mantenere un'alimentazione equilibrata:

- **Pianifica i Pasti:** Prepara i tuoi pasti in anticipo per assicurarti di avere sempre opzioni salutari a disposizione. Questo ti aiuterà a evitare scelte impulsive e a mantenere una dieta bilanciata.

- **Mantieni una Dieta Variata:** Assicurati di includere una varietà di alimenti nella tua dieta per ottenere un ampio spettro di nutrienti essenziali. Le diete monotone possono portare a carenze nutrizionali e influenzare negativamente l'umore.

- **Bevi Abbastanza Acqua:** L'idratazione è fondamentale per il benessere generale e può influenzare i livelli di energia e l'umore. Cerca di bere almeno 8 bicchieri di acqua al giorno e limita il consumo di bevande zuccherate e caffeinate.

Esempio pratico: Prepara un piano settimanale dei pasti che includa una varietà di frutta, verdura, proteine magre e cereali integrali. Assicurati di avere spuntini salutari come noci o yogurt a portata di mano per mantenere stabile il livello di zucchero nel sangue e migliorare il tuo stato d'animo.

In conclusione, l'alimentazione gioca un ruolo cruciale nella gestione dello stress e dell'ansia. Scegliere cibi che favoriscono il benessere mentale e limitare quelli che possono aggravare lo stress ti aiuterà a mantenere un equilibrio sano e a migliorare la tua qualità della vita. Integrare una dieta equilibrata e consapevole nella tua routine quotidiana è un passo fondamentale per raggiungere una maggiore serenità e stabilità emotiva.

7. Tecniche di Rilassamento Muscolare: Metodi per Alleviare la Tensione Fisica

La tensione muscolare è una risposta comune allo stress e all'ansia, manifestandosi come irrigidimento e disagio nei muscoli del corpo. Questa tensione può contribuire a una sensazione di oppressione e stanchezza, influenzando negativamente il nostro benessere generale. Imparare e applicare tecniche di rilassamento muscolare può essere un metodo altamente efficace per ridurre la tensione fisica e promuovere uno stato di calma. In questo paragrafo, esploreremo diverse tecniche di rilassamento muscolare, con dettagli pratici e istruzioni su come integrarle nella tua routine quotidiana.

1. Rilassamento Muscolare Progressivo

Il rilassamento muscolare progressivo (RMP) è una tecnica sviluppata dal medico statunitense Edmund Jacobson negli anni '30. Questa tecnica consiste nell'alternare contrazione e rilascio dei vari gruppi muscolari del corpo per ridurre la tensione e promuovere una sensazione di rilassamento. Ecco come praticarla:

- **Preparazione:** Trova un luogo tranquillo dove puoi sederti o sdraiarti comodamente senza distrazioni. Chiudi gli occhi e concentrati sul tuo respiro per alcuni minuti.

- **Contrazione e Rilascio:** Inizia con i piedi. Stringi i muscoli dei piedi e delle gambe il più forte possibile per circa 5-10 secondi. Poi rilasciali completamente, sentendo il contrasto tra tensione e rilascio. Procedi poi verso i muscoli delle gambe, dei glutei, dell'addome, delle braccia e del viso, seguendo lo stesso processo.

- **Frequenza:** Pratica il rilassamento muscolare
  progressivo quotidianamente, idealmente alla sera prima
  di andare a letto o durante le pause di lavoro, per
  mantenere la tensione sotto controllo e promuovere una
  sensazione di calma.

Esempio pratico: Dedica 15-20 minuti al giorno alla pratica
del RMP. Questo può essere particolarmente utile se avverti
tensione accumulata durante la giornata lavorativa o dopo
situazioni di stress.

2. Tecnica di Rilassamento Muscolare Autogeno

Il rilassamento muscolare autogeno, sviluppato dal medico
tedesco Johannes Schultz, è una tecnica di autoipnosi che
utilizza la visualizzazione e il controllo della respirazione per
ridurre la tensione muscolare. Questa tecnica si basa su due
elementi chiave: il rilassamento profondo e la consapevolezza
del corpo. Ecco come applicarla:

- **Preparazione:** Siediti o sdraiati in una posizione
  comoda e chiudi gli occhi. Concentrati sulla tua
  respirazione, cercando di renderla lenta e regolare.

- **Visualizzazione e Controllo:** Immagina che il tuo corpo
  stia diventando pesante e caldo. Parti dalla testa e scendi
  lentamente verso i piedi, visualizzando ogni parte del
  corpo che diventa sempre più rilassata e pesante. Ripeti
  frasi come "Il mio braccio è pesante e caldo" per
  rafforzare questa sensazione.

- **Pratica Regolare:** Dedica 10-15 minuti al giorno alla pratica del rilassamento autogeno, preferibilmente in un ambiente tranquillo e senza distrazioni. Questo può aiutare a migliorare la consapevolezza del corpo e a ridurre la tensione accumulata.

Esempio pratico: Integra la pratica del rilassamento muscolare autogeno nella tua routine serale, per favorire un sonno più profondo e ridurre il livello di stress.

3. Stretching e Allungamenti

Lo stretching è una tecnica semplice ed efficace per alleviare la tensione muscolare e migliorare la flessibilità. Ecco alcuni allungamenti che possono aiutare a ridurre la tensione fisica:

- **Stretching del Collo:** Inclina delicatamente la testa verso una spalla, mantenendo la posizione per 15-30 secondi. Ripeti dall'altro lato. Questo aiuta a rilassare i muscoli del collo e delle spalle.

- **Stretching delle Spalle:** Porta un braccio attraverso il petto e usa l'altro braccio per spingere delicatamente il braccio teso verso il corpo. Mantieni la posizione per 15-30 secondi e poi cambia braccio.

- **Stretching dei Flessori dell'Anca:** Sdraiati sulla schiena e piega una gamba verso il petto, mantenendo l'altra gamba dritta. Mantieni la posizione per 15-30 secondi e poi cambia gamba.

- **Stretching del Polpaccio:** Appoggia le mani contro un muro e sposta un piede indietro, mantenendo il tallone a contatto con il suolo. Mantieni la posizione per 15-30 secondi e poi cambia gamba.

Esempio pratico: Dedica 5-10 minuti al giorno a una serie di esercizi di stretching per migliorare la flessibilità e ridurre la tensione muscolare, specialmente dopo una giornata stressante.

4. Tecnica del Massaggio

Il massaggio è un metodo efficace per alleviare la tensione muscolare e migliorare la circolazione. Anche se le sessioni di massaggio professionale sono ideali, è possibile utilizzare tecniche di auto-massaggio per ottenere benefici simili:

- **Auto-Massaggio dei Tempi e del Collo:** Usa le dita per fare movimenti circolari delicati sui tempi e sul collo, applicando una pressione leggera ma costante. Questo aiuta a ridurre la tensione e a migliorare il flusso sanguigno.

- **Massaggio delle Spalle e del Collo:** Utilizza le palme delle mani per massaggiare le spalle e il collo con movimenti lenti e circolari. Concentrati sulle aree di maggiore tensione, applicando una pressione moderata.

- **Massaggio delle Mani e dei Polsi:** Strofina delicatamente le mani e i polsi con movimenti circolari per alleviare la tensione accumulata durante l'uso del computer o altre attività manuali.

Esempio pratico: Dedica 5-10 minuti al giorno all'auto-massaggio, soprattutto dopo una giornata di lavoro intensa, per alleviare la tensione muscolare e migliorare il benessere generale.

5. Esercizi di Respirazione Profonda

La respirazione profonda è una tecnica fondamentale per il rilassamento muscolare e la gestione dello stress. Ecco come praticarla:

- **Respirazione Addominale:** Siediti o sdraiati in una posizione comoda. Posiziona una mano sull'addome e l'altra sul petto. Inspira profondamente attraverso il naso, facendo sì che l'addome si espanda. Espira lentamente attraverso la bocca, sentendo l'addome contrarsi. Ripeti per 5-10 minuti.

- **Respirazione a Lunga Durata:** Pratica la respirazione in cui inspiri contando fino a 4, trattieni il respiro per 4 secondi e poi espira contando fino a 6. Questo aiuta a rallentare il battito cardiaco e a ridurre la tensione.

Esempio pratico: Integra esercizi di respirazione profonda nella tua routine quotidiana, dedicando 5 minuti al mattino e 5 minuti alla sera per migliorare la gestione dello stress e promuovere il rilassamento muscolare.

In sintesi, l'adozione di tecniche di rilassamento muscolare può avere un impatto significativo sulla riduzione dello stress e dell'ansia. Applicando regolarmente il rilassamento muscolare progressivo, il rilassamento autogeno, lo stretching, il massaggio e la respirazione profonda, puoi alleviare la tensione fisica e promuovere un maggiore benessere. Incorporare queste pratiche nella tua routine quotidiana ti aiuterà a gestire meglio lo stress e a migliorare la tua qualità della vita.

8. Stabilire Limiti e Priorità: Come Dire di No per Gestire il Carico di Lavoro

Gestire il carico di lavoro e le richieste quotidiane senza compromettere il proprio benessere è una sfida cruciale in un contesto di vita frenetica. Stabilire limiti chiari e dare priorità alle proprie attività è essenziale per evitare il sovraccarico e mantenere uno stato di equilibrio e produttività. Dire di no, spesso percepito come un'azione difficile o persino egoista, è in realtà un atto di auto-cura e responsabilità. Questo paragrafo esplorerà le strategie pratiche per stabilire limiti efficaci e dare priorità alle tue attività, assicurandoti di mantenere il controllo del tuo tempo e ridurre lo stress.

1. Identificare e Definire le Proprie Priorità

Il primo passo per stabilire limiti e dare priorità è chiarire cosa è realmente importante per te. Questo richiede una riflessione approfondita sui tuoi obiettivi personali e professionali.

- **Riflessività:** Prenditi del tempo per riflettere sui tuoi valori e obiettivi. Chiediti quali sono le attività che contribuiscono maggiormente al tuo benessere e al tuo successo a lungo termine. Le tue priorità possono includere il tempo con la famiglia, lo sviluppo professionale, il benessere fisico e mentale, e la crescita personale.

- **Elenco delle Attività:** Crea un elenco delle attività che occupano maggiormente il tuo tempo e valuta quale importanza hanno rispetto alle tue priorità. Questo ti aiuterà a identificare le aree in cui potresti dover fare dei cambiamenti.

Esempio pratico: Se scopri che la tua priorità è il tempo con la famiglia, ma stai dedicando molte ore al lavoro extra, potrebbe essere necessario rivedere il tuo impegno lavorativo e stabilire orari più rigidi.

2. Stabilire Limiti Chiari

Una volta che hai definito le tue priorità, il passo successivo è stabilire limiti chiari per proteggere il tuo tempo e le tue risorse.

- **Definizione dei Confini:** Stabilire confini significa chiarire cosa sei disposto a fare e cosa no. Questo potrebbe riguardare le ore di lavoro, le responsabilità extra, o anche le richieste sociali. Ad esempio, se ricevi richieste frequenti per partecipare a eventi serali, ma hai bisogno di tempo per te stesso, comunica chiaramente che non puoi partecipare a tali eventi.

- **Comunicazione Assertiva:** Impara a esprimere i tuoi limiti in modo assertivo ma rispettoso. Usa frasi come "Apprezzo molto l'invito, ma in questo momento ho bisogno di concentrarmi su altre priorità" o "Non posso prendere ulteriori impegni ora, ma sarò felice di aiutare in futuro."

Esempio pratico: Se lavori su un progetto e qualcuno ti chiede di assumere ulteriori compiti, rispondi con un semplice "Attualmente sono concentrato su un progetto che richiede la mia completa attenzione. Non posso assumere nuovi compiti fino al completamento di questo progetto."

3. Dire di No Senza Colpevolizzarsi

Dire di no può essere difficile, specialmente se temi di deludere gli altri o di sembrare egoista. Tuttavia, è fondamentale riconoscere che dire di no è un atto di auto-rispetto e protezione del tuo benessere.

- **Riconoscere i Sentimenti:** È normale sentirsi in colpa o ansiosi quando dici di no. Riconosci questi sentimenti senza giudicarti. Ricorda che proteggere il tuo tempo e la tua energia è essenziale per la tua salute mentale e fisica.

- **Praticare l'Assertività:** Utilizza tecniche di assertività per comunicare i tuoi limiti in modo chiaro e deciso. Non è necessario giustificare eccessivamente la tua decisione. Una semplice affermazione come "Non posso assumere ulteriori impegni al momento" è sufficiente.

Esempio pratico: Se un collega ti chiede di coprire un turno extra e sei già sopraffatto dal tuo lavoro, rispondi con "Attualmente ho già un carico di lavoro elevato e non posso assumere ulteriori compiti."

4. Gestire le Aspettative Altrui

Avere il controllo sulle tue priorità e limiti implica anche gestire le aspettative degli altri in modo proattivo.

- **Comunicazione Proattiva:** Informare i tuoi superiori, colleghi o familiari dei tuoi limiti e priorità in anticipo può aiutare a prevenire malintesi e richieste eccessive. Essere chiari su cosa puoi e non puoi fare aiuta a stabilire aspettative realistiche.

- **Negoziare le Scadenze:** Se hai una scadenza difficile da rispettare, cerca di negoziare nuove scadenze o delegare compiti ad altri. Comunica in anticipo le tue necessità per evitare sovraccarichi all'ultimo minuto.

Esempio pratico: Se hai una scadenza importante e un collega ti chiede di partecipare a una riunione non urgente, spiega "Sono concentrato su una scadenza imminente e non posso partecipare alla riunione. Possiamo programmare un incontro dopo il termine del progetto?"

5. Creare Routine e Pianificazione

Stabilire routine e pianificare il tuo tempo può aiutarti a mantenere il controllo sulle tue attività e a gestire il carico di lavoro in modo più efficace.

- **Routine Quotidiana:** Crea una routine che includa tempi specifici per il lavoro, il relax e altre attività importanti. Una pianificazione regolare può aiutare a mantenere l'equilibrio e a ridurre lo stress derivante dalla gestione del tempo.

- **Pianificazione Settimanale:** Dedica del tempo alla pianificazione settimanale per organizzare le tue attività e stabilire priorità. Utilizza strumenti come agende, calendari e liste di cose da fare per monitorare e gestire i tuoi impegni.

Esempio pratico: Pianifica la tua settimana ogni domenica sera, includendo tempo per il lavoro, la famiglia e il riposo. Rivedi e adatta la tua pianificazione in base agli imprevisti e alle nuove priorità.

In conclusione, stabilire limiti chiari e dare priorità alle tue attività è fondamentale per gestire il carico di lavoro e ridurre lo stress. Identificando le tue priorità, stabilendo confini, praticando l'assertività e gestendo le aspettative altrui, puoi mantenere un equilibrio sano tra lavoro e vita personale. Integrando routine e pianificazione nella tua vita quotidiana, puoi migliorare la tua capacità di affrontare le sfide e mantenere il controllo del tuo tempo e del tuo benessere.

9. Supporto Sociale e Rete di Sostegno: L'Importanza di Condividere le Preoccupazioni

Nella gestione dello stress e dell'ansia quotidiana, il supporto sociale e una rete di sostegno giocano un ruolo cruciale. La capacità di condividere le proprie preoccupazioni con persone di fiducia non solo offre un sollievo immediato, ma contribuisce anche a costruire una resilienza duratura. Questo paragrafo esplorerà perché il supporto sociale è fondamentale e come puoi coltivare e utilizzare una rete di sostegno per migliorare il tuo benessere emotivo e psicologico.

1. Comprendere il Ruolo del Supporto Sociale

Il supporto sociale si riferisce all'assistenza e al conforto che riceviamo dalle persone intorno a noi, siano esse familiari, amici o colleghi. Questo tipo di supporto può manifestarsi in diverse forme, inclusi ascolto, consigli, e sostegno pratico.

- **Emotivo:** Offrendo ascolto e comprensione, il supporto emotivo aiuta a validare i tuoi sentimenti e ridurre il senso di isolamento. Condividere le tue preoccupazioni con qualcuno che ti ascolta senza giudicare può alleviare una parte significativa del peso emotivo.

- **Informativo:** Spesso, il supporto sociale fornisce anche consigli pratici o informazioni utili su come affrontare situazioni difficili. Le prospettive esterne possono offrire soluzioni che non avevi considerato.

- **Pratico:** Il sostegno pratico include aiuto con compiti o responsabilità, che può alleviare il carico di lavoro e ridurre il livello di stress. Ad esempio, un amico potrebbe offrirsi di aiutarti con le faccende domestiche durante un periodo particolarmente stressante.

Esempio pratico: Se stai affrontando una scadenza lavorativa imminente, potresti discutere le tue preoccupazioni con un collega fidato che può offrirti consigli utili su come gestire il carico di lavoro.

2. Costruire una Rete di Sostegno Efficace

Una rete di sostegno efficace non è solo un gruppo di persone, ma una rete ben organizzata di individui che possono offrirti diversi tipi di supporto. Costruirla richiede tempo e intenzionalità.

- **Identifica le Persone Chiave:** Inizia identificando le persone nella tua vita che dimostrano empatia e che sono disponibili ad offrirti supporto. Questi possono essere amici stretti, familiari, mentori o colleghi.

- **Coltiva Relazioni Significative:** Investi tempo nel coltivare e mantenere queste relazioni. Le conversazioni regolari e il sostegno reciproco aiutano a consolidare questi legami.

- **Diversifica la Tua Rete:** Non fare affidamento su una sola persona per tutto il supporto. Una rete diversificata può offrire prospettive varie e risorse diverse.

Esempio pratico: Se sei preoccupato per la tua salute mentale, oltre a parlare con amici e familiari, considera di unirti a gruppi di supporto o cercare il consiglio di un terapeuta professionista.

3. Come Chiedere Aiuto Efficacemente

Chiedere aiuto può sembrare difficile, ma è essenziale per il tuo benessere. Ecco alcune strategie per farlo in modo efficace:

- **Essere Specifici:** Quando chiedi aiuto, sii chiaro su ciò di cui hai bisogno. Ad esempio, invece di chiedere "Ho bisogno di aiuto", prova con "Ho bisogno di qualcuno con cui parlare di questo problema specifico".

- **Essere Diretto ma Gentile:** Esprimi le tue esigenze in modo diretto ma rispettoso. Riconosci che le persone potrebbero avere i loro impegni e sii comprensivo se non possono offrirti il supporto immediatamente.

- **Espressione di Gratitudine:** Mostra gratitudine per il supporto ricevuto. Riconoscere l'aiuto degli altri rafforza le relazioni e incoraggia la disponibilità futura.

Esempio pratico: Se hai bisogno di aiuto con un progetto, puoi dire "Mi sarebbe di grande aiuto se potessi dedicare 30 minuti per rivedere questo documento con me. Potresti farlo questa settimana?"

4. Utilizzare il Supporto Sociale per Gestire lo Stress

Integrare il supporto sociale nella tua strategia di gestione dello stress può migliorare significativamente i tuoi livelli di benessere.

- **Sessioni di Discussione Regolari:** Organizza incontri regolari con i membri della tua rete di supporto per discutere le tue preoccupazioni e progressi. Questo aiuta a mantenere aperte le linee di comunicazione e a ricevere feedback continuo.

- **Supporto durante i Momenti Critici:** Rivolgiti ai tuoi sostenitori durante i periodi di maggiore stress. La loro presenza può fare la differenza tra sentirsi sopraffatti e affrontare le sfide con maggiore resilienza.

- **Collaborazione per la Risoluzione dei Problemi:** Utilizza il supporto sociale anche per affrontare problemi concreti. Collaborare con gli altri per trovare soluzioni aiuta a distribuire il carico e a ridurre il senso di isolamento.

Esempio pratico: Se stai affrontando un periodo difficile, organizza un incontro settimanale con un amico fidato per discutere le sfide e pianificare le azioni da intraprendere.

5. Affrontare le Sfide con il Supporto Sociale

In caso di eventi particolarmente stressanti o difficili, il supporto sociale può offrirti un aiuto fondamentale per affrontare e superare tali sfide.

- **Preparazione e Pianificazione:** Pianifica in anticipo come coinvolgere il tuo supporto sociale in caso di eventi stressanti. Avere un piano d'azione ti aiuterà a sentirti più preparato e meno ansioso.

- **Richiesta di Aiuto Concreta:** Non esitare a chiedere aiuto pratico durante le crisi. Che si tratti di aiuto emotivo o di assistenza concreta, essere specifico nelle tue richieste può rendere il supporto più efficace.

Esempio pratico: Se stai attraversando una crisi familiare, comunica chiaramente ai tuoi amici e familiari cosa ti serve, che sia supporto pratico come aiuto con i compiti domestici o supporto emotivo durante le conversazioni.

In conclusione, il supporto sociale e una rete di sostegno ben sviluppata sono essenziali per gestire lo stress e l'ansia quotidiana. Identificando e coltivando relazioni significative, chiedendo aiuto in modo efficace e utilizzando il supporto sociale in modo proattivo, puoi affrontare le sfide con maggiore resilienza e migliorare il tuo benessere generale. Ricorda che condividere le tue preoccupazioni non solo allevia il peso emotivo, ma rafforza anche i legami con le persone che ti circondano.

10. Affrontare i Pensieri Negativi: Strategie Cognitive per Gestire l'Ansia

I pensieri negativi possono essere uno dei principali catalizzatori dell'ansia, influenzando la nostra percezione della realtà e le nostre emozioni. Affrontare questi pensieri con strategie cognitive può essere estremamente efficace per gestire l'ansia e migliorare il nostro benessere psicologico. Questo paragrafo esplorerà come identificare e modificare i pensieri negativi attraverso tecniche basate su approcci cognitivi, offrendo strumenti pratici per aiutarti a gestire l'ansia in modo più efficace.

1. Identificazione dei Pensieri Negativi

Il primo passo per affrontare i pensieri negativi è riconoscerli. Questi pensieri spesso si manifestano come auto-critiche, preoccupazioni eccessive o interpretazioni distorte degli eventi. Essere consapevoli dei tuoi schemi di pensiero è essenziale per iniziare il processo di cambiamento.

- **Monitoraggio dei Pensieri:** Tieni un diario dei pensieri per una settimana. Annota i momenti in cui ti senti ansioso e i pensieri che emergono. Questo ti aiuterà a identificare schemi ricorrenti e aree problematiche.

- **Riconoscere i Pensieri Automatici:** Questi sono pensieri che emergono automaticamente e senza riflessione consapevole. Ad esempio, se un errore al lavoro ti fa pensare "Sono un fallimento", è un pensiero automatico negativo.

Esempio pratico: Se ti senti ansioso prima di una presentazione, annota i pensieri che ti attraversano la mente, come "Non sarò all'altezza" o "Farò una brutta figura". Riconoscere questi pensieri è il primo passo per affrontarli.

2. Valutazione della Realtà dei Pensieri

Una volta identificati i pensieri negativi, è importante valutarne la veridicità. I pensieri negativi spesso non sono basati su fatti concreti, ma su interpretazioni errate o esagerate della realtà.

- **Esamina le Prove:** Chiediti quali prove concrete supportano o contraddicono il pensiero negativo. Ad esempio, se pensi "Non sono capace di fare questo lavoro", valuta le esperienze passate che dimostrano il contrario.

- **Considera Altre Prospettive:** Prova a guardare la situazione da diverse angolazioni. Ad esempio, se hai avuto una prestazione meno che perfetta, considera anche i feedback positivi ricevuti da colleghi o superiori.

Esempio pratico: Se pensi che un progetto non verrà accettato, esamina le prove della qualità del lavoro che hai fatto e cerca feedback dai tuoi colleghi o superiori per avere una valutazione più obiettiva.

3. Ristrutturazione Cognitiva: Modificare i Pensieri Negativi

La ristrutturazione cognitiva è una tecnica che aiuta a cambiare il modo in cui pensiamo. Questa pratica consiste nel sostituire pensieri negativi con pensieri più realistici e positivi.

- **Sostituzione di Pensieri:** Quando identifichi un pensiero negativo, sostituiscilo con uno più equilibrato. Se pensi "Non sarò mai in grado di farlo", cambialo in "Ho già superato sfide simili in passato e posso farlo di nuovo".

- **Uso di Affermazioni Positive:** Creare e utilizzare affermazioni positive può aiutare a rinforzare un pensiero positivo. Ad esempio, usa affermazioni come "Sono capace e preparato per affrontare questa sfida".

Esempio pratico: Se hai un pensiero negativo come "Non riesco a gestire questo carico di lavoro", ristrutturalo in "Ho gestito carichi di lavoro impegnativi in passato e ho le competenze per farlo di nuovo".

4. Tecniche di Controllo del Pensiero

Le tecniche di controllo del pensiero sono strategie pratiche per interrompere i pensieri negativi e sostituirli con pensieri più costruttivi.

- **Tecnica del "Tempo di Interruzione":** Quando noti che stai pensando negativamente, concediti un tempo definito per interrompere quel pensiero e fare qualcosa di positivo o produttivo.

- **Riflessione Critica:** Chiediti se il pensiero negativo è basato su realtà o su ipotesi. Questo processo di riflessione ti aiuta a ridurre l'impatto dei pensieri negativi.

Esempio pratico: Se ti sorprendi a pensare "Non riuscirò mai a finire questo progetto in tempo", fermati e dedica 5 minuti a una breve attività rilassante o a un esercizio che ti aiuti a riacquistare la concentrazione e una prospettiva più realistica.

5. Pratiche di Mindfulness per Gestire i Pensieri

La mindfulness può aiutarti a gestire i pensieri negativi accettandoli senza giudizio e riportando l'attenzione al presente.

- **Meditazione di Mindfulness:** Pratica meditazioni giornaliere che ti aiutano a diventare consapevole dei tuoi pensieri senza esserne sopraffatto. Focalizzati sul respiro e accetta i pensieri negativi come passaggi temporanei.

- **Tecnica del "Distacco":** Quando un pensiero negativo emerge, immagina di osservarlo da una distanza sicura, come se fosse un oggetto che osservi da lontano. Questo può aiutarti a non identificarti troppo con il pensiero.

Esempio pratico: Se ti senti sopraffatto da pensieri negativi durante una meditazione, riconoscili senza giudicarli e riporta l'attenzione al tuo respiro, osservando il pensiero come se fosse nuvole che passano nel cielo.

6. Esercizi di Visualizzazione Positiva

La visualizzazione positiva è una tecnica che coinvolge l'immaginazione di scenari positivi e di successo per contrastare i pensieri negativi.

- **Immaginazione Guidata:** Dedica qualche minuto al giorno a visualizzare te stesso mentre affronti con successo una situazione che ti preoccupa. Immagina ogni dettaglio e le emozioni positive che provi.

- **Costruzione di Scenari Positivi:** Crea scenari idealizzati di successo e usali come riferimento per contrastare i pensieri negativi. Visualizza i risultati positivi che vuoi raggiungere e come li raggiungerai.

Esempio pratico: Se sei ansioso riguardo a una presentazione, immagina te stesso mentre parli con sicurezza e ottieni feedback positivo dal pubblico. Questo aiuterà a ridurre l'ansia e a prepararti mentalmente per il successo.

7. Supporto Professionale per la Gestione dei Pensieri

A volte, i pensieri negativi possono essere radicati e difficili da gestire da soli. In questi casi, il supporto professionale può fare una grande differenza.

- **Terapia Cognitivo-Comportamentale (CBT):** La CBT è una terapia efficace che aiuta a identificare e modificare i pensieri negativi. Un terapeuta può guidarti attraverso tecniche specifiche per cambiare il tuo modo di pensare.

- **Consultazione con uno Psicologo:** Parla con uno psicologo per esplorare ulteriormente i tuoi schemi di pensiero e ottenere strategie personalizzate per affrontare l'ansia.

Esempio pratico: Se i pensieri negativi persistono nonostante i tuoi sforzi, considera di contattare un terapeuta che possa offrirti supporto professionale e tecniche avanzate per la gestione dell'ansia.

8. Sviluppare una Mentalità di Crescita

Adottare una mentalità di crescita può aiutarti a vedere i fallimenti e le difficoltà come opportunità di apprendimento piuttosto che come conferme dei tuoi limiti.

- **Accettazione del Fallimento:** Impara a vedere i fallimenti come opportunità per crescere e migliorare piuttosto che come conferme di incapacità. La mentalità di crescita ti incoraggia a persistere e a imparare dai tuoi errori.

- **Focalizzazione sull'Apprendimento:** Concentrati sul processo di apprendimento e sul miglioramento continuo piuttosto che sui risultati immediati. Questo può ridurre la pressione e l'ansia legati al raggiungimento di obiettivi.

Esempio pratico: Se non raggiungi un obiettivo, riflette su cosa hai imparato e come puoi applicare queste lezioni in futuro. Questo approccio ti aiuta a mantenere una prospettiva positiva e a ridurre l'ansia legata al successo o al fallimento.

9. Creare un Piano d'Azione Personalizzato

Elabora un piano d'azione specifico per affrontare e modificare i tuoi pensieri negativi. Questo piano dovrebbe includere tecniche e strategie che funzionano meglio per te.

- **Definire Obiettivi Chiari:** Stabilisci obiettivi concreti per affrontare i pensieri negativi, come praticare tecniche di ristrutturazione cognitiva o meditazione ogni giorno.

- **Monitoraggio dei Progressi:** Tieni traccia dei tuoi progressi e valuta regolarmente l'efficacia delle tecniche che stai utilizzando. Adatta il piano in base ai risultati ottenuti.

Esempio pratico: Crea un programma settimanale che includa sessioni di meditazione, journaling sui pensieri negativi e revisione del piano d'azione per monitorare e migliorare continuamente la tua gestione dell'ansia.

In sintesi, affrontare i pensieri negativi richiede una combinazione di consapevolezza, ristrutturazione cognitiva e tecniche pratiche. Utilizzando queste strategie, puoi modificare il modo in cui pensi, ridurre l'ansia e migliorare il tuo benessere psicologico. Adottare queste tecniche in modo coerente e consapevole ti aiuterà a costruire una mente più resiliente e positiva.

X. Manutenzione del Coraggio: Strategie a Lungo Termine

1. Stabilire Obiettivi di Crescita Personale per Mantenere il Coraggio

Stabilire obiettivi di crescita personale è una delle chiavi fondamentali per mantenere e rafforzare il coraggio nel lungo periodo. Questi obiettivi non solo orientano le nostre azioni verso il miglioramento continuo, ma fungono anche da motivazione e guida nei momenti di sfida. Comprendere e applicare una strategia efficace per la definizione e il raggiungimento di questi obiettivi è essenziale per un progresso costante e per mantenere viva la determinazione. Vediamo come procedere in modo dettagliato e pratico.

1. Definire Obiettivi Specifici e Misurabili

Il primo passo verso una crescita personale efficace è definire obiettivi specifici e misurabili. Gli obiettivi vaghi, come "voglio essere più coraggioso," sono meno efficaci rispetto a obiettivi chiari e ben definiti, come "affronterò una presentazione pubblica ogni mese per migliorare le mie capacità di parlare in pubblico." Specificità e misurabilità assicurano che tu possa monitorare i tuoi progressi e avere una chiara visione dei traguardi da raggiungere. Utilizza il metodo SMART (Specifico, Misurabile, Achievable - raggiungibile, Realistico, Tempificato) per strutturare i tuoi obiettivi. Ad esempio, se desideri migliorare la tua capacità di affrontare situazioni sociali, potresti stabilire un obiettivo SMART come "Partecipare a un incontro di networking ogni due settimane per sei mesi."

2. Suddividere gli Obiettivi in Sotto-obiettivi

Una volta stabilito un obiettivo principale, suddividilo in sotto-obiettivi più piccoli e gestibili. Questo approccio ti aiuta a evitare il senso di sopraffazione e a mantenere alta la motivazione. Se il tuo obiettivo è migliorare la tua capacità di gestire lo stress attraverso tecniche di rilassamento, potresti creare sotto-obiettivi come "imparare una nuova tecnica di respirazione entro la prossima settimana" o "dedicare dieci minuti al giorno alla meditazione per un mese." Ogni sotto-obiettivo completato ti darà un senso di realizzazione e ti avvicinerà al tuo obiettivo principale.

3. Creare un Piano d'Azione Dettagliato

Un piano d'azione dettagliato è fondamentale per il successo. Questo piano dovrebbe includere le attività specifiche che devi compiere per raggiungere i tuoi obiettivi e una tempistica chiara. Ad esempio, se il tuo obiettivo è migliorare la tua resilienza, il piano d'azione potrebbe includere letture settimanali su tecniche di resilienza, esercizi pratici, e sessioni di riflessione personale. Ogni attività dovrebbe essere pianificata con scadenze precise e obiettivi intermedi. Questo ti permette di monitorare i tuoi progressi e di apportare modifiche al piano se necessario.

4. Monitorare e Valutare i Progressi Regolarmente

La monitorizzazione regolare dei progressi è cruciale per mantenere la direzione e l'energia. Stabilire momenti di revisione settimanali o mensili ti permette di valutare quanto hai avanzato verso i tuoi obiettivi e di identificare eventuali ostacoli. Durante queste revisioni, chiediti cosa ha funzionato bene, cosa potrebbe essere migliorato e se ci sono nuove sfide da affrontare. Questo processo ti offre anche l'opportunità di celebrare i successi, anche quelli piccoli, che rinforzano il tuo coraggio e la tua autostima.

5. Adattare e Rivedere gli Obiettivi quando Necessario

È importante riconoscere che gli obiettivi possono evolversi e che le circostanze possono cambiare. Non avere paura di adattare e rivedere i tuoi obiettivi se scopri che non sono più rilevanti o se hai bisogno di modificare il tuo piano a causa di nuove informazioni o esperienze. Questo processo di adattamento non deve essere visto come un fallimento, ma come una parte naturale della crescita e del miglioramento. Essere flessibili e aperti ai cambiamenti ti aiuterà a mantenere la motivazione e a continuare a progredire verso i tuoi obiettivi.

6. Utilizzare il Feedback per Migliorare

Il feedback, sia da parte di altre persone che auto-generato attraverso riflessioni personali, è un elemento essenziale per il miglioramento continuo. Cerca attivamente feedback costruttivo dai tuoi mentori, colleghi o amici, e utilizzalo per apportare modifiche e affinare le tue strategie. La capacità di accogliere e integrare il feedback ti permette di evitare errori ripetuti e di rafforzare le tue capacità, mantenendo il coraggio e l'impegno nel raggiungere i tuoi obiettivi.

7. Mantenere una Mentalità Positiva e Resiliente

Infine, mantenere una mentalità positiva e resiliente è fondamentale per il successo a lungo termine. La crescita personale e il mantenimento del coraggio richiedono una visione ottimistica delle sfide e delle difficoltà. Affronta ogni ostacolo come un'opportunità di crescita e cerca di vedere il lato positivo in ogni esperienza. Le affermazioni positive, la visualizzazione dei successi e la gratitudine possono aiutarti a mantenere alta la motivazione e a superare le difficoltà con coraggio e determinazione.

Stabilire obiettivi di crescita personale e seguire un piano dettagliato per il loro raggiungimento ti permette di mantenere il coraggio e di affrontare le sfide con maggiore sicurezza. Applicando queste strategie in modo consapevole e sistematico, potrai sviluppare una mentalità di crescita continua e ottenere risultati duraturi nel lungo periodo.

2. Costruire e Rafforzare Abitudini di Resilienza Quotidiana

Costruire e rafforzare abitudini di resilienza quotidiana è fondamentale per mantenere il coraggio e affrontare le sfide della vita con maggiore serenità. La resilienza non è una qualità innata, ma una competenza che può essere sviluppata e consolidata attraverso pratiche quotidiane. Adottare abitudini mirate non solo ti aiuta a gestire lo stress e le avversità, ma contribuisce anche a costruire una base solida di forza interiore. Ecco un approccio dettagliato per costruire e mantenere abitudini di resilienza che possono trasformare la tua vita.

1. Stabilire una Routine di Auto-cura

Una delle abitudini fondamentali per sviluppare la resilienza è stabilire una routine di auto-cura che includa attività che promuovano il benessere fisico, emotivo e mentale. Questo potrebbe includere esercizi regolari, una dieta equilibrata e tecniche di rilassamento. Ad esempio, dedicare almeno 30 minuti al giorno all'attività fisica, che può variare dalla corsa alla yoga, contribuisce a mantenere il corpo e la mente in equilibrio. Inoltre, pianifica momenti di relax come la lettura o l'ascolto di musica rilassante per alleviare lo stress. L'auto-cura non deve essere vista come un lusso, ma come una necessità per il tuo benessere generale.

2. Praticare la Mindfulness e la Meditazione

Incorporare la mindfulness e la meditazione nella tua routine quotidiana è un'altra abitudine cruciale per sviluppare la resilienza. La mindfulness ti aiuta a rimanere presente nel momento e a ridurre i pensieri ansiosi riguardanti il futuro o il passato. La meditazione, anche solo per pochi minuti al giorno, può migliorare la tua capacità di gestire lo stress e le emozioni. Inizia con brevi sessioni di meditazione guidata o tecniche di respirazione consapevole per aiutare a centrarti e a rilassarti. La pratica costante può portare a una maggiore chiarezza mentale e a una maggiore capacità di affrontare le difficoltà con calma e determinazione.

3. Costruire e Mantenere Relazioni Positive

Le relazioni positive sono un pilastro della resilienza. Circondarsi di persone che ti supportano e ti incoraggiano è essenziale per superare le sfide e mantenere alta la tua motivazione. Dedica tempo a costruire e mantenere relazioni sane con amici, familiari e colleghi. Non temere di chiedere aiuto quando ne hai bisogno e offri supporto agli altri. La qualità delle tue relazioni sociali influisce direttamente sulla tua capacità di affrontare e superare le difficoltà. Organizza incontri regolari con le persone a te care e partecipa a gruppi o comunità che condividono i tuoi interessi e valori.

4. Stabilire Obiettivi e Priorità Realistici

Stabilire obiettivi chiari e realistici è cruciale per costruire resilienza. Gli obiettivi ti danno una direzione e una motivazione, ma è importante che siano raggiungibili e ben definiti. Utilizza il metodo SMART (Specifico, Misurabile, Achievable - raggiungibile, Realistico, Tempificato) per strutturare i tuoi obiettivi. Ad esempio, invece di impostare un obiettivo generico come "migliorare il mio stato di salute", specifica "perderò 3 kg nei prossimi due mesi attraverso una dieta equilibrata e 30 minuti di esercizio fisico cinque volte a settimana". Monitorare i tuoi progressi e fare aggiustamenti se necessario ti aiuterà a mantenere la direzione e a sentirti realizzato.

5. Affrontare le Sfide con una Mentalità Positiva

Adottare una mentalità positiva è fondamentale per sviluppare e mantenere la resilienza. Cambiare il modo in cui percepisci le sfide può influire significativamente sulla tua capacità di affrontarle. Invece di vedere le difficoltà come ostacoli insormontabili, considera ogni sfida come un'opportunità di crescita e apprendimento. Pratica la gratitudine quotidiana scrivendo tre cose per cui sei grato ogni giorno. Questo semplice esercizio può aiutarti a mantenere una prospettiva positiva e a rafforzare la tua resilienza di fronte alle difficoltà.

6. Gestire il Tempo in Modo Efficace

La gestione efficace del tempo è cruciale per ridurre lo stress e mantenere una buona salute mentale. Pianifica la tua giornata in modo strategico, suddividendo le attività in compiti prioritari e secondari. Utilizza strumenti come calendari e liste di controllo per organizzare e monitorare i tuoi progressi. L'adozione di tecniche di gestione del tempo, come la tecnica del pomodoro o il metodo Eisenhower, può aiutarti a rimanere concentrato e a gestire il carico di lavoro in modo più efficiente, riducendo il rischio di sentirsi sopraffatto.

7. Sviluppare Tecniche di Risoluzione dei Problemi

Essere in grado di risolvere i problemi in modo efficace è una componente chiave della resilienza. Quando affronti una difficoltà, approccia la situazione in modo sistematico: identifica il problema, esplora possibili soluzioni, valuta i pro e i contro di ciascuna soluzione e seleziona il piano d'azione più appropriato. Allenati a pensare in modo critico e a prendere decisioni informate. Con il tempo, sviluppare queste competenze ti aiuterà a gestire le sfide con maggiore sicurezza e determinazione.

8. Praticare l'Auto-compassione

L'auto-compassione è essenziale per mantenere la resilienza. Trattati con la stessa gentilezza e comprensione che riserveresti a un amico caro. Quando commetti errori o affronti difficoltà, non essere troppo critico con te stesso. Riconosci che il fallimento è una parte normale del processo di crescita e usa ogni esperienza come un'opportunità di apprendimento. Praticare l'auto-compassione ti permette di mantenere la motivazione e di continuare a progredire nonostante le difficoltà.

9. Mantenere una Routine di Apprendimento Continuo

L'apprendimento continuo contribuisce alla crescita personale e alla resilienza. Dedica del tempo regolarmente all'acquisizione di nuove competenze e conoscenze. Questo può includere la lettura di libri, la partecipazione a corsi online o il perfezionamento di abilità esistenti. L'apprendimento non solo arricchisce la tua vita, ma ti prepara meglio ad affrontare le sfide future con maggiore competenza e fiducia.

10. Celebrando i Successi e Riconoscendo i Progressi

Infine, celebrare i tuoi successi e riconoscere i tuoi progressi è fondamentale per mantenere alta la tua motivazione. Ogni piccolo traguardo raggiunto è una conferma delle tue capacità e della tua resilienza. Fai un elenco dei tuoi successi, sia grandi che piccoli, e dedica del tempo a riflettere su ciò che hai realizzato. Riconoscere e celebrare i tuoi progressi ti aiuta a mantenere una prospettiva positiva e a rinforzare la tua determinazione a continuare a crescere.

Costruire e rafforzare abitudini di resilienza quotidiana richiede tempo e impegno, ma i benefici a lungo termine sono inestimabili. Adottando queste pratiche, puoi sviluppare una base solida di resilienza che ti sosterrà attraverso le sfide della vita, aiutandoti a mantenere il coraggio e a progredire verso i tuoi obiettivi con fiducia e determinazione.

3. Sostenere il Coraggio Attraverso la Formazione Continua e l'Apprendimento

Sostenere il coraggio attraverso la formazione continua e l'apprendimento è una strategia potente per rafforzare l'autoefficacia e mantenere la resilienza nel lungo periodo. L'apprendimento non è solo una questione di acquisire nuove competenze; è anche un mezzo per costruire la fiducia in se stessi e gestire meglio le sfide quotidiane. Questo processo è particolarmente utile per coloro che cercano di mantenere e accrescere il proprio coraggio di fronte all'incertezza e alle difficoltà. Ecco come la formazione continua può sostenere il coraggio e come implementare questa pratica nella tua vita.

1. Sviluppare Nuove Competenze per Affrontare le Sfide

L'acquisizione di nuove competenze è uno dei modi più efficaci per rafforzare il coraggio e aumentare l'autoefficacia. Quando impari qualcosa di nuovo, non solo arricchisci il tuo bagaglio di conoscenze, ma aumenti anche la tua capacità di affrontare le sfide con maggiore competenza. Ad esempio, se lavori in un campo che richiede abilità specifiche, come la programmazione informatica, partecipare a corsi di aggiornamento ti permetterà di rimanere al passo con le innovazioni tecnologiche e di risolvere problemi complessi con maggiore facilità. Ogni nuova competenza acquisita ti fornisce strumenti e risorse aggiuntive per affrontare le sfide e i cambiamenti in modo più sicuro e preparato.

2. Investire in Corsi e Formazioni Professionali

Investire in corsi di formazione e aggiornamento professionale
è un modo concreto per sostenere il coraggio. I corsi di
formazione offrono non solo nuove conoscenze, ma anche
l'opportunità di interagire con esperti e colleghi, creando un
ambiente di apprendimento stimolante. Ad esempio, se lavori
nel settore della leadership, frequentare corsi di gestione del
cambiamento o di sviluppo delle competenze comunicative può
aiutarti a diventare un leader più efficace e a gestire situazioni
difficili con maggiore sicurezza. Questi corsi possono fornire
anche tecniche pratiche per la risoluzione dei problemi, la
gestione dello stress e l'ottimizzazione delle prestazioni.

3. Adottare una Mentalità di Apprendimento Permanente

Adottare una mentalità di apprendimento permanente è
fondamentale per sostenere il coraggio nel lungo termine. La
mentalità di apprendimento permanente implica
l'atteggiamento di essere sempre aperti a nuove conoscenze e
esperienze. Ciò significa essere disposti a uscire dalla propria
zona di comfort e affrontare nuove sfide con curiosità e
entusiasmo. Per esempio, puoi dedicare del tempo ogni
settimana alla lettura di libri, articoli scientifici o la
partecipazione a webinar su argomenti che ti interessano.
Questo approccio ti aiuta a mantenere la mente acuta e pronta
ad affrontare qualsiasi situazione con una prospettiva fresca e
informata.

4. Applicare le Competenze Apprese nella Vita Quotidiana

Non basta acquisire competenze; è essenziale applicarle nella vita quotidiana per consolidare la fiducia in se stessi e il coraggio. Ogni volta che metti in pratica ciò che hai appreso, rafforzi la tua abilità e dimostri a te stesso che sei capace di affrontare le sfide. Ad esempio, se hai seguito un corso di public speaking, applica le tecniche apprese parlando in pubblico o presentando progetti a gruppi di lavoro. Applicare le competenze nella pratica ti consente di fare esperienza diretta e di superare le eventuali difficoltà con maggiore sicurezza e preparazione.

5. Riflettere sui Propri Progressi e Risultati

La riflessione sui propri progressi è un aspetto cruciale per sostenere il coraggio attraverso la formazione continua. Prenditi del tempo per valutare i risultati ottenuti e come le nuove competenze hanno influenzato il tuo modo di affrontare le sfide. Tieni un diario di apprendimento dove annoti le nuove conoscenze acquisite, le sfide superate e i successi ottenuti. Questa riflessione ti aiuterà a riconoscere i tuoi progressi, a celebrare i successi e a identificare aree in cui potresti migliorare ulteriormente.

6. Stabilire Obiettivi di Apprendimento Chiari e Misurabili

Stabilire obiettivi di apprendimento chiari e misurabili è essenziale per mantenere la motivazione e il focus. Gli obiettivi ti forniscono una direzione e una misura per il tuo progresso. Utilizza il metodo SMART (Specifico, Misurabile, Achievable - raggiungibile, Realistico, Tempificato) per definire i tuoi obiettivi di apprendimento. Per esempio, un obiettivo potrebbe essere "completare un corso di certificazione in gestione del progetto entro sei mesi". Questo obiettivo chiaro e misurabile ti aiuta a rimanere concentrato e a valutare i tuoi progressi in modo efficace.

7. Cercare Opportunità di Mentorship e Coaching

Cercare opportunità di mentorship e coaching è un modo eccellente per sostenere il coraggio e accelerare il processo di apprendimento. Un mentore o un coach può offrire consigli preziosi, feedback costruttivo e supporto durante il tuo percorso di crescita. Trova un professionista con esperienza nel tuo campo di interesse che possa guidarti e aiutarti a superare ostacoli specifici. Lavorare con un mentore ti fornisce non solo competenze tecniche ma anche supporto morale, che è fondamentale per mantenere la motivazione e il coraggio.

8. Mantenere un Equilibrio tra Apprendimento e Riposo

Mantenere un equilibrio tra apprendimento e riposo è fondamentale per evitare il burnout e garantire una crescita sostenibile. Pianifica il tempo per il riposo e il recupero nella tua routine di apprendimento. Non sovraccaricarti di informazioni o impegni, ma concediti pause regolari per rilassarti e riflettere. L'equilibrio tra attività intense e momenti di relax ti aiuterà a mantenere alta la tua motivazione e a prevenire l'esaurimento mentale.

9. Celebrare i Successi e Riconoscere le Conquiste

Celebrando i successi e riconoscendo le conquiste, anche quelle piccole, rafforzi la tua motivazione e il coraggio. Ogni traguardo raggiunto rappresenta una conferma delle tue capacità e del tuo impegno. Organizza delle celebrazioni personali o condividi i tuoi successi con amici e familiari. Riconoscere e celebrare i tuoi progressi ti fornisce una spinta morale e ti incoraggia a continuare il percorso di crescita.

10. Rimanere Adattabili e Flessibili

Essere adattabili e flessibili è cruciale per sostenere il coraggio attraverso la formazione continua. Le circostanze cambiano e nuove opportunità emergono. Rimani aperto a modificare i tuoi piani di apprendimento e ad adattarti a nuove situazioni. Ad esempio, se scopri un nuovo interesse o una nuova area di competenza, integrala nella tua routine di apprendimento. La flessibilità ti permette di affrontare le sfide in modo efficace e di continuare a crescere anche quando il percorso non è lineare.

Sostenere il coraggio attraverso la formazione continua e l'apprendimento è un viaggio che richiede impegno e dedizione. Implementando queste strategie, puoi non solo aumentare le tue competenze ma anche costruire una base solida di autoconfidenza e resilienza. Ogni passo avanti nel tuo percorso di apprendimento contribuisce a rafforzare il tuo coraggio e a prepararti ad affrontare le sfide future con maggiore sicurezza e determinazione.

4. Evitare il Burnout: Tecniche per Gestire l'Energia e il Benessere

Il burnout è una condizione di esaurimento emotivo, fisico e mentale causata da stress eccessivo e prolungato, che può minare gravemente il coraggio e la resilienza. Evitare il burnout è cruciale per mantenere un alto livello di motivazione e benessere, e per garantire che le tue energie siano canalizzate in modo produttivo e sostenibile. Di seguito sono presentate tecniche pratiche e strategie dettagliate per gestire l'energia e prevenire il burnout, aiutandoti a mantenere un equilibrio sano tra il lavoro e la vita personale.

1. Stabilire e Mantenere Confini Chiari tra Lavoro e Vita Personale

Stabilire confini chiari tra lavoro e vita personale è essenziale per evitare il burnout. La mancanza di distinzione tra questi due ambiti può portare a un eccessivo sovraccarico di lavoro e a un'esaurimento delle risorse personali. Per stabilire questi confini, inizia creando uno spazio dedicato al lavoro nella tua casa e utilizza questo spazio solo per attività lavorative. Una volta conclusa la giornata lavorativa, evita di controllare email o di rispondere a chiamate di lavoro. Questo aiuta a separare mentalmente il lavoro dalle altre attività quotidiane e a preservare il tempo dedicato al riposo e al recupero.

2. Pianificare Pause Regolari e Recupero

Il riposo e il recupero sono fondamentali per mantenere l'energia e prevenire il burnout. Pianifica pause regolari durante la giornata lavorativa. Le pause brevi, come una passeggiata di cinque minuti, un esercizio di stretching o una sessione di meditazione, possono aiutarti a ricaricare le energie e migliorare la produttività. Inoltre, assicurati di prendere ferie e di pianificare periodi di riposo prolungati. Non sottovalutare l'importanza di un periodo di disconnessione totale dal lavoro; queste pause ti aiutano a recuperare energie, migliorare il benessere e tornare al lavoro con una mente più fresca e motivata.

3. Adottare Tecniche di Gestione del Tempo Efficaci

Una gestione del tempo efficace è fondamentale per evitare il burnout. Utilizza tecniche di gestione del tempo come il metodo Pomodoro, che prevede sessioni di lavoro intense di 25 minuti seguite da brevi pause. Questa tecnica può migliorare la concentrazione e prevenire l'affaticamento mentale. Inoltre, stabilisci priorità chiare e usa liste di attività giornaliere per organizzare e pianificare il lavoro. Riconoscere e delegare compiti non essenziali o meno urgenti può anche alleviare il carico di lavoro e ridurre lo stress.

4. Praticare Tecniche di Rilassamento e Mindfulness

Tecniche di rilassamento e mindfulness sono strumenti efficaci per gestire lo stress e prevenire il burnout. La mindfulness, che implica una consapevolezza non giudicante del momento presente, può aiutare a ridurre l'ansia e migliorare il benessere psicologico. Pratica esercizi di respirazione profonda, meditazione o yoga per rilassarti e centrare la tua mente. Dedica almeno 10-15 minuti al giorno a queste pratiche. L'integrazione della mindfulness nella tua routine quotidiana aiuta a mantenere un equilibrio emotivo e a gestire lo stress in modo più efficace.

5. Gestire le Aspettative e Stabilire Obiettivi Realistici

Gestire le aspettative e stabilire obiettivi realistici è cruciale per evitare il burnout. Spesso, il burnout è il risultato di aspettative irrealistiche e del tentativo di raggiungere obiettivi eccessivamente ambiziosi. Valuta i tuoi obiettivi e assicurati che siano raggiungibili e compatibili con le tue risorse e il tuo tempo disponibile. Dividi i grandi obiettivi in passi più piccoli e celebrabili, e imposta scadenze realistiche. Essere realistico riguardo ai tuoi limiti e accettare che non tutto può essere perfetto è fondamentale per mantenere la motivazione e prevenire l'esaurimento.

6. Adottare uno Stile di Vita Salutare

Uno stile di vita salutare contribuisce significativamente alla prevenzione del burnout. Mantieni una dieta equilibrata, ricca di nutrienti, e assicurati di dormire a sufficienza. L'esercizio fisico regolare è un'altra componente cruciale; anche una breve passeggiata quotidiana può aiutare a migliorare l'umore e ridurre il livello di stress. Il sonno, in particolare, è essenziale per il recupero fisico e mentale; cerca di mantenere una routine di sonno regolare e di creare un ambiente di riposo confortevole e privo di distrazioni.

7. Riconoscere i Segnali di Sovraccarico e Agire Presto

Essere consapevole dei segnali di sovraccarico e agire tempestivamente è fondamentale per prevenire il burnout. Segnali come irritabilità, affaticamento persistente, difficoltà di concentrazione e perdita di motivazione sono indicatori che il tuo livello di stress potrebbe essere troppo elevato. Non ignorare questi segnali; al contrario, prendi misure immediate per affrontare la situazione. Riconoscere i segni di avvertimento e adottare misure per ridurre il carico di lavoro o cercare supporto può fare una grande differenza nella prevenzione del burnout.

8. Cercare Supporto Professionale se Necessario

Non esitare a cercare supporto professionale se stai lottando con il burnout. I professionisti della salute mentale, come psicologi e terapeuti, possono offrirti strumenti e strategie per gestire lo stress e il burnout in modo efficace. Non è un segno di debolezza chiedere aiuto; piuttosto, è una dimostrazione di consapevolezza e di impegno verso il proprio benessere. Il supporto professionale può fornirti un'opportunità per esplorare le cause profonde del burnout e sviluppare strategie personalizzate per affrontare le sfide.

9. Sviluppare una Rete di Supporto Sociale

Una rete di supporto sociale è cruciale per gestire l'energia e prevenire il burnout. Circondati di amici, familiari e colleghi che possano offrirti supporto emotivo e pratico. La condivisione delle esperienze e il sostegno reciproco possono alleviare il peso delle responsabilità e offrire una prospettiva esterna sulle tue preoccupazioni. Partecipa a gruppi di supporto, sia online che in presenza, dove puoi condividere esperienze e apprendere da altri che affrontano situazioni simili.

10. Rivalutare Regolarmente le Priorità e le Responsabilità

Rivalutare regolarmente le tue priorità e responsabilità ti aiuta a mantenere un equilibrio sano e a prevenire il burnout. La vita e le circostanze cambiano, e ciò che era una priorità in passato potrebbe non esserlo più. Fai una revisione periodica delle tue attività e dei tuoi impegni per assicurarti che siano allineati con i tuoi obiettivi e valori attuali. Apporta modifiche quando necessario per garantire che il tuo carico di lavoro e le tue responsabilità siano gestibili e che tu possa mantenere il benessere e l'equilibrio nella tua vita.

Incorporando queste tecniche e strategie nella tua routine quotidiana, puoi gestire meglio l'energia e prevenire il burnout. La prevenzione è la chiave per mantenere una vita equilibrata e produttiva, e ti aiuta a mantenere il coraggio e la motivazione per affrontare le sfide con resilienza e determinazione.

5. Coltivare Relazioni di Supporto per Rinforzare il Coraggio e la Fiducia

Le relazioni di supporto giocano un ruolo cruciale nello sviluppo e nel mantenimento del coraggio e della fiducia personale. Avere una rete di persone che offrono incoraggiamento, sostegno emotivo e feedback costruttivo non solo aiuta a superare le sfide quotidiane, ma contribuisce anche a costruire una base solida su cui poggiare il proprio coraggio. In questo paragrafo, esploreremo come coltivare relazioni significative che possano rinforzare la tua autostima e fiducia, fornendo strumenti pratici e strategie per costruire e mantenere tali connessioni.

1. Identificare le Relazioni di Supporto Positivo

Il primo passo per coltivare relazioni di supporto è identificare chi può realmente contribuire al tuo percorso di crescita personale. Le persone che offrono un supporto positivo sono quelle che credono nelle tue capacità, ti incoraggiano nei momenti difficili e celebrano i tuoi successi. Questi possono essere amici, familiari, mentori o colleghi che dimostrano un interesse genuino per il tuo benessere e la tua crescita. È importante distinguere tra relazioni costruttive e quelle che potrebbero essere tossiche o demotivanti. Inizia a circondarti di persone che hanno un impatto positivo sulla tua vita e che ti spingono verso il miglioramento continuo.

2. Investire Tempo e Impegno nelle Relazioni

Coltivare relazioni di supporto richiede tempo e impegno. Non basta identificare le persone giuste; è essenziale investire tempo nella costruzione e nel mantenimento di questi legami. Organizza incontri regolari, che possono variare da cene informali a conversazioni telefoniche settimanali. Mostra interesse sincero per la vita e le preoccupazioni degli altri, offrendo ascolto attivo e supporto reciproco. Il reciproco scambio di supporto e comprensione aiuta a rafforzare i legami e a costruire una rete di sostegno solida e duratura.

3. Essere Proattivo nel Richiedere Supporto

Non aver paura di chiedere aiuto quando ne hai bisogno. Spesso, le persone che ci circondano sono pronte a offrire supporto, ma potrebbero non sapere che ne hai bisogno se non lo comunichi esplicitamente. Sii chiaro e diretto nel chiedere supporto o consiglio, esprimendo le tue esigenze e aspettative. Questo non solo aiuta a ricevere il supporto necessario, ma dimostra anche che sei consapevole delle tue necessità e che sei disposto a fare il primo passo per ottenere aiuto.

4. Costruire Relazioni Basate su Fiducia e Onestà

Le relazioni più forti e di supporto sono costruite sulla fiducia e sull'onestà. Essere aperti e sinceri riguardo ai tuoi sentimenti, sfide e obiettivi aiuta a stabilire un legame autentico con le persone che ti circondano. Condividere le tue vulnerabilità può non solo rafforzare la connessione con gli altri, ma anche incoraggiare un ambiente di sostegno reciproco. In cambio, offri la tua onestà e fiducia agli altri, creando uno spazio sicuro per il confronto e la crescita personale.

5. Partecipare a Gruppi di Supporto o Comunità

Partecipare a gruppi di supporto o comunità può ampliare la tua
rete di relazioni di supporto e offrire opportunità per connetterti
con persone che condividono interessi o sfide simili. Questi
gruppi possono essere sia fisici, come club e associazioni, sia
virtuali, come forum online e gruppi sui social media. Essere
parte di una comunità offre un senso di appartenenza e può
fornire preziose risorse, idee e motivazione. Inoltre, questi
gruppi spesso offrono opportunità per lo sviluppo personale e il
networking, contribuendo alla tua crescita e al rafforzamento
del coraggio.

6. Sostenere Attivamente gli Altri

Il sostegno non è unidirezionale; per coltivare relazioni di
supporto efficaci, è importante essere pronti a sostenere gli
altri. Offrire il tuo aiuto, ascolto e incoraggiamento ai tuoi
amici e colleghi crea un ciclo di supporto reciproco. Questo
non solo rafforza le relazioni esistenti, ma ti aiuta anche a
sviluppare empatia e comprensione, qualità essenziali per
mantenere il coraggio e la fiducia. La generosità di tempo e
risorse verso gli altri rafforza il tuo legame con loro e
contribuisce a creare un ambiente positivo e di supporto.

7. Imparare dai Modelli di Ruolo e Mentori

I modelli di ruolo e i mentori possono essere fonti preziose di
supporto e guida. Identifica persone che ammiri per la loro
resilienza, coraggio e successo e cerca opportunità per
apprendere da loro. I mentori possono offrire feedback
costruttivo, consigli pratici e ispirazione per affrontare sfide e
perseguire obiettivi. Non esitare a chiedere a queste persone di
condividere le loro esperienze e strategie, e a implementare i
loro suggerimenti nella tua vita quotidiana.

8. Mantenere un Equilibrio tra Relazioni Professionali e Personali

È importante mantenere un equilibrio tra relazioni professionali e personali. Sebbene le relazioni sul lavoro possano offrire supporto e opportunità di crescita, è fondamentale avere anche relazioni al di fuori dell'ambito lavorativo che ti aiutano a rilassarti e a ricaricarti. Diversificare la tua rete di sostegno ti consente di affrontare le sfide da diverse prospettive e di mantenere un equilibrio sano tra lavoro e vita privata.

9. Valutare e Rafforzare Periodicamente le Relazioni

Coltivare relazioni di supporto è un processo continuo che richiede attenzione e riflessione periodica. Valuta regolarmente le tue relazioni e considera se sono ancora allineate con i tuoi obiettivi e bisogni personali. Rafforza le relazioni che contribuiscono positivamente al tuo benessere e considera se è necessario stabilire nuovi legami. Essere consapevole della qualità delle tue relazioni ti aiuta a mantenere una rete di supporto efficace e adatta ai tuoi cambiamenti e alle tue evoluzioni personali.

10. Coltivare l'Apprezzamento e la Gratitudine

Mostrare apprezzamento e gratitudine verso coloro che ti sostengono è fondamentale per mantenere relazioni forti e positive. Esprimere riconoscenza per il loro supporto non solo rafforza il legame, ma incoraggia anche un ambiente di reciprocità e rispetto. Sii generoso nel riconoscere i contributi degli altri alla tua crescita e successo e fai sapere loro quanto sono importanti per te. La gratitudine non solo valorizza le relazioni esistenti, ma favorisce anche una cultura di supporto e di positività.

Coltivare e mantenere relazioni di supporto è una strategia fondamentale per rinforzare il coraggio e la fiducia. Attraverso la costruzione di legami significativi e il mantenimento di una rete di sostegno positiva, puoi affrontare le sfide con maggiore determinazione e resilienza. Implementare queste pratiche nella tua vita quotidiana ti aiuterà a mantenere il coraggio e a raggiungere i tuoi obiettivi personali e professionali con maggiore successo.

6. Riflettere e Imparare dai Successi e dai Fallimenti Passati

Riflettere sui successi e sui fallimenti passati è una pratica fondamentale per il miglioramento continuo e per mantenere il coraggio e la fiducia nel lungo termine. Ogni esperienza, sia positiva che negativa, offre preziose lezioni che possono guidare il tuo percorso di crescita personale e professionale. Questo paragrafo esplorerà come analizzare e apprendere dai tuoi successi e insuccessi può contribuire a rafforzare il tuo coraggio, migliorare le tue strategie e costruire una base solida per affrontare le sfide future.

1. Creare un Diario delle Esperienze

Un modo efficace per riflettere sui tuoi successi e fallimenti è tenere un diario. Annotare regolarmente le tue esperienze, le decisioni prese, le azioni compiute e i risultati ottenuti ti permette di creare una panoramica chiara dei tuoi progressi e delle aree di miglioramento. Ogni volta che raggiungi un obiettivo o affronti una difficoltà, dedica del tempo a scrivere su cosa ha funzionato e cosa no. Questa pratica non solo aiuta a consolidare le tue esperienze, ma offre anche uno strumento prezioso per identificare modelli e tendenze nelle tue azioni e reazioni.

2. Analizzare i Successi: Identificare le Cause e le Condizioni Favorenti

Quando riflettiamo sui successi, è cruciale identificare non solo ciò che è andato bene, ma anche le condizioni e le azioni che hanno contribuito al successo. Chiediti: Quali strategie o approcci hanno portato ai risultati positivi? Quali competenze e risorse sono state decisive? Ad esempio, se hai raggiunto un traguardo importante nel tuo lavoro, considera se era il risultato di un piano ben definito, della collaborazione con il team, o dell'uso efficace delle tue competenze. Questa analisi ti aiuterà a comprendere meglio le pratiche che dovresti replicare e a mantenere un atteggiamento positivo e proattivo verso nuovi obiettivi.

3. Esaminare i Fallimenti: Comprendere le Cause e le Lezioni Apprese

I fallimenti possono essere fonte di grande apprendimento se affrontati con la giusta mentalità. Analizza ogni insuccesso cercando di comprendere le cause sottostanti. Chiediti: Cosa è andato storto? Quali fattori hanno contribuito al risultato negativo? Era una questione di mancanza di preparazione, di errore di giudizio, o di circostanze esterne impreviste? Ad esempio, se un progetto non ha avuto il successo sperato, potrebbe essere utile esaminare se la pianificazione era adeguata o se ci sono stati problemi nella comunicazione. Questa riflessione ti aiuterà a identificare le aree di miglioramento e a prevenire errori simili in futuro.

4. Impostare Obiettivi di Miglioramento Basati sull'Analisi

Dopo aver riflettuto sui tuoi successi e fallimenti, utilizza queste intuizioni per impostare obiettivi di miglioramento concreti. Ad esempio, se hai notato che la mancanza di preparazione ha portato a un fallimento, potresti stabilire l'obiettivo di dedicare più tempo alla pianificazione e alla preparazione per future sfide. Allo stesso modo, se un approccio specifico ha portato a un successo, considera come puoi ampliare e applicare questo approccio ad altre aree della tua vita. Impostare obiettivi basati sull'analisi ti consente di tradurre le lezioni apprese in azioni pratiche e mirate.

5. Utilizzare il Feedback Esterno per una Visione Completa

Il feedback esterno può fornire una prospettiva preziosa sui tuoi successi e fallimenti. Chiedi a mentori, colleghi o amici fidati di offrire il loro punto di vista sincero su come hai gestito determinate situazioni. Il feedback esterno può rivelare aspetti che potresti non aver notato e può fornire suggerimenti per migliorare. Assicurati di ricevere il feedback in modo costruttivo e di utilizzarlo per affinare le tue strategie e approcci. Incorporare diverse prospettive ti aiuterà a ottenere una visione più completa e a prendere decisioni più informate.

6. Integrare le Lezioni Apprese nella Pianificazione Futura

Una volta che hai identificato le lezioni apprese dai tuoi successi e fallimenti, è fondamentale integrarle nella tua pianificazione futura. Ad esempio, se hai appreso che una comunicazione chiara è stata cruciale per un successo, applica questa lezione nei tuoi futuri progetti e interazioni. Pianifica come mettere in pratica le migliori strategie e come evitare gli errori precedenti. La pianificazione basata su esperienze passate ti aiuterà a migliorare le tue prestazioni e a gestire meglio le sfide future.

7. Celebrare i Successi e Accettare i Fallimenti con Equanimità

Celebrare i successi è importante per mantenere alta la motivazione e il coraggio. Riconoscere e festeggiare i traguardi raggiunti, anche quelli piccoli, rinforza la tua fiducia e il tuo senso di realizzazione. Allo stesso modo, accettare i fallimenti con equanimità è essenziale per mantenere una mentalità positiva e resiliente. Considera i fallimenti come opportunità di crescita piuttosto che come battute d'arresto. Questa attitudine ti aiuterà a mantenere il coraggio e a perseverare nel perseguire i tuoi obiettivi.

8. Mantenere una Mentalità di Crescita e Adattabilità

Una mentalità di crescita è fondamentale per imparare dai successi e dai fallimenti. Abbraccia l'idea che le competenze e le capacità possono essere sviluppate attraverso l'impegno e l'apprendimento continuo. Essere adattabile ti consente di rispondere efficacemente ai cambiamenti e alle sfide impreviste. Mantieni una mentalità aperta e flessibile, pronta a rivedere le tue strategie e a modificare i tuoi piani in base alle nuove informazioni e alle esperienze precedenti.

9. Documentare e Condividere le Esperienze

Documentare e condividere le tue esperienze di successo e fallimento con altri può essere un modo efficace per consolidare le lezioni apprese e per ispirare gli altri. Scrivere articoli, tenere presentazioni o partecipare a gruppi di discussione su questi argomenti ti permette di riflettere ulteriormente sulle tue esperienze e di ricevere feedback da una comunità più ampia. La condivisione delle tue esperienze non solo aiuta a rinforzare le tue intuizioni, ma può anche servire da motivazione e guida per gli altri.

10. Rivedere Periodicamente i Progressi e le Strategie

Infine, è importante rivedere periodicamente i tuoi progressi e le strategie adottate. Fissa delle tappe temporali per valutare come le lezioni apprese sono state implementate e se stanno portando ai risultati desiderati. Questa revisione ti permette di apportare aggiustamenti e di continuare a migliorare. La riflessione regolare sui tuoi successi e fallimenti ti aiuta a mantenere una visione chiara dei tuoi obiettivi e a ottimizzare continuamente le tue strategie.

Riflettere e imparare dai successi e dai fallimenti passati è un processo continuo che contribuisce a mantenere il coraggio e la fiducia nel lungo termine. Attraverso una riflessione accurata e una pianificazione basata sulle esperienze, puoi costruire una solida base per affrontare le sfide future con determinazione e resilienza.

7. Utilizzare la Mindfulness per Mantenere il Coraggio e la Serenità

La mindfulness, o consapevolezza, è una pratica che si basa sulla focalizzazione del momento presente, accogliendo le esperienze e le sensazioni senza giudizio. Questa pratica può essere una potente alleata nel mantenere il coraggio e la serenità, aiutandoti a gestire lo stress e le sfide quotidiane con maggiore lucidità e resilienza. Il presente paragrafo esplorerà come integrare la mindfulness nella tua vita per rafforzare il coraggio e mantenere un equilibrio emotivo.

1. Comprendere la Mindfulness: Fondamenti e Benefici

La mindfulness si basa sulla pratica di essere pienamente presenti e consapevoli del momento attuale, accettando le esperienze senza reazioni automatiche. Questa consapevolezza non riguarda solo il pensiero, ma coinvolge anche la consapevolezza del corpo, delle emozioni e delle sensazioni fisiche. I benefici della mindfulness includono una riduzione dello stress, una maggiore capacità di concentrazione e una maggiore resilienza emotiva. Attraverso la pratica regolare, puoi sviluppare una maggiore capacità di affrontare le sfide con calma e coraggio.

2. Tecniche di Mindfulness per Affrontare le Sfide

Per utilizzare efficacemente la mindfulness nella tua vita quotidiana, è utile praticare tecniche specifiche che ti aiutino a mantenere il focus e la serenità. Alcune delle tecniche più comuni includono:

- **Meditazione Mindfulness:** Dedicare del tempo ogni giorno alla meditazione mindfulness può aiutarti a coltivare una maggiore consapevolezza del presente. Trova un luogo tranquillo, siediti comodamente e concentrati sul respiro. Quando la mente inizia a vagare, gentilmente riporta l'attenzione al respiro. Questa pratica aiuta a sviluppare la capacità di mantenere la calma e il focus anche in situazioni stressanti.

- **Body Scan:** La tecnica del body scan coinvolge l'attenzione sistematica a ciascuna parte del corpo, notando sensazioni e tensioni senza cercare di modificarle. Sdraiati comodamente e guida la tua attenzione attraverso il corpo, partendo dalla testa fino ai piedi. Questo esercizio aiuta a rilassare la tensione fisica e a promuovere una maggiore connessione mente-corpo.

- **Mindful Breathing:** La respirazione consapevole è una tecnica semplice ma potente per mantenere la serenità. Concentrati sul respiro naturale, osservando l'aria che entra e esce dai polmoni. Puoi praticare la respirazione consapevole in qualsiasi momento della giornata per ridurre lo stress e migliorare la concentrazione.

3. Applicare la Mindfulness nelle Situazioni di Stress

Integrare la mindfulness nelle situazioni di stress richiede pratica e consapevolezza. Quando ti trovi di fronte a una sfida, come una scadenza imminente o un conflitto interpersonale, applica le seguenti strategie:

- **Pausa Mindful:** Prima di rispondere a una situazione stressante, prenditi un momento per fare una pausa consapevole. Respira profondamente e osserva le tue emozioni e pensieri senza giudizio. Questa pausa ti permette di rispondere in modo più ponderato e meno reattivo.

- **Riconoscere e Accettare le Emozioni:** Durante situazioni difficili, pratica il riconoscimento e l'accettazione delle tue emozioni. Invece di evitare o sopprimere ciò che senti, accogli le emozioni come parte dell'esperienza. Questo approccio ti aiuta a mantenere la calma e ad affrontare la situazione con maggiore lucidità.

4. Utilizzare la Mindfulness per Coltivare la Resilienza

La resilienza è la capacità di affrontare e superare le difficoltà. La mindfulness può contribuire a costruire questa capacità attraverso:

- **Consapevolezza dei Pensieri:** Praticare la mindfulness ti aiuta a osservare i tuoi pensieri senza identificarti con essi. Questo distacco ti permette di gestire i pensieri negativi e le preoccupazioni in modo più efficace, contribuendo a mantenere il coraggio e la serenità.

- **Accettazione delle Sfide:** Accogliere le sfide come opportunità di crescita, piuttosto che come minacce, è un aspetto chiave della resilienza. La mindfulness ti aiuta a sviluppare una mentalità positiva e ad affrontare le difficoltà con un atteggiamento proattivo e accettante.

5. Integrare la Mindfulness nella Vita Quotidiana

Per trarre il massimo beneficio dalla mindfulness, è utile integrarla nella tua routine quotidiana. Ecco alcuni suggerimenti per fare della mindfulness una parte naturale della tua vita:

- **Routine Mattutina:** Inizia la giornata con una breve sessione di meditazione o respirazione consapevole. Questo ti aiuterà a stabilire un tono positivo e focalizzato per la giornata.

- **Pause Consapevoli:** Durante la giornata, prendi delle pause consapevoli per ricaricare e rilassare la mente. Anche solo pochi minuti di respirazione consapevole possono fare una grande differenza.

- **Mindfulness nelle Attività Quotidiane:** Applica la mindfulness nelle attività quotidiane, come mangiare, camminare o lavarsi i denti. Focalizzati sull'esperienza sensoriale e sull'atto presente.

6. Monitorare il Progresso e Fare Aggiustamenti

La pratica della mindfulness è un percorso continuo e in
evoluzione. Monitora il tuo progresso e apporta aggiustamenti
alla tua pratica secondo le tue esigenze. Rifletti su come la
mindfulness sta influenzando il tuo livello di coraggio e
serenità, e adatta le tecniche se necessario. Questo processo di
monitoraggio e aggiustamento ti aiuterà a mantenere la pratica
efficace e rilevante nella tua vita.

7. Combina la Mindfulness con Altri Strumenti di Gestione dello Stress

La mindfulness può essere combinata con altre tecniche di
gestione dello stress per ottenere risultati ottimali. Ad esempio,
integra la mindfulness con esercizi fisici, tecniche di
rilassamento muscolare e una dieta equilibrata per un approccio
integrato al benessere. Questa combinazione può amplificare i
benefici della mindfulness e contribuire a una gestione più
completa dello stress e dell'ansia.

8. Educare e Ispirare gli Altri alla Mindfulness

Condividere la pratica della mindfulness con gli altri può
amplificare i benefici personali e creare una cultura di supporto
e crescita. Considera di partecipare a gruppi di meditazione,
workshop o corsi di mindfulness. Educare e ispirare gli altri ti
permetterà di consolidare la tua pratica e di contribuire al
benessere collettivo.

9. Affrontare le Sfidecon una Mentalità di Mindfulness

Quando ti trovi di fronte a sfide significative, applica la
mindfulness per mantenere il coraggio e la serenità. La
consapevolezza ti permette di affrontare le difficoltà con
maggiore chiarezza e calma, riducendo la reattività e
migliorando la tua capacità di risolvere i problemi in modo
efficace.

10. Riflettere sui Benefici della Mindfulness

Infine, riflettere sui benefici che la mindfulness ha portato nella tua vita ti aiuta a riconoscere il valore della pratica e a mantenere la motivazione. Valuta come la mindfulness ha influenzato il tuo benessere, la tua capacità di affrontare le sfide e il tuo livello di coraggio. Questa riflessione ti incoraggia a continuare a integrare la mindfulness nella tua vita quotidiana e a perseguire una crescita continua.

8. Affrontare i Cambiamenti con Coraggio: Adattarsi alle Nuove Sfide

Affrontare i cambiamenti è una delle esperienze più sfidanti nella vita di qualsiasi individuo. Che si tratti di un cambiamento nella carriera, nella vita personale o in altri ambiti, la capacità di adattarsi con coraggio è fondamentale per navigare con successo attraverso le nuove sfide. In questo paragrafo, esploreremo strategie pratiche e tecniche per sviluppare il coraggio e la resilienza necessari per affrontare i cambiamenti e adattarsi efficacemente.

1. Accogliere il Cambiamento come Opportunità di Crescita

Il primo passo per affrontare i cambiamenti con coraggio è cambiare la tua percezione di questi eventi. Spesso, i cambiamenti sono percepiti come minacce piuttosto che come opportunità. Tuttavia, ogni cambiamento porta con sé la possibilità di crescita personale e professionale. Considera il cambiamento come un'opportunità per apprendere nuove competenze, esplorare nuove strade e migliorare te stesso. Ad esempio, un cambiamento di carriera, sebbene inizialmente spaventoso, può offrirti l'occasione di scoprire una passione o un talento che non avresti mai considerato in precedenza.

2. Sviluppare una Mentalità di Crescita

Una mentalità di crescita è fondamentale per affrontare i
cambiamenti con coraggio. Questa mentalità implica la
convinzione che le tue capacità possono essere sviluppate
attraverso l'impegno e l'apprendimento continuo. Quando
affronti un cambiamento, applica questa mentalità
riconoscendo che, sebbene le sfide possano sembrare
insormontabili all'inizio, con il tempo e la pratica potrai
adattarti e superarle. Ad esempio, se ti trasferisci in una nuova
città, considera l'opportunità di incontrare persone nuove e
scoprire ambienti diversi come un'esperienza che contribuirà
alla tua crescita personale.

3. Stabilire Obiettivi Chiari e Realistici

Quando affronti un cambiamento, è essenziale stabilire
obiettivi chiari e realistici. Questi obiettivi ti forniscono una
direzione e ti aiutano a mantenere il focus, anche quando le
cose diventano difficili. Scomponi il cambiamento in obiettivi
più piccoli e gestibili, e sviluppa un piano d'azione dettagliato.
Ad esempio, se inizi un nuovo lavoro, potresti stabilire obiettivi
settimanali riguardanti la tua integrazione nel team,
l'apprendimento di nuove competenze e la gestione del tuo
tempo. Questo approccio ti aiuta a rimanere motivato e a
misurare i tuoi progressi.

4. Affrontare la Paura del Fallimento

La paura del fallimento è una delle principali barriere che impediscono alle persone di adattarsi ai cambiamenti. Per affrontare questa paura, è utile adottare una prospettiva realistica sui fallimenti. Considera il fallimento non come una conclusione negativa, ma come un'opportunità di apprendimento e miglioramento. Quando fai fronte a nuove sfide, accetta che gli errori fanno parte del processo di crescita e utilizza ogni esperienza come una lezione per migliorare. Ad esempio, se non raggiungi subito un obiettivo durante una transizione professionale, analizza l'esperienza, impara dai tuoi errori e apporta le modifiche necessarie al tuo approccio.

5. Costruire una Rete di Supporto

Una rete di supporto solida è cruciale per affrontare i cambiamenti con coraggio. Circondati di persone che ti incoraggiano e ti offrono consigli pratici. Le relazioni di supporto possono includere amici, familiari, mentori o colleghi che comprendono le sfide che stai affrontando. Comunica apertamente le tue preoccupazioni e chiedi feedback e consigli. Avere una rete di supporto ti fornisce non solo un sostegno emotivo ma anche risorse preziose per navigare attraverso le nuove sfide.

6. Praticare l'Auto-compassione e la Pazienza

Affrontare i cambiamenti richiede tempo e pazienza. È importante essere gentili con te stesso e riconoscere che il processo di adattamento può essere lungo e impegnativo. Pratica l'auto-compassione riconoscendo i tuoi sforzi e le tue conquiste, anche quelle più piccole. Ricorda che ogni passo avanti, anche se piccolo, è un progresso verso l'adattamento. Ad esempio, se stai lavorando per migliorare una competenza in un nuovo ruolo, celebra i piccoli successi e non focalizzarti solo sui momenti difficili.

7. Gestire lo Stress e l'Ansia Associati ai Cambiamenti

Il cambiamento può comportare un aumento dello stress e dell'ansia. Per gestire questi sentimenti, è utile adottare tecniche di rilassamento e stress management. Pratica tecniche di respirazione profonda, esercizio fisico regolare e meditazione per mantenere un equilibrio emotivo e ridurre lo stress. Queste tecniche aiutano a mantenere la calma e a prendere decisioni più chiare durante i periodi di transizione.

8. Imparare a Flexibilizzare il Piano di Azione

La flessibilità è fondamentale quando si affrontano i cambiamenti. Anche con una pianificazione meticolosa, le circostanze possono evolvere in modi imprevisti. Essere pronti a rivedere e adattare il piano di azione ti permette di affrontare le nuove sfide in modo proattivo. Se una strategia non sta funzionando come previsto, valuta le alternative e apporta le modifiche necessarie. La capacità di adattare il piano aiuta a mantenere il controllo e a rispondere in modo efficace alle nuove situazioni.

9. Valutare e Riflettere sui Progressi

Regolarmente, prenditi del tempo per valutare e riflettere sui tuoi progressi. Chiediti come stai affrontando i cambiamenti e quali strategie funzionano meglio per te. La riflessione ti consente di riconoscere i tuoi successi e di identificare aree di miglioramento. Utilizza queste riflessioni per fare aggiustamenti e per rafforzare il tuo approccio ai cambiamenti futuri.

10. Rimanere Motivati e Focalizzati sugli Obiettivi

Mantenere la motivazione è essenziale per affrontare i cambiamenti con successo. Ricorda il motivo per cui hai intrapreso il cambiamento e mantieni una visione chiara dei tuoi obiettivi a lungo termine. Stabilire punti di riferimento regolari e celebrare i tuoi progressi ti aiuta a mantenere alta la motivazione. Utilizza le conquiste come un incentivo per continuare a lavorare verso i tuoi obiettivi e affrontare le nuove sfide con determinazione.

9. Praticare l'Auto-compassione per Gestire la Pressione e il Dubbi

Affrontare la pressione e i dubbi è un'esperienza comune in molti contesti della vita, dal lavoro alle relazioni personali. Questi sentimenti possono diventare schiaccianti se non vengono gestiti adeguatamente. In questi momenti, l'auto-compassione emerge come una risorsa cruciale per mantenere il benessere psicologico e il coraggio. Praticare l'auto-compassione significa trattare se stessi con la stessa gentilezza e comprensione che riserveresti a un amico in difficoltà. Questo approccio non solo aiuta a ridurre il peso dei dubbi e della pressione, ma favorisce anche una crescita personale più sana e duratura.

1. Comprendere l'Auto-compassione

L'auto-compassione, coniata da Kristin Neff, psicologa e ricercatrice, si basa su tre componenti principali: gentilezza verso se stessi, umanità condivisa e mindfulness. La gentilezza verso se stessi implica trattarsi con dolcezza e comprensione piuttosto che con critica e severità. L'umanità condivisa riconosce che tutti noi, in misura variabile, affrontiamo difficoltà e fallimenti. Infine, la mindfulness aiuta a mantenere una prospettiva equilibrata senza essere sopraffatti dalle emozioni negative. Per esempio, se ti accorgi di aver commesso un errore importante sul lavoro, anziché flagellarti con pensieri di inadeguatezza, prova a trattarti con comprensione e a riconoscere che tutti fanno errori e che è parte del processo di crescita.

2. Accettare le Emozioni Senza Giudizio

Quando si è sotto pressione o si affrontano dubbi, è comune reagire con auto-giudizio o rifiuto delle emozioni. L'auto-compassione implica accettare le tue emozioni senza giudicare. Questo significa permettere a te stesso di sentirti frustrato, ansioso o deluso senza criticarti per questi sentimenti. Ad esempio, se hai una presentazione importante e ti senti ansioso, invece di pensare "Non dovrei sentirmi così", accetta il sentimento di ansia come una risposta naturale alla situazione. Riconoscere e accettare le emozioni ti consente di affrontarle in modo più costruttivo.

3. Praticare la Parlata Interiore Compassionevole

La parlata interiore è il dialogo che hai con te stesso e gioca un ruolo cruciale nel modo in cui gestisci la pressione e i dubbi. Durante momenti difficili, sostituisci i pensieri auto-critici con affermazioni compassionevoli. Per esempio, se ti accorgi di pensare "Non sono abbastanza bravo", prova a cambiare la narrativa con "Sto facendo del mio meglio, e va bene avere delle difficoltà". Questo tipo di parlata interiore positiva e incoraggiante può ridurre significativamente il livello di stress e migliorare la tua capacità di affrontare le sfide.

4. Utilizzare Tecniche di Mindfulness per Gestire lo Stress

La mindfulness è una tecnica utile per gestire la pressione e i dubbi. Essa implica focalizzarsi sul presente e accettare le esperienze senza cercare di cambiarle. Praticare la mindfulness può aiutarti a mantenere la calma durante situazioni stressanti. Una tecnica comune è la meditazione mindfulness, che consiste nel sedersi in un luogo tranquillo e concentrarsi sulla respirazione, osservando i pensieri e le sensazioni senza giudicarli. Questa pratica aiuta a creare uno spazio mentale in cui puoi rispondere alle difficoltà con maggiore chiarezza e meno reattività emotiva.

5. Stabilire Routine di Cura di Sé Regolari

Le routine di cura di sé sono essenziali per mantenere l'auto-compassione e gestire la pressione. Dedica tempo ogni giorno a pratiche che promuovono il benessere, come esercizio fisico, lettura, hobby o tempo di qualità con amici e familiari. Queste attività non solo forniscono una pausa dal lavoro e dalle preoccupazioni, ma aiutano anche a rinforzare il senso di valore e soddisfazione personale. Ad esempio, una passeggiata nel parco o una sessione di yoga possono offrire sollievo dallo stress e promuovere una sensazione di calma e benessere.

6. Imparare a Stabilire Confini Sani

Stabilire confini sani è una parte cruciale dell'auto-compassione e della gestione della pressione. Imparare a dire "no" quando necessario e a delegare compiti può prevenire il burnout e ridurre il carico di lavoro eccessivo. Questo non significa ignorare le responsabilità, ma riconoscere i propri limiti e agire di conseguenza. Per esempio, se ti trovi sopraffatto da troppi impegni, non esitare a parlare apertamente con i tuoi superiori o colleghi e chiedere supporto o estensione dei tempi di scadenza quando necessario.

7. Riflettere e Imparare dai Momenti Difficili

Riflettere su esperienze difficili e sui modi in cui hai gestito la pressione e i dubbi può fornire preziose lezioni per il futuro. Dopo aver superato una sfida, prenditi del tempo per analizzare ciò che hai appreso e come hai reagito. Questa riflessione ti permette di riconoscere i tuoi punti di forza e le aree in cui potresti migliorare, facilitando una maggiore crescita personale. Ad esempio, se hai gestito con successo una situazione di alta pressione, considera quali strategie ti hanno aiutato e come potresti applicarle ad altre aree della tua vita.

8. Cercare Supporto Professionale Quando Necessario

In alcuni casi, i dubbi e la pressione possono diventare opprimenti e difficili da gestire da soli. Non esitare a cercare il supporto di un professionista, come uno psicologo o un terapeuta, se senti che l'auto-compassione e le altre tecniche non sono sufficienti. Un professionista può offrirti strumenti aggiuntivi e supporto emotivo per affrontare le tue sfide. La consulenza può aiutarti a sviluppare strategie personalizzate per gestire la pressione e i dubbi in modo più efficace e sostenibile.

9. Creare un Ambiente di Supporto Personale

Infine, creare un ambiente di supporto personale è cruciale per sostenere la pratica dell'auto-compassione. Circondati di persone che ti incoraggiano e che comprendono le tue sfide. Un ambiente positivo e di sostegno ti aiuta a mantenere una prospettiva equilibrata e a sentirti meno isolato durante i periodi difficili. Ad esempio, partecipare a gruppi di supporto o mantenere una comunicazione aperta con amici e familiari ti fornisce un'ulteriore rete di supporto che può alleviare la pressione e rinforzare la tua resilienza.

10. Integrare l'Auto-compassione nella Vita Quotidiana

Per ottenere il massimo dai benefici dell'auto-compassione, è essenziale integrarla nella vita quotidiana. Inizia a riconoscere i momenti in cui puoi esercitare gentilezza verso te stesso e applica le tecniche di auto-compassione regolarmente. Questo può includere momenti di auto-riflessione, affermazioni quotidiane e pratiche di mindfulness. Ad esempio, ogni volta che affronti una difficoltà, fermati e ricorda di trattarti con la stessa compassione che mostreresti a qualcun altro. Questa pratica continua aiuta a costruire una base solida di auto-compassione che sostiene la tua resilienza e il tuo benessere a lungo termine.

10. Monitorare e Rivedere Regolarmente le Proprie Strategie di Coraggio

Il monitoraggio e la revisione regolare delle proprie strategie di coraggio sono essenziali per garantire che le tecniche adottate per affrontare le paure e mantenere il coraggio rimangano efficaci e adeguate alle proprie esigenze in evoluzione. Senza un'adeguata supervisione e aggiornamento delle strategie, è facile che le tecniche che inizialmente hanno dato risultati positivi possano diventare obsolete o meno rilevanti nel tempo. Questo processo di monitoraggio e revisione non solo aiuta a mantenere alta la motivazione, ma contribuisce anche a migliorare continuamente le proprie capacità di affrontare le sfide.

1. Stabilire un Sistema di Monitoraggio Regolare

Per monitorare efficacemente le proprie strategie di coraggio, è cruciale stabilire un sistema di monitoraggio regolare. Questo può includere la creazione di un diario personale o un registro delle esperienze in cui annotare le tecniche utilizzate, i risultati ottenuti e le sensazioni provate. Ad esempio, se hai adottato una strategia di esposizione graduale per affrontare la tua paura del parlare in pubblico, puoi registrare ogni occasione in cui hai applicato questa strategia, riflettendo su cosa ha funzionato bene e cosa potrebbe essere migliorato. La registrazione sistematica ti aiuta a mantenere una visione chiara dei progressi e delle aree che necessitano di ulteriore attenzione.

2. Rivedere e Analizzare i Risultati Periodicamente

Una volta stabilito un sistema di monitoraggio, è importante rivedere e analizzare i risultati periodicamente. Programma delle sessioni di revisione regolare, ad esempio ogni mese o ogni trimestre, per esaminare le tue annotazioni e riflettere sui tuoi progressi. Chiediti quali strategie hanno avuto un impatto positivo e quali hanno bisogno di aggiustamenti. Utilizza domande guida come: "Quali tecniche hanno contribuito a migliorare il mio coraggio?", "Quali situazioni hanno provocato una reazione di paura inaspettata?", e "Come posso adattare le mie strategie per affrontare meglio queste sfide?". Queste riflessioni ti aiutano a identificare le tendenze e a prendere decisioni informate per ottimizzare le tue tecniche.

3. Impostare Obiettivi di Miglioramento Continuo

La revisione dei risultati deve portare a impostare obiettivi di miglioramento continuo. Gli obiettivi devono essere specifici, misurabili, raggiungibili, rilevanti e temporizzati (SMART). Ad esempio, se noti che hai difficoltà a mantenere il coraggio in situazioni sociali affollate, puoi impostare un obiettivo per aumentare gradualmente la tua esposizione a tali situazioni con esercizi mirati. Un obiettivo SMART potrebbe essere: "Partecipare a un evento sociale di gruppo almeno una volta al mese e riflettere sull'esperienza attraverso il diario, per migliorare la mia capacità di gestire l'ansia sociale entro sei mesi". Questo approccio strutturato ti fornisce una chiara direzione e ti motiva a progredire.

4. Adattare le Strategie in Base ai Feedback

Durante il processo di monitoraggio e revisione, è fondamentale essere aperti ai feedback e pronti ad adattare le strategie in base alle informazioni raccolte. Se un certo approccio non sta dando i risultati desiderati, considera di esplorare alternative o di modificare la tua tecnica. Per esempio, se una tecnica di rilassamento non riduce più efficacemente la tua ansia come una volta, potresti provare un diverso metodo di rilassamento, come il biofeedback o la respirazione diaframmatica. Adattare le strategie ti consente di mantenere l'efficacia e di affrontare nuove sfide con maggiore resilienza.

5. Integrare Nuove Tecniche e Strumenti

Oltre a rivedere e adattare le strategie esistenti, integrare nuove tecniche e strumenti può arricchire il tuo repertorio di coraggio. Rimani aggiornato su nuove ricerche e approcci nel campo della psicologia e della crescita personale. Partecipa a workshop, leggi libri e articoli, e cerca ispirazione da esperti del settore. Ad esempio, potresti scoprire nuove tecniche di gestione dello stress o di potenziamento della resilienza che puoi integrare nel tuo piano esistente. L'integrazione continua di nuovi strumenti ti aiuta a mantenere una mentalità innovativa e adattabile.

6. Riconoscere e Celebrare i Progressi

Nel monitoraggio delle tue strategie, è essenziale riconoscere e celebrare i progressi fatti. Ogni piccolo successo contribuisce al rafforzamento del coraggio e al miglioramento personale. Ad esempio, se hai affrontato con successo una situazione temuta o hai migliorato la tua capacità di gestire l'ansia, concediti una ricompensa o celebra il traguardo raggiunto. Questa pratica non solo ti motiva, ma rinforza anche la tua fiducia nelle tue capacità di affrontare le sfide future.

7. Richiedere Supporto e Feedback Esterno

Non esitare a richiedere supporto e feedback esterno per arricchire la tua revisione delle strategie. Parlare con mentori, coach, o terapeuti può offrirti nuove prospettive e suggerimenti utili. Ad esempio, un coach potrebbe aiutarti a identificare aree di miglioramento che non avevi considerato e fornirti tecniche aggiuntive per potenziare il coraggio. Il feedback esterno può fornire una visione obiettiva e preziosa che arricchisce il tuo processo di monitoraggio e adattamento.

8. Mantenere una Mentalità di Crescita

Infine, mantenere una mentalità di crescita è cruciale durante il monitoraggio e la revisione delle strategie di coraggio. Considera ogni sfida e ogni cambiamento come un'opportunità per apprendere e crescere. Affrontare le difficoltà con una mentalità positiva ti aiuta a rimanere motivato e a vedere ogni passo avanti come una parte del tuo percorso di sviluppo personale. Ad esempio, se ti imbatti in un ostacolo imprevisto, trattalo come una possibilità per migliorare le tue strategie e affinare il tuo approccio.

9. Documentare e Rivedere il Piano di Azione

Documentare e rivedere il piano di azione periodicamente è essenziale per mantenere un progresso costante. Crea un piano di azione dettagliato che includa le tue strategie attuali, gli obiettivi di miglioramento e le tecniche nuove da esplorare. Ogni volta che completi una revisione, aggiorna il piano di azione con nuove intuizioni e strategie. Questo ti consente di avere una visione chiara delle tue pratiche e di assicurarti che rimangano rilevanti e allineate con i tuoi obiettivi di coraggio.

10. Riflettere sull'Impatto a Lungo Termine

Infine, rifletti sull'impatto a lungo termine delle tue strategie di coraggio. Considera come queste pratiche influenzano non solo la tua capacità di affrontare le sfide, ma anche il tuo benessere generale e la tua crescita personale. Chiediti come le tue strategie hanno contribuito a cambiare la tua vita e a quale punto sei arrivato rispetto ai tuoi obiettivi iniziali. Questa riflessione ti aiuta a comprendere il valore delle tue pratiche e a continuare a investire nel loro miglioramento.

Vuoi un nostro libro a soli 0,99€? Ecco come fare!

Ciao!
Se ti è piaciuto questo libro, puoi ricevere il prossimo titolo **a soli 0,99€**, scegliendo tra:

eBook
PDF di un libro cartaceo

Segui questi semplici passaggi:

1. Condividi la tua esperienza sul sito dove hai effettuato l'acquisto.

2. Invia uno screenshot **del tuo feedback** dove si legge anche la dicitura "Acquisto verificato" a:
info.testicreativi@gmail.com

3. Riceverai un codice sconto personale da utilizzare sul nostro store online, valido per ottenere il prossimo libro **a soli 0,99€**.

La tua opinione conta davvero: ogni recensione ci aiuta a crescere e permette a nuovi lettori di scoprire i nostri libri.

Grazie di cuore per il tuo tempo e buona lettura!